Barbara Keddi
Projekt Liebe

AF285836

DJI-Reihe
Gender

Band 15

Barbara Keddi

Projekt Liebe

Lebensthemen und biografisches Handeln
junger Frauen in Paarbeziehungen

Springer Fachmedien Wiesbaden GmbH 2003

Das Deutsche Jugendinstitut e.V. (DJI) ist ein zentrales sozialwissenschaftliches Forschungsinstitut auf Bundesebene mit den Abteilungen „Kinder und Kinderbetreuung", „Jugend und Jugendhilfe", „Familie und Familienpolitik", „Geschlechterforschung und Frauenpolitik" und „Social Monitoring", sowie dem Forschungsschwerpunkt „Übergänge in Arbeit". Es führt sowohl eigene Forschungsvorhaben als auch Auftragsforschung durch. Die Finanzierung erfolgt überwiegend aus Mitteln des Bundesministeriums für Familie, Senioren, Frauen und Jugend und im Rahmen von Projektförderung aus Mitteln des Bundesministeriums für Bildung und Forschung. Weitere Zuwendungen erhält das DJI von den Bundesländern und Institutionen der Wissenschaftsförderung.

Gedruckt auf alterungsbeständigem und säurefreiem Papier
Die Deutsche Bibliothek – CIP-Einheitsaufnahme

ISBN 978-3-8100-3548-6   ISBN 978-3-663-11174-0 (eBook)
DOI 10.1007/978-3-663-11174-0

Einbandgestaltung: disegno, Wuppertal

Vorwort

Die vorliegende Arbeit ist aus einem empirischen Forschungsprojekt zu den Lebensentwürfen junger Frauen entstanden, das am Deutschen Jugendinstitut zwischen 1991 und 1998 von Karin Hildebrandt, Patricia Pfeil, Gerlinde Seidenspinner, Petra Strehmel, Svendy Wittmann und mir durchgeführt wurde. Die Reanalyse und theoretische Weiterentwicklung der Projektergebnisse bezieht sich auf das biografische Handeln junger Frauen und ihrer Partner in Paarbeziehungen und Familiengründungsprozessen.

Ich möchte mich bei allen bedanken, die mich bei diesem „biografischen Projekt" unterstützt haben. Besonders danken möchte ich Gerlinde Seidenspinner, mit der ich das Forschungsprojekt initiiert und lange Jahre freundschaftlich zusammengearbeitet habe. Sie hat den entscheidenden Anstoß für diese Arbeit gegeben. Danken möchte ich auch meinem Doktorvater Richard Münchmeier, der mich ermutigt hat, die Promotion in Angriff zu nehmen (und zu beenden), mir konstruktive Anregungen gegeben und mich „kollegial" unterstützt hat. Patricia Pfeil, mit der mich eine fachliche Freundschaft verbindet, möchte ich ebenfalls Dank sagen; sie hat meine Arbeit kritisch kommentiert. Bedanken möchte ich mich auch bei Wolfgang Fries für seine Unterstützung, die nicht fachlicher Art war, aber für mich biografisch bedeutsam. Nicht zuletzt möchte ich Klaus Wagner danken, der mir im täglichen Zusammenleben und in vielen nächtlichen Sitzungen ohne „wenn" und „aber" den Rücken stärkte.

Barbara Keddi, Samerberg November 2002

Inhaltsverzeichnis

Abbildungsverzeichnis

Tabellenverzeichnis

Einleitung: Warum junge Frauen so handeln, wie sie handeln

Meine Jungsteinzeit denke ich geht nun
Zu Ende. Ich werfe den Faustkeil
Achtlos zur Seite bediene mich
Raffinierterer Bronzefelder notiere
Seltsamen Lebensweg von mir...
Sarah Kirsch

Im Mittelpunkt meiner Arbeit steht die Frage, wie junge Frauen ihre Biografie konstruieren und wodurch sie in der Lebensphase zwischen 18 und 35 Jahren, in der entscheidende Weichen für den Zuschnitt des eigenen Lebens gestellt werden, Orientierung in biografischen Prozessen gewinnen. Ich grenze die Frage nach den biografischen Konstruktionen junger Frauen ein auf die Konstruktion von Paarwelten, in denen strukturelle Geschlechterungleichheiten und empirische Vielfalt und Komplexität weiblicher und männlicher Lebenszusammenhänge zusammentreffen. Warum handeln junge Frauen in Paarbeziehungen und Familiengründungsprozessen so, wie sie handeln? Und wie lassen sich biografisches Planen, Umsetzen und Handeln, aber auch „angebahnte" und dann „untergegangene Lebensentwürfe" (Becker-Schmidt 1993) und Brüche erklären? Während die einen Antworten im Geschlechterverhältnis und in der „doppelten Vergesellschaftung"[1] von Frauen suchen, andere die Diskrepanz zwischen Leitbildern von Partnerschaft und Liebe betonen oder soziale Kategorien wie Klasse oder Milieu für bedeutsam halten, setzen wieder andere an individuell-biografischen Prozessen an. Wenn alle Erklärungen nicht weiterführen, wird aber auch, und zwar nicht nur im Alltagsverständnis, darauf verwiesen, dass die biografischen Entscheidungen und Handlungen von jungen Frauen eben oft einfach nur inkonsistent, chaotisch und vor allem in Paarbeziehungen und Familiengründungsprozessen eher

---

1   „Doppelte Vergesellschaftung" bezieht sich darauf, dass zwei unterschiedliche Strukturmarker, Beruf und Familie, das Leben von Frauen grundlegend beeinflussen.

zufällig oder „schicksalhaft"[2] seien, dass sie sich einfach nicht „erklären" ließen.

Auch aus vorliegenden Untersuchungen wird deutlich, dass es keine einfachen Antworten auf die Frage gibt, wie junge Frauen ihr Leben konstruieren. Weibliche Lebenszusammenhänge und -entwürfe werden in der Frauen- und Geschlechterforschung seit Ende der 70er Jahre systematisch untersucht[3] und interpretiert[4]. Als Interpretationsfolie dienen Konzepte des „doppelten weiblichen Lebensentwurfs" und der „doppelten Vergesellschaftung" sowie frauenspezifisch nuancierte Individualisierungsansätze, die sich auf sozialen Wandel beziehen.[5] Gleichzeitig wird die Gültigkeit von Geschlechternormalitäten zunehmend infrage gestellt. Es wird von einer Vielfalt und Verschiedenheit von weiblichem Leben, der Pluralität von Geschlechterverhältnissen und dem erweiterten Möglichkeitsraum weiblicher Lebensführung ausgegangen (Diezinger/Rerrich 1998). Die Suche nach Differenzen zwischen den Geschlechtern ist einer Sicht von Geschlecht als sozialer Konstruktion gewichen, die im „doing gender" als interaktive Konstruktion prozessualisiert und über „doing gender"-Prozesse täglich neu konstruiert wird (vergleiche Butler 1991; Gildemeister 1992; West/Zimmermann 1991). Diese Ansätze zur sozialen Konstruktion von Geschlecht gehen davon aus, dass Geschlecht den Individuen nicht einfach als soziale Rolle übergestülpt wird, sondern aktiv (mit)produziert, reproduziert und auch verändert wird. Auch junge Frauen sind entsprechend Handelnde, die eigene Lebensvorstellungen entwickeln und umsetzen und ihr Leben gestalten, auch wenn sie mit strukturellen Restriktionen und Widersprüchen konfrontiert sind. Diskutiert wird auch die Frage, ob das Geschlechterverhältnis immer strukturierend wirke. Der „Verlust des Subjekts ‚Frau' als homogene politische Akteurin und als Zentralbegriff eines theoreti-

---

2 So werde bei der Familiengründung die Entscheidung dem Schicksal beispielsweise in Form einer ungeplanten Schwangerschaft überlassen, wie eine aktuelle familiensoziologische Studie resümiert (vergleiche Koppetsch/Burkart 1999).

3 Erste Untersuchungen gab es bereits in den 60er und 70er Jahren; vergleiche Lehr 1974, Pfeil 1968, Planck 1982.

4 Vergleiche Becker-Schmidt 1983/1987; Prokop 1979.

5 So liegen Studien vor zu Entwicklungsprozessen in der weiblichen Adoleszenz (Flaake 1998; Flaake/King 1992; Gilligan 1984), zur Bildungs- und Erwerbsbeteiligung junger Frauen (Born/Krüger 1993; Born/Krüger/Lorenz-Meyer 1996; Küllchen 1997; Lemmermöhle 1997) sowie zu Leitbildern, subjektiven Lebensentwürfen und Mustern des Lebenslaufs und der Lebensführung (Becker-Schmidt 1987; Beck-Gernsheim 1983; Dausien 1996; Diezinger/Rerrich 1998; Geissler/Oechsle 1996; Hopf/Hartwig 2001; Krüger 1995; Oechsle 1998; Schütze 1991; Seidenspinner/Burger 1982).

schen Konzepts, das das bisherige wissenschaftliche Denken radikal infrage zu stellen beansprucht" (Dölling/Krais 1997: 7), steht jedenfalls für ein „postmodernes" Ende der Gewissheiten in der Geschlechterforschung. Ich folge Rerrich (1999b: 78f.), die Forschungsvorhaben, die die Entwicklung des Geschlechterverhältnisses in Kategorien von einem „mehr" oder „weniger" irgendwelcher Variablen analysieren, infrage stellt und stattdessen den „vielen kleinen Mosaiksteinchen" den Vorrang gibt, die fast unmerklich und doch langsam ein neues Bild entstehen lassen.

Veränderungen in den Lebenslagen und der Lebensführung von Frauen sind ein wesentliches Moment gegenwärtiger Modernisierungsprozesse; Frauen sind dabei Akteurinnen des sozialen Wandels. Die Transformation der Geschlechterordnung ist nach Meuser (1998) sogar einer der wichtigsten „Motoren" von Enttraditionalisierung. In Abgrenzung zu vielen Studien geht es mir in meiner Arbeit nicht darum, den sozialen Wandel im Leben von Frauen zu belegen, der ohne Zweifel vorhanden ist. Dies bedeutet nicht, dass ich weibliche Lebenszusammenhänge ahistorisch betrachte; auch ich werde auf Entwicklungsprozesse Bezug nehmen, denn ich gehe davon aus, dass Lebenskonstruktionen immer auch durch Kohortenerfahrungen geprägt sind. Es ist jedoch modern geworden – und viele Entwicklungen sind ja auch nur unter Bezug auf historische Prozesse zu verdeutlichen –, dass sozialwissenschaftliche Analysen als Anknüpfungs- und Ausgangspunkt sozialen Wandel und Modernität aufgreifen[6]. Auch bei Analysen zur Situation von Frauen wird immer wieder darauf hingewiesen, wie gravierend sich Frauenleben in den letzten Jahrzehnten verändert habe, um dann festzustellen, dass es sich nicht grundlegend verbessert habe. Mir erscheint es notwendig, eine theoretisch und empirisch fundierte Analyse der gegenwärtigen biografischen Konstruktionen junger Frauen zu leisten, ohne diese gleich historisch einzuordnen. In diesem Zusammenhang sei auch auf die Schwierigkeit hingewiesen, Veränderungen empirisch zu bestätigen, sei es, dass keine historischen Studien vorliegen oder sich die Kategorien sowie die Wahl des Bezugszeitpunkts verändert haben. So betont die Individualisierungstheorie die individuellen Handlungsspielräume, „ohne empirisch klären zu können, ob diese wirklich größer sind als früher" (Burkart 1994: 191). Gleiches gilt für die Annahme, dass sich der

---

6 Vergleiche Bruder 1999 zum Wandel als postmodernem Element.

doppelte weibliche Lebensentwurf erst in den 80er Jahren entwikkelt habe (vergleiche Born/ Krüger/Lorenz-Meyer 1996).

In Abgrenzung zu vielen Studien und Ansätzen, die die Situation von jungen Frauen überwiegend auf die Problematik der Vereinbarkeit von Beruf und Familie beschränken, gehe ich davon aus, dass es wichtiger ist, zu untersuchen, was für die jungen Frauen selbst relevant ist, als zu erfassen, wie sie glauben, aufgrund sozialer Skripte leben zu müssen. Die Konzentration auf die problematische und widersprüchliche Situation von Frauen konstruiert wiederum Probleme. Deshalb ist der Ausgangspunkt der vorliegenden Arbeit auch nicht die problematische Situation von jungen Frauen, auf die viele Untersuchungen fixiert zu sein scheinen,[7] vielmehr möchte ich die Handlungen junger Frauen und damit zusammenhängende Prozesse „verstehen" (vergleiche Heinz 2000; Hitzler/Honer 1997b). Ferner erscheint es mir wichtig, die jungen Frauen und ihr Leben nicht aus (m)einer „aufgeklärt-emanzipatorischen" Mittelschicht-/Akademikerinnenperspektive zu bewerten, auch nicht implizit, wenn sie meinen Vorstellungen von „gelungener weiblicher" Lebensführung nicht entsprechen.

Ich werde versuchen, mich dem biografischen Handeln junger Frauen durch zwei unterschiedliche Zugänge anzunähern: *theoretisch-konzeptionell und empirisch*. Beide Zugänge erscheinen mir gleichermaßen wichtig. Eine Bestandsaufnahme auf der theoretischen Ebene ist unumgänglich, um nicht den zahlreichen Arbeiten zu den Lebenszusammenhängen junger Frauen eine weitere hinzuzufügen, die keine neuen Erkenntnisse bringt, sondern die herrschenden Diskurse und Deutungsmuster zum Widerspruch von Frauenleben in der „patriarchalen Moderne" bestätigt. Diese Bestandsaufnahme hat im Lauf meiner Arbeit einen immer höheren Stellenwert erhalten. Zunehmend wurde mir klar, dass es nicht nur um eine theoretisch-konzeptionelle Interpretations-Folie für die Interviews mit jungen Frauen geht, sondern auch um ein kritisches Hinterfragen von allzu einfachen Zusammenhängen, die wie beim „doppelten weiblichen Lebensentwurf" Forschungsprozesse „ge-

---

7   Als Beispiel für diese typische Sichtweise sei die Einleitung des Readers: Vom Regen in die Traufe: Frauen zwischen Beruf und Familie (Mayer/Allmendinger/Huinink 1991: VII) zitiert: „Wir haben für diesen Band den Titel ‚Vom Regen in die Traufe: Frauen zwischen Beruf und Familie' gewählt, um den Wandel in der Familien- und Berufssituation von Frauen aus drei spezifischen Perspektiven deutlich zu machen, die, obgleich nicht darauf angelegt, alle die problematische Situation von Frauen aufzeigen. (...) Und drittens ist das die lebensgeschichtliche Perspektive eines gesellschaftlich vorgegebenen Dauerkonflikts zwischen Familie und Berufstätigkeit."

betsmühlenartig" strukturieren, ein Gemeinsamkeitsgefühl der Forschenden schaffen und letztlich Erkenntnis behindern. Doch auch der empirische Teil meiner Arbeit hat einen eigenen Stellenwert, denn erst durch ihn sind Rückschlüsse auf den Ertrag der theoretischen Annäherung möglich – ebenso wie sich scheinbare Zusammenhänge relativieren.

Im *theoretischen Teil meiner Arbeit (Teil A)* riskiere ich einen Blick über die Grenzen der Frauen- und Geschlechterforschung und beziehe Ergebnisse aus benachbarten sozialwissenschaftlichen Diskussionszusammenhängen ein. Die Segmentierung in wissenschaftliche Subwelten beschneidet meines Erachtens die Chance auf theoretische Weiterentwicklungen und neue Perspektiven. In der Regel stellen diese Subwelten geschlossene Diskurs-, Rezeptions- und Zitationswelten dar, die kaum Bezug aufeinander nehmen, obwohl sie durchaus ähnliche Gegenstandsbereiche verfolgen. Ich werde drei thematische Stränge – Geschlecht, Biografie und Paarwelt – theoretisch miteinander verknüpfen, die auch in der Realität miteinander verknüpft sind. Dabei beziehe ich mich auf feministische und geschlechtertheoretische Forschungen, die soziologische Biografieforschung und familiensoziologische Erklärungsansätze und gehe subjekttheoretisch und hermeneutisch vor. In allen drei Forschungssträngen – Geschlechter-, Biografie- und Familienforschung – berücksichtige ich jeweils unter ihrem spezifischen Fokus die konkreten Lebensbedingungen und subjektiven Einschätzungen der jungen Frauen sowie die entsprechenden Leitbilder, normativen Kodes und Diskurse, die die wissenschaftliche Diskussion prägen. Als Fazit nehme ich eine eigene Standortbestimmung vor.

In Kapitel 1 stelle ich dem Konzept des doppelten Lebensentwurfs und der Omnirelevanz von Geschlecht die Vielfalt und Vielschichtigkeit der biografischen Projekte junger Frauen gegenüber und gehe auf den gesellschaftlichen und wissenschaftlichen Diskurs zu den Lebensentwürfen von Frauen in der *Frauen- und Geschlechterforschung* ein. In Abgrenzung zu der immer noch vorherrschenden Vorstellung von der grundsätzlichen Strukturierung der Lebenszusammenhänge junger Frauen durch die doppelte Vergesellschaftung plädiere ich dafür, offen für subjektive Handlungs- und Konstruktionsprozesse junger Frauen zu sein, diese nicht vorschnell auf geschlechtstypische Konzepte von Frauenleben festzulegen und die eigenen Wahrnehmungs- und Deutungsmuster selbstkritisch der Mehrdeutigkeit von Konstruktionen zu öffnen. Die biografischen Ziele junger Frauen sind unterschiedlich und können als

„private Projekte" den Raum von Familie und Partnerschaft einnehmen, in Konkurrenz zum beruflichen Bereich stehen oder jenseits der den jungen Frauen in kollektiven Projekten und Leitbildern zugeschriebenen Strukturmarker liegen. Diese Ausdifferenzierungen werden zwar zur Kenntnis genommen, konzeptionelle Konsequenzen für die theoretische Fassung weiblicher Lebenskonzeptionen wurden bisher kaum gezogen. Stattdessen werden die „alten" strukturellen Widersprüche und Konfliktpotenziale junger Frauen, die sicherlich bestehen, aber eben nicht nur, auf die „neuen" Forschungsergebnisse zu den weiblichen Projekten bezogen. So bleibt wenig analytischer Raum für Projekte, die weder über den Arbeitsmarkt noch über Familienaufgaben vermittelt sind, und auch nicht für eine Sichtweise, die die Differenzen zwischen Frauen thematisiert.

Warum junge Frauen so handeln, wie sie handeln, kann aus den Ansätzen der Geschlechterforschung nicht abschließend beantwortet werden, jedoch vor der Folie der *Biografieforschung* eine weitere Klärung erfahren.[8] Die biografischen Projekte junger Frauen interpretiere ich in Kapitel 2 – einschlägigen theoretischen und empirischen Ansätzen der Biografieforschung folgend – als Ausdruck biografischer Sinnstrukturen. Denn zahlreiche qualitative Studien machen deutlich, dass trotz ähnlicher äußerer Strukturen und auch Situationen zugleich unterschiedliche subjektive Lagen bestehen können und sich umgekehrt dort, wo sich Strukturen verändern, nicht automatisch und in allen Lebensbereichen auch die Subjekte verändern. „Aber nicht nur für den Einzelfall sind keine einfachen linearen Zusammenhänge (...) möglich. Wenn (...) strukturelle Arrangements immer weniger zuverlässige Schlüsse auf Bewusstseinslagen zulassen, was bedeutet es dann für die Einschätzung der gesellschaftlichen Entwicklung, wenn wir nur bestimmte strukturelle Konstellationen und ihre Entwicklung im Zeitablauf kennen? Was wissen wir eigentlich, wenn wir nicht zugleich wissen, was die Konstellationen für die Subjekte bedeuten?" (Rerrich 1999b: 78). Daraus leite ich die Bedeutung von individuellen Sinnkonstruktionen für das Verständnis von Handlungen ab. Paarbeziehungs- und Familiengründungsprozesse werden als Ausdruck biografischen Handelns von Frauen verstanden, das sozial vorstrukturiert ist, jedoch je individuell konstruiert wird. Diese Annäherung kann Anhalts-

---

8   Vergleiche beispielsweise Dausien (1996) oder Born/Krüger/Lorenz-Meyer (1996), die dies erfolgreich gezeigt haben.

punkte auf die Frage liefern, warum Frauen in ihren Entscheidungen und ihrem Verhalten in Paarbeziehungen und bei der Familiengründung häufig widersprüchlich, ambivalent und wenig planvoll sowie heterogen scheinen. Mit dem Begriff des „biografischen Handelns" versuche ich, das Zusammenspiel von objektiven Bedingungen und subjektiver Verarbeitung konzeptionell zu fassen. Handeln verweist darauf, dass junge Frauen in Strukturen und Geschlechterverhältnisse eingebunden sind, die sie täglich reproduzieren und auch verändern. „Biografisch" bedeutet im Rahmen meiner Arbeit, dass Handeln auf biografischem Sinn, biografischer Prozesshaftigkeit und Perspektivität beruht.

Von allen Lebensbereichen besitzen die Projekte „Paarbeziehung" und „Familie" die größte Resistenz gegenüber Modernisierungsprozessen, nicht zuletzt aufgrund der Mächtigkeit gesellschaftlicher Diskurse zu Liebe und Mütterlichkeit. Im privaten Bereich scheinen Individualisierungsprozesse ihre Grenzen erreicht zu haben. Paarbeziehung und Familie gelten als „Bastionen" des Geschlechterverhältnisses, an denen sich die Benachteiligungen von Frausein kumulieren und konzentrieren. Gleichzeitig sind sie allen Studien zufolge von größter Bedeutung für Glück und Zufriedenheit im Leben, für Frauen wie Männer, Alte wie Junge. Wie junge Frauen Paarbeziehungen und Familie „konstruieren" und leben, welche Vorstellungen sie formulieren, welche Partnerschafts- und Lebensformen sie „wählen" und wie sie in Paar- und Familiengründungsprozessen biografisch handeln, ist vor dem Hintergrund gesamtbiografischer Konstruktionen und Sinnhorizonte zu sehen. In Kapitel 3 versuche ich, unter diesem Fokus *familiensoziologische Forschungsergebnisse* zu Paarbeziehungs- und Familiengründungsprozessen, zur Arbeitsteilung sowie zur Konstruktion von Paarwelten aufzugreifen.

Dabei geht es immer auch um Liebe. Liebe wird im Rahmen dieser Arbeit nicht als Gefühl verstanden, sondern Luhmann (1994) folgend als symbolischer Kode, der Erleben, Fühlen und Handeln in intimen Beziehungen steuert. Ich gehe jedoch in Abgrenzung zu Luhmann davon aus, dass es nicht nur einen, sondern unterschiedliche Liebes-Kodes gibt, die über einen allgemeinen Konsens dessen, was Liebe ist, hinausgehen und mit subjektivem Sinn zusammenhängen. Da in Paarbeziehungen Zusammenleben interaktiv konstruiert wird, sind hier nicht nur die biografischen Sinndeutungen der jungen Frauen relevant, sondern es sind auch diejenigen ihrer Partner einzubeziehen. Mit dieser Perspektivenerweiterung von

Paarbeziehungen als Aggregaten individueller Sinnkonstruktionen erhalten Partner bei der Analyse der Sinnhorizonte junger Frauen und ihrer Umsetzung einen „neuen" Stellenwert, der über den einer Gelegenheitsstruktur oder eines biografischen „Gatekeepers" (vergleiche Behrens/Rabe-Kleberg 2000) hinausgeht. In diesem Zusammenhang geht es mir auch um die (Re)Konstruktion von Geschlecht in Beziehungen. Bestehende Deutungsmuster von Geschlecht sollen nicht dadurch zementiert werden, dass nur die Schere zwischen weiblich und männlich beachtet wird. In meiner Arbeit zeigt sich, dass eine solche Herangehensweise ertragreich ist, um das Handeln junger Frauen zu verstehen.

Meine Folgerung aus den unterschiedlichen Forschungsansätzen ist, dass die Lebenskonstruktionen junger Frauen und ihrer Partner die innere Logik biografischer Entscheidungen und Handlungen in Paarbeziehungen und Familiengründungsprozessen nachvollziehbar machen. Bisherige Untersuchungen weiblicher Lebensentwürfe und Biografien lassen offen, wie sich im weiblichen Lebenslauf kollektive Leitbilder und Deutungsmuster, strukturelle Kategorien und Hierarchisierungen der Geschlechter sowie Paarwelten mit individuellen Konstruktionen verbinden und wie sich Handeln in biografischen Verläufen und Übergängen konkret entwickelt. Zudem werden sie meist vor der Folie der doppelten Vergesellschaftung interpretiert; dahinter liegende, womöglich „andere" Zusammenhänge oder Lebenskonzeptionen von Frauen können so nicht sichtbar werden. In meiner Arbeit versuche ich, dieses „Missing link" mit Bezug auf die Verschiedenheit von Frauenleben und Pluralität von Geschlechterverhältnissen aufzuspüren und die innere Logik im biografischen Handeln junger Frauen zu entschlüsseln, indem ich die Bedeutung von Lebenskonzeptionen thematisiere. Der theoretische Bezugsrahmen und die methodologischen Überlegungen zum biografischen Handeln junger Frauen, die ich in Kapitel 4 skizziere, sind nicht als festes Hypothesengebäude zu verstehen, sondern stellen im Sinn eines theoretischen Vorverständnisses (König 1997) eine theoretisch plausible Zusammenfassung der vorliegenden Forschungsergebnisse aus der Frauen- und Geschlechter-, Biografie- und Familienforschung dar. So bleibt es möglich, kritisch gegenüber reduktionistischen Deutungen und interpretativen Routinen sowie offen gegenüber der „Eigenlogik" von Daten zu sein (ebenda: 230). Es erscheint notwendig, sich widersprüchlichen und unerwarteten Befunden sowie Handlungsansätzen und -

andeutungen junger Frauen zu öffnen, die sich womöglich vorschnellen Kategorisierungen verschließen.

Die *Längsschnitt-Studie*, auf die ich mich im *empirischen Teil B* meiner Arbeit beziehe, beruht auf qualitativen Interviews mit jungen Frauen.[9] Von 125 jungen Frauen liegen ausführliche, über einen Zeitraum von sechs bzw. sieben Jahren mehrfach geführte Interviews vor. Zusätzlich zu den jungen Frauen wurde in zwei Wellen auch ein Teil ihrer Partner befragt. Anlage und Verlauf der Studie werden in Kapitel 5 dargestellt. In Kapitel 6 wird herausgearbeitet, wie die befragten jungen Frauen in Paarbeziehungen und in Familiengründungsprozessen biografisch handeln. Das Augenmerk der Darstellung liegt weniger in der Deskription und im Nachzeichnen von Paarbeziehungs- oder Familiengründungsprozessen, sondern verweist auf die Zusammenhänge zwischen biografischen Kategorien (biografischer Sinn und Relevanz, Prozesshaftigkeit, Perspektivität) und dem Handeln der jungen Frauen. Das Wie von Projekten und Lebensführung wird durch Gelegenheitsstrukturen wie Geschlecht, Region, Milieu oder Bildung und die kollektiven Projekte beeinflusst, das Warum biografischen Handelns können die Lebensthemen als biografische Konstruktionen erklären. Ein Ergebnis meiner Arbeit ist, dass biografisch-individuelle Konstruktionen, *die Lebensthemen*, zentral für die Gestaltung und Dynamik von Paarbeziehungen und Familiengründungsprozessen sind. Anhand von drei Lebensthemen, „Familie", „Eigener Weg" und „Suche nach Orientierung", wird exemplarisch nachgezeichnet, wie das Handeln der jungen Frauen sich entlang der Lebensthemen biografisch entfaltet und ausdrückt.

In einem weiteren Schritt werden in Kapitel 7 in einer relationalen Paaranalyse die empirisch rekonstruierten Lebensthemen der jungen Frauen und ihrer Partner aufeinander bezogen. Es zeigt sich, dass sie nicht nur den „roten Faden" in den individuellen Biografien der jungen Frauen bilden, sondern auch Teil des *sozialen Kitts* in Paarbeziehungen sind. Damit stellt sich das *Projekt Liebe* anders dar als vielfach angenommen. Die Deutung und damit Konstruktion von Paarbeziehungen findet auf der Basis der individuellen Le-

---

9 Die Studie „Entwicklungsprozesse familialer und beruflicher Lebenszusammenhänge junger Frauen" wurde am Deutschen Jugendinstitut durchgeführt und vom Bundesministerium für Familie, Senioren, Frauen und Jugend gefördert. Ausgangspunkt waren die Lebensentwürfe junger Frauen sowie deren Umsetzung (Keddi/Pfeil/ Strehmel/Wittmann 1999; Seidenspinner/Keddi/Wittmann/Groß/ Hildebrandt/ Strehmel 1996).

bensthemen der jungen Frauen und ihrer Partner statt. Lebensthemen können beispielsweise erklären, warum manche Paarbeziehungen Bestand haben und andere nicht und auch, warum es zu einseitig ist, Konflikte in Paarbeziehungen lediglich auf das Geschlechterverhältnis zurückzuführen. Auch Familiengründungsprozesse sind eng mit den biografischen Konstruktionen der Paarwelten verknüpft.

In Kapitel 8 geht es mir abschließend um die Bedeutung des Konzepts der Lebensthemen für die Frauen- und Geschlechterforschung, die Familiensoziologie sowie die Biografieforschung. Zugleich werden Folgerungen für Beratungsarbeit, Praxis und Politik gezogen sowie weiterführende Forschungsfragen formuliert. Die Fragestellung meiner Arbeit ist nicht nur im Hinblick auf die aktuelle Diskussion in der Frauen- und Geschlechterforschung zur Vielfalt weiblichen Lebens ein wichtiges Thema, sondern auch im Hinblick auf den derzeitigen Diskurs in der Sozialpädagogik, Jugendhilfe und Mädchenarbeit. Gesellschaftliche Individualisierungsprozesse und damit verbundene Entnormierungen stellen zunehmend das Selbstverständnis der Vorstellungen von Frauenwelten infrage, welche von der Frauenforschung der 70er Jahre etabliert wurden, und fordern dazu heraus, die Konzepte der Mädchenarbeit zu überdenken und weiterzuentwickeln. Es ist also zu fragen, ob die „Koordinaten der Debatten" noch stimmen (vergleiche Stiftung SPI 1999). Die vorliegende Arbeit will deshalb nicht nur theoretisch und empirisch dazu beitragen, die biografischen Konstruktionen junger Frauen zu entschlüsseln, sondern aus den Befunden auch Schlussfolgerungen für die Praxis zu ziehen. Bisher wird immer noch davon ausgegangen, dass der „doppelte Lebensentwurf" als Leitbild der Lebenswirklichkeit von Mädchen und jungen Frauen entspricht. Wird dieses Leitbild der Realität junger Frauen nicht (mehr) gerecht, gibt es also weder *die* jungen Frauen noch *den* weiblichen Lebensentwurf, sind differenzierte Forderungen an Gesellschaft, Politik und Sozialpädagogik zu formulieren, um der Vielfalt und Widersprüchlichkeit weiblicher Lebenswirklichkeit Rechnung zu tragen.

Teil A
Biografisches Handeln junger Frauen – eine theoretische Annäherung aus der Perspektive der Frauen- und Geschlechterforschung, Biografieforschung und Familiensoziologie

1. Vom doppelten Lebensentwurf zum Projekt – Junge Frauen zwischen doppelter Vergesellschaftung und Vielfalt

Frauen und Männer waren nie so, wie die Kulturformel das wollte.
Ulrike Prokop (1991: 8)

Da es immer weniger Selbstverständlichkeiten gibt, kann der Einzelne nicht mehr auf fest etablierte Verhaltens- und Denkmuster zurückgreifen (...) Sein Leben wird ebenso zu einem Projekt – *genauer zu einer Serie von Projekten – wie seine Weltanschauung und seine Identität.*
Peter L. Berger (1994: 95)

Oechsle/Geissler (1992) begreifen die Lebensphase junger Frauen als „Statuspassage", die durch den Übergang in das Erwerbssystem und in eine Paarbeziehung bzw. in Familie oder eine andere Lebensform charakterisiert ist und in der Entscheidungen über den Zuschnitt des eigenen Lebens stattfinden (müssen). Diese Lebensphase hat sich verlängert, umstrukturiert und individualisiert und reicht zunehmend bis in das vierte Lebensjahrzehnt.[1] Das Ende der Jugendphase markiert für Mädchen und junge Frauen nicht mehr den Beginn eines planbaren zukünftigen Erwachsenenlebens. Die Familiengründungsphase wird zunehmend zeitlich nach hinten verlagert. Mädchen und junge Frauen verbleiben heute in der Mehrzahl länger in den Institutionen des Bildungs- und Ausbildungswesens und konzentrieren sich zunächst auf einen erfolgreichen Berufseinstieg und den Aufbau einer unabhängigen Existenz. Eine für alle Frauen gültige „Normalbiografie" gibt es nicht. Sie wurden „aus den Vorgaben ihres (...) weiblichen Standesschicksals" (Beck 1986: 184), vom „Dasein für andere", zu einem „Stück eigenen Le-

---

1   Sheehy (1998) bezeichnet diese Lebensphase als „vorläufiges Erwachsenenalter" zwischen 18 und 30 Jahren, wobei die Ausdehnung individuellen Schwankungen unterliege. Dies bedeutet, dass sie sich bis weit in das vierte Lebensjahrzehnt ausdehnen kann (vergleiche Faltermaier/Mayring/Saup/ Strehmel 1992; Keddi/Seidenspinner 1990; Nave-Herz 1994; Seidenspinner/Keddi 1990).

ben" (Beck-Gernsheim 1983) freigesetzt.[2] Diese Freisetzung aus vorhandenen Strukturen wie der lebenslangen Versorgerehe schafft jungen Frauen einerseits Freiräume für individuelle Entscheidungen, stellt sie andererseits jedoch vor neue Anforderungen und Zwänge (vergleiche Hagemann-White 1998b). Gesellschaftliche Uneindeutigkeiten verlangen von ihnen in dieser „Orientierungsphase" (Seidenspinner/Keddi 1990) Entscheidungen und Weichenstellungen im privaten und beruflichen Bereich. Die Auseinandersetzung mit dem eigenen Leben und das Abwägen und Gegenüberstellen unterschiedlicher biografischer Möglichkeiten und seiner Folgen gewinnen für junge Frauen zunehmend an Bedeutung (vergleiche Beck 1986; Geissler/Oechsle 1996).

Auf der Ebene der subjektiven Orientierungen, Vorstellungen und Erfahrungen sowie des Lebensgefühls der jungen Frauengeneration und auf der Ebene der gesellschaftlichen und wissenschaftlichen Diskurse, der Leitbilder und kollektiven Lebensentwürfe zeigt sich ein komplexes und widersprüchliches Bild der Lebenszusammenhänge von Frauen. Ihm soll im Folgenden nachgegangen werden. So werden zunächst empirische Ergebnisse zum „doppelten Lebensentwurf" von Frauen (Kapitel 1.1) und zur Vielfalt weiblicher Projekte (Kapitel 1.2) vorgestellt, um im nächsten Schritt (Kapitel 1.3) auf den kulturellen Kontext einzugehen, der sich auf Frauenleben bezieht und nicht nur die biografischen Konstruktionen junger Frauen prägt, sondern auch die Konstruktionen, mit denen in der Frauen- und Geschlechterforschung Frauenleben untersucht wird. Kapitel 1.4 erweitert den Blick auf die Differenzen und Ungleichheiten im Geschlechterverhältnis. In Ka-

---

2   Demografische, sozioökonomische und soziokulturelle Entwicklungen sowie gesellschaftliche Modernisierungs- und Pluralisierungsprozesse haben die weiblichen Lebenszusammenhänge gravierend verändert. Auf der sozialstrukturellen und institutionellen Ebene führten Entwicklungen wie Rechtsgleichheit zwischen Frauen und Männern, die Angleichung des Bildungsniveaus junger Frauen und Männer, die steigende Erwerbsbeteiligung von Frauen und neue bzw. veränderte Lebensformen und Lebensstile zu einem Modernisierungsschub im Leben von Frauen. Vor allem die zunehmende Integration von Frauen und Müttern in das Erwerbssystem gelten als zentrales Element des Wandels. Parallel hat auf der kulturell-symbolischen Ebene seit Ende der 60er Jahre eine „Rhetorik der Gleichheit" in Politik, Medien, Öffentlichkeit und Bildung und eine Erosion normativer Vorgaben, kultureller Selbstverständlichkeiten und Geschlechtsrollen sowie damit zusammenhängender Leitbilder über Lebensweisen und Lebenslauf von Frauen eingesetzt (Dölling 1998). Auch in gelebten Geschlechterbeziehungen werden zunehmend Chancengleichheit, Partnerschaftlichkeit und Gleichberechtigung postuliert (Oechsle 1998).

pitel 1.5 werden Folgerungen für die Analyse der Projekte junger Frauen gezogen.

1.1 Beruf und Familie als Strukturmarker weiblicher Lebensentwürfe

Die folgenden Ausführungen beziehen sich auf die Situation junger Frauen in der Bundesrepublik Deutschland. Diese wuchsen im heute vereinigten Deutschland in unterschiedlichen Gesellschaftssystemen auf und beziehen sich in ihren Lebensentwürfen und ihrem Handeln auf unterschiedliche Leitbilder und Normen. Die Diskussion um weibliche Lebenszusammenhänge bezieht sich in Westdeutschland überwiegend auf die Vereinbarkeit von Berufstätigkeit und Mutterschaft bzw. Familie, in Ostdeutschland[3] nach der Wende vor allem auf die Erhaltung der selbstverständlichen und zu DDR-Zeiten staatlich verordneten Gleichzeitigkeit beider Lebensbereiche. Es ist davon auszugehen, dass sich diese Unterschiede auch in den individuellen Lebensentwürfen niederschlagen. Die Lebenszusammenhänge und Lebensentwürfe von jungen Frauen in West- und Ostdeutschland werden daher im Folgenden zunächst getrennt dargestellt.[4]

1.1.1 Junge Frauen in Westdeutschland – „Der doppelte Lebensentwurf"

Die zentrale Bedeutung von Beruf und Familie als Strukturgeber im weiblichen Leben zieht sich durch fast alle Studien zu den Lebenszusammenhängen und Lebensentwürfen von (jungen) Frauen in Westdeutschland.[5] Dass der „doppelte Lebensentwurf" von jungen Frauen nicht nur faktisch zunehmend gelebt, sondern auch per-

---

3 Begrifflich wird unterschieden zwischen der Deutschen Demokratischen Republik, der DDR, vor 1990 und den neuen Ländern oder Ostdeutschland nach der Wiedervereinigung beider deutscher Staaten.

4 „Um den Osten wirklich zu verstehen, bedarf es einer selbstreflexiven Infragestellung der Westsubjekte, damit sie sich auch den Blick auf ihre eigenen Gebundenheiten und Begrenzungen eröffnen. Dies ist geradezu die Voraussetzung eines gelungenen deutschdeutschen Dialogs" (Busse/Zech 1999: 231).

5 Nicht nur die Frauen- und Geschlechterforschung, auch die Familiensoziologie folgt diesen Markern; beispielsweise unterscheidet Fthenakis (2002) zwischen familienorientierten Frauen (Mutterrolle zentral, Beruf von untergeordneter Bedeutung) und berufsorientierten Frauen (Verknüpfung von Mutterschaft und Erwerbstätigkeit).

spektivisch geplant wird, konnte die Studie von Seidenspinner/Burger (1982[6]; vergleiche auch Allerbeck/Hoag 1985) bereits 1982 belegen: 15- bis 19-jährige Mädchen räumten dem Beruf zentrale Bedeutung ein, gaben jedoch gleichzeitig die Familienperspektive nicht auf; sie wollten beides – Familie und Beruf. Dies wird als gravierende Veränderung gegenüber früheren Frauengenerationen interpretiert, als Ausdruck sozialen Wandels im Leben von Frauen. Bis in die 70er Jahre wurden Frauen in Westdeutschland überwiegend familienbezogene Lebensentwürfe zugeschrieben. Weibliche Erwerbstätigkeit wurde als Alternative zur Ehe oder als Absicherung für den Notfall angesehen – so signalisieren es zumindestens die damaligen Forschungsergebnisse (beispielsweise Lehr 1974; Pfeil 1968; Planck 1982). „Mitte der 70er Jahre konnte die Erwerbstätigkeit von Frauen längst nicht mehr als Konjunktur-Puffer begriffen werden, mit dem man kurzfristig die große Arbeitskräftenachfrage befriedigen und ebenso schnell wieder abbauen konnte, indem man Frauen zurück an den Herd schickte" (Diezinger 2000: 15). Dies wird auch in der stark gestiegenen Nachfrage nach höherer Bildung und beruflicher Qualifizierung durch junge Frauen sowie in der zunehmenden und sich verstetigenden Erwerbstätigkeit verheirateter Frauen und Mütter deutlich. Frauen haben sich aus einem ausschließlich familienzentrierten Lebensmuster herausgelöst. Der Übergang in den Beruf ist eine wichtige Station in ihrer Biografie. Gleichzeitig haben sich das Verständnis von Beruf und die Bedeutung langfristiger beruflicher Tätigkeiten bei weiblichen und männlichen Jugendlichen und jungen Erwachsenen angeglichen.[7] Seit den 80er Jahren steht fest, dass Mädchen im Verlauf ihrer Schulzeit ähnliche Vorstellungen zu Beruf und Berufstätigkeit entwickeln wie Jungen (Seidenspinner/Burger 1982; Baethge/Hantsche/Pelull/Voskamp 1988; Zoll/Bents/Brauer/Flieger/Neumann/Oechsle 1989; Faulstich-Wieland 1990). Neben im Vergleich zu jungen Männern überdurchschnittlichen schulischen Vorqualifikationen zeigen sie ein hohes Maß an Motivation, Einsatzfreude, Sozialkompetenz und Zuverlässigkeit.[8] „Die jungen

---

6 Diese 20 Jahre alte repräsentative Studie wird immer wieder als Beleg für die Doppelorientierung von Mädchen angeführt; es fehlen jedoch neue repräsentative Studien.

7 Vergleiche dazu die Ergebnisse der Shell-Studie „Jugend 2000" (Jugendwerk der Deutschen Shell 2000), die auf eine Angleichung von Mädchen und Jungen verweisen.

8 In aktuellen Statistiken wird die hohe Berufsorientierung der Mädchen und jungen Frauen deutlich: Sie gehen verstärkt auf weiterführende Schulen, um qualifizierte Bildungsabschlüsse zu erlangen und ihre Bewerbungs- und Berufschancen zu verbessern. Sie bemühen sich in höherem Ausmaß um einen Ausbildungsplatz als Jungen. Bei-

Mädchen sind deutlich höher gebildet als ihre männlichen Altersgenossen und prinzipiell ebenso berufsorientiert, mobilitätsbereit und offen für eine berufliche Selbstständigkeit wie die jungen Männer (...)" (Fritzsche/Münchmeier 2000: 345; vergleiche auch Nissen/Keddi/Pfeil 2000). Die heutige Generation von Mädchen und jungen Frauen schreibt dem Beruf eine hohe Bedeutung für ihr Leben zu. Beruf und Berufstätigkeit eröffnen den Zugang zu gesellschaftlicher Teilhabe und Anerkennung. Eine qualifizierte schulische und berufliche Ausbildung ist für sie deshalb Voraussetzung und Basis für ihre Chancen im späteren Erwerbsleben und selbstverständlicher und unverzichtbarer Bestandteil ihrer Zukunftsplanung (Küllchen 1997). Auch eine aussichtsreiche Berufsperspektive ist den Mädchen und jungen Frauen wichtig, denn sie planen überwiegend eine dauerhafte Beteiligung im Erwerbssystem (vergleiche Pritzl 1996: 162). Die Bedeutung des Berufs ist für alle jungen Frauen als Basis für ihr künftiges Leben hoch, variiert jedoch – wie auch für junge Männer – in Abhängigkeit vom Lebensentwurf (Geissler/Oechsle 1996). „Ob Beruf eher Selbstbehauptung oder eher Selbstverwirklichung bedeutet, hängt von den Persönlichkeitsressourcen ab" (Jugendwerk der Deutschen Shell 2000: 15). Für junge Frauen ist die Möglichkeit attraktiv, sich durch die Erwerbstätigkeit von Abhängigkeiten zu befreien (Pritzl 1996: 165), denn Ansprüche auf Eigenständigkeit in der Lebensgestaltung mit vielen Freiräumen und Möglichkeiten haben einen hohen und selbstverständlichen Stellenwert (Oechsle/Geissler 1998; Pritzl 1996). So äußern sie auch den Anspruch, ihr Leben selbst in die Hand zu nehmen und verstehen sich damit als Gestalterinnen ihrer eigenen Biografie. Die besseren Bildungs- und Berufschancen und höhere Mobilität unterstützen ihre ökonomische Unabhängigkeit.

Gleichzeitig haben Ehe und Familie als Versorgungsinstanz und als ausschließlicher biografischer Rahmen für Frauen an Bedeutung verloren (Beck-Gernsheim 1992); sie garantieren nicht länger eine lebenslange Versorgung. Weibliche Berufs- und Erwerbsarbeit wird auch für Frauen als langfristige Lebensperspektive und den damit verbundenen Möglichkeiten, aber auch Notwendigkeiten immer wichtiger. Untersuchungen zu den Orientierungen von Frauen in unterschiedlichen Lebensphasen und aus unterschiedlichen gesell-

---

spielsweise schalten sie bei der Suche nach einem Ausbildungsplatz häufiger das Arbeitsamt ein als Jungen und sind häufiger bereit als diese, wegen einer Lehrstelle den Wohnort zu wechseln (Bundesministerium für Bildung und Forschung 2000).

schaftlichen Gruppen sowie zur weiblichen Lebensführung belegen, dass Frauen ihr Leben in Beruf und Familie verorten, dass sie Berufstätigkeit ebenso in ihr Leben integrieren wollen wie eine Mutterschaft. Sie setzen auf die Vereinbarkeit von Beruf und Kind: Erwerbstätige Mütter mit kleinen Kindern sehen beispielsweise trotz objektiv enormer Belastungen in Beruf und Familie in ihrer Erwerbsarbeit ein sinnvolles Kontrastprogramm zu ihrem Muttersein; der Beruf beinhalte für sie durchaus entlastende und entspannende Elemente (Krüger/Born/Einemann/Heintze/Saifi 1987). Dass für Frauen gerade der Kontrast der Anforderungen in Beruf und Familie „das Salz in der Suppe sei", stellte bereits Becker-Schmidt (1983) in ihrer Studie über Fabrikarbeiterinnen fest (vergleiche auch Strehmel 1999). Die neueste Shell-Jugendstudie (2000) erbringt, dass Berufszentriertheit verbunden mit Familienzentriertheit zwar das zentrale Lebenskonzept beider Geschlechter ist, allerdings nur bis zu dem Alter, in dem sich die Frage nach Kindern konkret stellt: Während sich dann bei jungen Männern kaum Änderungen ihrer Einstellungen zeigen, ändern sich die Einstellungen von jungen Frauen zugunsten von Familie und zum Nachteil für den Beruf (Fritzsche/Münchmeier 2000: 346; vergleiche auch Pritzl 1996: 166). Noch mehr verändern sich die Lebensorientierungen von Frauen mit kleinen Kindern (z. B. Simm 1987). Die individuelle weibliche Lebensplanung findet ihre Grenzen also immer noch in der Zuständigkeit für die Versorgung von Kindern (Cornelißen/Gille/Knothe/Meier/Queisser/Stürzer 2002; Flaake/King 1992). Doch trotz der Schwierigkeiten, die Anforderungen beider Bereiche zu erfüllen und in Einklang zu bringen, empfinden Frauen Familie und Beruf häufig als wechselseitig unterstützend und ergänzend. In ihren multiplen Rollen können Mütter Erfahrungen und Kraft aus den verschiedenen Lebensbereichen schöpfen und erleben ihre Situation zwischen Beruf und Familie keineswegs immer und nur als „Doppelbelastung" (Faltermaier/Mayring/Saup/Strehmel 1992).

Die Doppelorientierung von Frauen ist historisch gesehen nichts Neues, wie neuere Forschungsergebnisse belegen.[9] Born/Krüger/Lorenz-Meyer (1996) zeigen eindrucksvoll, dass auch die Frauen, die kurz nach Kriegsende ihre Berufsausbildung begonnen hatten,

---

9 Aussagen zu historischen Veränderungen und Generationsunterschieden beziehen sich häufig auf den historisch wenig typischen Zeitraum der 50er und 60er Jahre und sind entsprechend zu relativieren.

Familie und Beruf gleichzeitig lebten. Sie konnten dies aber aufgrund bestehender gesellschaftlicher Leitbilder von Ehefrau und Mutter nicht offen zeigen oder gar fordern, aufrechterhalten und über längere Lebensphasen realisieren, während dies für die heutige Generation junger Frauen selbstverständlich ist.

1.1.2 Junge Frauen in Ostdeutschland – „Familie und Beruf sind ein Leben"

Welche Lebenszusammenhänge und Lebensentwürfe sind nun für junge Frauen in Ostdeutschland kennzeichnend? Diese Frage stellte sich nach der Wende, als das Interesse der westdeutschen Frauenforschung sich auf die Lebenszusammenhänge ostdeutscher Frauen richtete. Frauen aus der ehemaligen DDR werden vor allem als Verliererinnen der politischen und ökonomischen Wende gesehen, festgemacht an der höheren weiblichen Arbeitslosenquote (Nickel 1990), aber auch an Einbrüchen in der Kinderbetreuung. Kollektive weibliche Lebensentwürfe, auf die sich junge Frauen in der DDR während ihrer Sozialisation bezogen, wurden durch die neuen Rahmenbedingungen infrage gestellt. Die jungen Frauen in Ostdeutschland mussten im Übergang zum Erwachsenwerden nicht nur ihren eigenen Lebensentwurf entwickeln, sondern zusätzlich die veränderten Bedingungen durch die Wende verarbeiten und integrieren.

Aufgewachsen in einer Gesellschaft, in der die Frauenfrage offiziell als gelöst galt, in der im Gegensatz zur westdeutschen Gesellschaft der Beruf schon sehr früh elementarer Bestandteil des weiblichen Lebensentwurfs war[10], die Vereinbarkeit von Beruf und Familie als einheitliches Lebensmuster ausgegeben wurde und die Berufs- und Erwerbsarbeit ebenso verpflichtender Bestandteil der weiblichen Biografie war wie eine (frühe) Mutterschaft und Familiengründung (Seidenspinner 1994: 44), schienen ostdeutsche Frauen das erreicht zu haben, wovon westdeutsche Frauen nur träumen konnten. Mit strukturellen Merkmalen wie „steigender Erwerbsneigung und -beteiligung von Frauen, wachsenden Scheidungsquoten, der Erosion der Hausfrauenehe seit den 70er Jahren und der Durchlöcherung traditioneller Formen der Kombination von Be-

---

10 Aufgrund politischer Zielsetzungen und ökonomischer Erfordernisse wurden Frauen bereits in den 50er und 60er Jahren systematisch und dauerhaft ins Erwerbsleben integriert (Dölling 1993; Böckmann-Schewe/Kulke/Röhrig 1994 und 1995).

rufs- und Familienarbeit" (Schenk/Schlegel 1993) war die DDR-Gesellschaft eine modernere Gesellschaft als die alte Bundesrepublik. Nur-Hausfrauen gab es Ende der 80er Jahre in der DDR praktisch nicht mehr. Die Erwerbsquoten der ostdeutschen Frauen folgten sehr viel stärker dem Muster männlicher als weiblicher Erwerbsbeteiligung in der BRD. Mit der fast vollständigen Integration von Frauen in das Erwerbssystem galt die „verordnete" Modernisierung der Geschlechterverhältnisse (ebenda) als erreicht. Frauen standen weder perspektivisch noch faktisch vor der Alternative „Beruf oder Familie", wie es für ihre westdeutschen „Schwestern" galt. Anders als westdeutsche Frauen sahen (und sehen) ostdeutsche Frauen Beruf und Familie weniger als sich ausschließende und widersprüchliche Lebensbereiche an – im Gegenteil: Sie verstehen aus ihrem Erfahrungshintergrund heraus den westdeutschen „doppelten" Lebensentwurf nicht: „Ich habe keinen doppelten Lebensentwurf, ich habe nur ein Leben und einen Entwurf dafür. Berufstätigkeit brauche ich nicht neben meiner Familie, sondern für meine Familie", wie es eine Ostdeutsche (zit. nach Schröter 1995: 28) formuliert. „Als ganzer Mensch leben" (ebenda) lässt sich die generelle Vorstellung ostdeutscher Frauen für ihr Leben auf einen Nenner bringen. Der doppelte Lebensentwurf ist auch für die jungen Frauen in der DDR in seinen Grundannahmen selbstverständlich, allerdings mit der Einschränkung, dass Berufstätigkeit ebenso verpflichender Bestandteil der weiblichen Biografie war wie eine (frühe) Mutterschaft und Familiengründung, ohne die Widersprüche dieses Modells offen zu diskutieren (Seidenspinner 1994).

Auch Jahre nach der Wende empfinden die ostdeutschen Frauen die Gleichzeitigkeit von Familie und Beruf und die Vereinbarkeit von Beruf und Familie als selbstverständlich und machbar (Schröter 1997). Untersuchungen belegen eindrucksvoll die normative Gültigkeit dieses kollektiven Lebensmusters (Bertram 1995; Dannenbeck/Rosendorfer/Keiser 1995; Dölling 1998; Jugendwerk der deutschen Shell 1992, Nauck 1993; Meyer/Schulze 1992; Seidenspinner/Keddi/Wittmann/Groß/Hildebrandt/Strehmel 1996). Die Stellung der Frau wurde durch das Motiv der „starken Frau im Sozialismus" definiert, die doppelt zuständig für Beruf und Familie war und Anspruch auf ihre reproduktive Autonomie formulierte. Dies Motiv wurde als sozialistische rhetorische Strategie beschrieben (vergleiche Prokop 1979), ist aber auch im Selbstverständnis der Frauen zu finden.

Dennoch muss gesehen werden, dass „die Situation in der DDR durchaus nicht ohne Risiken und Belastungen für die Frauen war: Lange Arbeitszeiten und schwierige, oft belastende Arbeitsbedingungen, machten es – trotz nahezu flächendeckender Kinderbetreuung – den Frauen nicht leicht, Beruf und Familie zu vereinbaren" (Seidenspinner 1994: 35). Das weibliche Lebenskonzept beruhte auf qualifizierter Berufstätigkeit, ohne traditionelle Werte und die Aufgabenteilung in der Familie infrage zu stellen. Die Widersprüchlichkeit weiblicher Lebenszusammenhänge wurde nicht thematisiert, war aber vorhanden. Die Frauen verdienten auch in der DDR deutlich weniger als die Männer, mit Nettolöhnen, die im Durchschnitt um 30 Prozent niedriger lagen als diejenigen der Männer; dies galt auch für Frauen in höheren Positionen (Bundesministerium für Frauen und Jugend 1993). „Die frauenpolitischen Maßnahmen der 80er Jahre verdeutlichen die staatliche Auffassung, dass die Gleichberechtigung verwirklicht ist. Frauen werden in den Betrieben verstärkt als Risikofaktor angesehen (...) und erleben tagtäglich die Diskrepanz zwischen der Realität und den öffentlichen Verlautbarungen" (Seidenspinner/Keddi/Wittmann/Groß/ Hildebrandt/Strehmel 1996: 37). Auch in der DDR waren es die Frauen, die für familiäre Aufgaben zuständig waren. Schwierigkeiten mit der Doppelbelastungssituation wurden ähnlich wie bei den westdeutschen Frauen individualisiert. Alternative Strukturen und Kombinationen von Erwerbs- und Familienarbeit hatten sich nicht durchgesetzt (Schenk/Schlegel 1993). Nickel (1992) spricht in diesem Zusammenhang von „patriarchaler Gleichberechtigung". „Die traditionelle Forschung über Frauen war parteilich im Sinne der herrschenden Ideologie und Apparate, nicht aber für Frauen (...). Sie hatte Legitimationsleistungen zu erbringen und demzufolge Anteil an den Mythenbildungen vom erfolgreichen Voranschreiten der Gleichberechtigung in der DDR wie auch an den Tabuisierungen der realen Lebensverhältnisse von Frauen" (Nickel 1990: 42). Im Gegensatz zur westdeutschen Gesellschaft haben junge Frauen im Osten die Berufstätigkeit als wesentlichen und zentralen Baustein eines kollektiven und idealtypischen Lebensentwurfs erfahren. Wenngleich die Berufstätigkeit unter dem Deckmantel der Gleichberechtigung forciert wurde, lagen Kinder und Familie auch weiterhin „ganz natürlich" im Zuständigkeitsbereich der Frau (Trappe 1995; Böckmann-Schewe/Kulke/Röhrig 1995).

Junge Frauen mussten nach der Wende einen Weg für sich finden zwischen den Errungenschaften ihres ehemaligen Staates und damit verbundenen „Selbstverständlichkeiten" im Lebensentwurf (vergleiche Dölling 1998) und den durch den Einigungsprozess an sie herangetragenen Veränderungen und damit verbundenen Verunsicherungen. In den neuen Bundesländern ist zunehmend das Ausleben eines Moratoriums in der historisch neuen Lebensphase zwischen Verlassen der Herkunftsfamilie und Gründung einer eigenen Familie auszumachen; auch die jungen Frauen im Osten schieben Familiengründung und Realisierung des Kinderwunsches auf. Berufsfindung und Familiengründung werden nicht mehr gleichzeitig, sondern nacheinander gelebt. Schenk/Schlegel (1993) gehen davon aus, dass Entwicklungen in den weiblichen Lebensmustern eher gebrochen „in die geschlechtsspezifischen Strukturmuster nach Vorbild der alten Bundesländer" (ebenda: 381) übergehen werden. Sie interpretieren die damit einhergehenden Ausdifferenzierungen von Lebensmustern weniger als selbstgewählte Pluralisierung als als Folge der Verstärkung sozialer Ungleichheitsprozesse, wobei sie nicht die Frage beantworten, inwiefern frühere Lebensmuster frei gewählt waren. Die Lebensphase des jungen Erwachsenenalters war zu DDR-Zeiten beispielsweise nicht durch Spielräume für ein eigenständiges Leben zwischen dem Verlassen des Elternhauses und dem Gründen einer eigenen Familie, sondern durch Regeln und sozialstaatliche Vorgaben geprägt (Spellerberg 1995).

Für die Analyse der Lebenszusammenhänge junger Frauen in Ostdeutschland ist sensibel auf ihre Vorstellungen und Lebensentwürfe einzugehen, ohne dabei ideologische Normierungen abzubilden. Viele SozialwissenschaftlerInnen sind der Meinung, dass die Lebensentwürfe ostdeutscher Frauen mit denjenigen westdeutscher Frauen nicht vergleichbar sind und die historischen und strukturellen Unterschiede einen direkten Vergleich ausschließen. Dieser Annahme ist aufgrund vorliegender Studien zu widersprechen. Trotz der deutlichen Unterschiede zwischen jungen Frauen in Ost- und Westdeutschland scheint die grundlegende Strukturierung weiblicher Lebensentwürfe durch Beruf und Familie gemeinsamer Nenner der dargestellten Forschungsergebnisse zu sein, die Frauen gleichermaßen auf diese beiden Bereiche festschreiben.

1.2 Individualisierung und Vielfalt weiblicher Projekte

Neuere Forschungsergebnisse zur Modernisierung weiblicher Lebenslagen (vergleiche Hagemann-White 1998a; Diezinger/Rerrich

1998) betonen die Differenzen zwischen den Geschlechtern und die Differenzen unter Frauen. Biografien folgen nicht mehr ungebrochen den geradlinig vorgegebenen Entwicklungslinien gesellschaftlicher Erwartungen; vermutlich haben sie dies auch niemals und überall getan. Hier sind historische Analysen notwendig, um zwischen Leitbildern und faktischen Lebensmustern zu unterscheiden. Neben bestehenden Ungleichheiten lassen sich in vielen gesellschaftlichen Bereichen auch Tendenzen der Angleichung zwischen den Geschlechtern finden (vergleiche Stiftung SPI 2000). „Die Individualisierung und Pluralisierung der Lebenslagen lässt auch zwischen den Frauen die Differenz wachsen. Keine für alle gleiche Norm kann die neue gesellschaftliche Vielfalt beider Geschlechter noch produktiv integrieren" (Raasch 1996: 26). Qualitative Studien, die sich weniger auf ein Abfragen von vorgegebenen Formulierungen und bestehenden Leitbildern und sozialen Skripten konzentrieren,[11] sondern darauf, was junge Frauen konkret an Wünschen und Vorstellungen äußern[12], deuten darauf hin, dass Beruf und/oder Familie nicht für alle jungen Frauen gleichermaßen bedeutsam sind.

Empirische Anhaltspunkte finden sich beispielsweise in der qualitativen Untersuchung von Geissler/Oechsle (1996) zum biografischen Handeln junger Frauen im Übergang in die Berufstätigkeit und die Familiengründung. Ihre Stichprobe bezieht sich auf junge Frauen zwischen 20 und 30 Jahren in unterschiedlichen Beschäftigungsverhältnissen (reguläre Beschäftigung, prekäre Beschäftigungsformen, befristete Beschäftigung, arbeitslos). Dabei lag ihr Augenmerk auf der Bedeutung von strukturellen Risiken und von institutionellen Steuerungsmechanismen für die Lebensverläufe junger Frauen. Im Hinblick auf die Lebensplanung junger Frauen arbeiteten Geissler und Oechsle unterschiedliche Typen heraus: einen Typus der doppelten Lebensführung, zwei Typen der familienzentrierten Lebensplanung – einen mit traditionellen und einen mit neuen Lösungen –, einen berufszentrierten Typus sowie zwei Typen, die sich nicht auf die traditionellen Bereiche Familie und Be-

---

11 Wird mit einem quantitativen Untersuchungsdesign nach der Bedeutung von Beruf oder Kindern gefragt, können sich die Befragten in ihren Antworten nur auf die genannten Alternativen beziehen. Sie haben im Vergleich zum qualitativen Interview nicht die Möglichkeit, ihre eigenen Präferenzen einzubringen, die womöglich jenseits von Beruf oder Kind liegen.

12 Vergleiche Diezinger/Rerrich 1998 zu erwerbslosen Hauptschülerinnen und berufstätigen Frauen mit Kindern; Geissler/Oechsle 1996 zu jungen Frauen in Bremen; Keddi/Pfeil/Strehmel/Wittmann 1999 zu jungen Frauen in Bayern und Sachsen.

ruf beziehen: Diese jungen Frauen mit „individualisierter" Lebensplanung hätten ein neues Verhältnis von Arbeit und Leben entwickelt; typisch für sie sei die Kritik an allen normativen Vorgaben für die weibliche Lebensführung. Wichtig sei ihnen eine hohe Autonomie in der Lebensgestaltung, feste Ziele werden nicht anvisiert. Eine andere Gruppe von jungen Frauen „verweigert" sich einer Lebensplanung insofern, als sie sich lediglich auf kurzfristige Arrangements einlässt, aber nicht langfristig plant. Für diese Gruppe konnten nach den Analysekriterien der Studie wenig Gemeinsamkeiten gefunden werden, somit blieben sie eher eine „Restkategorie". Die Autorinnen gehen in ihrer Analyse, der Tradition der doppelten weiblichen Vergesellschaftung folgend, trotz der deutlichen empirischen Ausdifferenzierung der weiblichen Lebenszusammenhänge und Lebensschwerpunkte davon aus, dass die Auseinandersetzung mit den beiden Strukturgebern Familie und Beruf für junge Frauen immer grundlegend sei.

Dagegen verweisen Diezinger/Rerrich (1998) auf die fast schon klischeehafte Dichotomisierung beider Kategorien: „Unseres Erachtens sind Zweifel angebracht, ob eine nur dichotome Betrachtungsweise des Lebens junger Frauen in den Bereich Beruf einerseits und den komplementären Bereich Ehe und Familie angebracht ist" (ebenda: 165). Eckert, Hahn und Wolf (1989: 76) vertraten in ihrer Ehestudie schon in den 80er Jahren, dass eine „einfache Selektion und Dichotomisierung in berufs- und familienbezogene Werte und Ziele (...) zu einfach sei". Zudem seien berufs- und kindbezogene Ziel nicht immer unvereinbar; sie könnten sich auch ergänzen und gegenseitig verstärken. Dieser Meinung schließe ich mich an.

Auch im beruflichen Bereich spiegelt sich die Ausdifferenzierung weiblicher Lebensführung, ein weiterer Hinweis auf die Notwendigkeit, einfache Modelle weiblicher Lebensentwürfe einer kritischen Überprüfung zu unterwerfen. Die Bedeutung des Berufs ist als Existenzgrundlage für alle jungen Frauen hoch, variiert jedoch – wie auch für junge Männer – in Abhängigkeit von Lebensentwurf (Geissler/Oechsle 1996) oder Persönlichkeitsressourcen (Jugendwerk der Deutschen Shell 2000: 15). Pritzl (1996) konnte fünf Typen von Arbeitsorientierungen herausarbeiten: karriereorientierte, berufsorientierte, joborientierte, familienorientierte und resignierte, die sich zwar geschlechtsspezifisch unterschiedlich verteilen, aber auch für junge Frauen unterschiedliche Grundhaltungen zur Arbeit belegen.

Zur Situation in Ostdeutschland stellen zahlreiche Studien (Starke 2000) fest, dass ostdeutsche Frauen einen einheitlichen Lebensentwurf besaßen, der durch alle Schichten und Gruppen hindurch Gültigkeit hatte. Festgemacht wird dies unter anderem auch daran, dass über 99 Prozent der Frauen zu DDR-Zeiten sich meist zwei Kinder wünschten und diesen Wunsch auch häufig und frühzeitig verwirklichten (Friedrich/Förster/Starke 1999: 396f.). „Die Verbindlichkeit und Standardisierung war hoch, in den Interviews findet sich die kollektive Einbindung in eine Normalität ohne große soziale Abgrenzungen gegeneinander" (Bundeszentrale für gesundheitliche Aufklärung 2000: 31). Der Alltag war geprägt von Pragmatismus und fehlenden Wahlmöglichkeiten und Alternativen. Die strukturelle Heterogenität der Frauenarbeit und damit auch die Varianz und Möglichkeit unterschiedlicher Lebensmuster wird im Vergleich zu Westdeutschland als deutlich geringer eingestuft (Kreckel 1992: 253). Es gibt jedoch Hinweise darauf, dass die Lebensentwürfe ostdeutscher Frauen auch zu DDR-Zeiten so einheitlich nicht waren. Die offizielle Version blendete wichtige Aspekte des tatsächlich gelebten Frauenlebens aus, das zum einen vielfältiger war, als es auch heute, Jahre nach der Vereinigung, gesehen wird, und das zum anderen wie im Westen durch geschlechtsspezifische Ungleichheiten strukturiert wurde. Interessant ist in diesem Zusammenhang beispielsweise eine Analyse literarischer Werke von Autorinnen aus der DDR, die in den 70er und 80er Jahren erschienen sind (Kaufmann 1997). In diesen Zeugnissen von Frauenleben wird nicht die große, staatlich vorgegebene Linie bestätigt, sondern es finden sich viele Aussagen über die verschiedenen Optionen, Widersprüche und Konflikte in den Lebenszusammenhänge ostdeutscher Frauen. Die literarischen Frauengestalten vermitteln ein breites soziales Spektrum und eine Vielfalt und Lebendigkeit, die nichts mit der propagierten Einheitlichkeit des DDR-Frauenbilds zu tun haben. Auch Frauen in der DDR suchten aktiv nach Möglichkeiten, ihre Kreativität zu entfalten, sich selbst zu verwirklichen oder auszusteigen, und entwickelten dafür individuelle Strategien. In der DDR strebte zuletzt eine Vielzahl von Frauen Teilzeitarbeit an, um die Norm der Vollzeitberufstätigkeit zu unterlaufen und einer Überforderung durch das Erwerbsleben zulasten der Familie zu entgehen (vergleiche Gysi/Meyer 1993). Diese Befunde relativieren auch Aussagen von Studien, dass sich erst nach der Wende im Osten erhebliche Differenzierungen in den Lebensentwürfen der Frauen zeigen. Ab Mitte der 70er Jahre wurden in der DDR-

Gesellschaft generell beginnende Individualisierungstendenzen festgestellt; das Subjekt wurde „stärker als eigenständiger Verarbeitungsort von gesellschaftlicher Realität und als eigenständiges Handlungszentrum gewürdigt" (Busse/Zech 1999: 216). Es stellt sich die Frage, ob nicht Lebensentwürfe, die zu DDR-Zeiten zwar auch vorhanden waren, aber nicht offiziell geäußert werden konnten, heute lediglich bewusst ausgesprochen werden.

Individualisierung zeigt sich meiner Meinung nach nicht nur in Unterschieden der Verknüpfung von Familie und Beruf, sondern auch darin, dass die biografischen Ziele von Frauen differenzierter sind als es die generelle Zuschreibung des doppelten Lebensentwurfs erwarten lässt. Neben der „Doppelorientierung", die ein hohes Maß an Abstimmung und Koordination in der alltäglichen Lebensführung und -planung erfordert, bestehen weitere Schwerpunkte, die das Leben junger Frauen, ihre Vorstellungen und Lebensplanung, ihre Entscheidungen und Handlungen strukturieren: „Ehe und Familie sind nicht (mehr?) die einzigen oder gar einzig bedeutsamen ‚Gegenpole' zu Beruf und Arbeitsmarkt in der alltäglichen Lebensführung junger Frauen" (Diezinger/Rerrich 1998: 165). Mutterschaft ist nicht mehr das einzige Sinnelement weiblicher Existenz, sondern ein Sinnelement unter vielen (Rose 1997). Andere Lebensschwerpunkte können als „private Projekte" den Raum von Familie und Partnerschaft einnehmen, in Konkurrenz zum beruflichen Bereich stehen oder sogar jenseits der jungen Frauen zugeschriebenen Strukturmarker liegen; die Lebensformen und biografischen Projekte junger Frauen weisen auf eine große Bandbreite in der aktuellen und künftigen Lebensgestaltung, die jedoch nicht mit pluraler Beliebigkeit zu verwechseln ist (vergleiche Simm 1987; 1991). Ein genereller und in allen Situationen, Lebenswelten und Lebensphasen tragfähiger Entwurf von Leben scheint nicht mehr möglich. Vielmehr können sich Projekte im biografischen Verlauf verändern, ablösen, parallel nebeneinander laufen oder situativ zersplittert sein. Hier spiegelt sich das alltägliche Flickwerk von Erfahrungen.

In Abgrenzung zum Begriff des Lebensentwurfs, der die biografische Gültigkeit eines Lebens-, Denk- und Verhaltensmusters junger Frauen betont, eine stabile Vorstellung über die eigene Zukunft voraussetzt, die am Ende der Adoleszenz erworben wird (vergleiche Erikson 1973), und davon ausgeht, dass es möglich ist, einen kohärenten Entwurf des eigenen Lebens zu entwickeln, scheint mir das *Konzept des Projekts* angemessener, da es die Auflösung von Normalbiografien thematisiert und die Vielfalt im Leben junger Frauen konzeptionell aufgreift. Ich folge dabei neueren identitätstheoretischen Überlegungen (zusammenfassend Kraus 1996), die Biografie als Projekt begreifen, das nie abgeschlossen ist.

1.3 Eindeutigkeiten und Uneindeutigkeiten im gesellschaftlichen und wissenschaftlichen Diskurs

Auch wenn die Spielräume zur Gestaltung der eigenen Biografie für die heutige Frauengeneration gestiegen sind und ihre Projekte eine große Bandbreite aufweisen, handeln und leben junge Frauen nicht in einem sozialen und kulturellen Vakuum (Oechsle 1998), sondern beziehen sich in ihren Projekten, in ihren Entscheidungen und in ihrem Handeln auf *Leitbilder, kollektive Projekte* und *gesellschaftlich-normative Diskurse* und *Deutungsmuster*. Diese verbinden als „kulturelle Ausgestaltungen der bildlich gefassten sozialen Grundstrukturen" (Großmaß/Schmerl 1996) die unterschiedlichen gesellschaftlichen Bereiche und geben „für die stark ausdifferenzierten Lebenswirklichkeiten ein virtuelles ‚Dach' ab" (Geissler/Oechsle 1996: 12). Dabei stehen traditionelle Leitbilder neben individualisierten Entwürfen für Frauenleben; es herrscht eine Vielfalt von „Angeboten" und kollektiven Projekten: „Alte" Bilder wie „Hausfrau, Ehefrau und Mutter" oder „gute Mutter" sind in modernisierter Form (Wolf 1995) genauso existent wie „moderne" Leitbilder der „gleichberechtigten Partnerin", der modernen, individualisierten oder „autonomen" Frau[13], der „berufstätigen Mutter" oder der „Karrierefrau".[14] Gleichzeitig priorisieren dominante Leitbilder und kollektive Projekte das „homogene Kollektiv Frau", die Familien- und Partnerschaftsbezogenheit von Frauen und den „doppelten weiblichen Lebensentwurf".

1.3.1 Kollektive Projekte und Leitbilder von Frauenleben

Kollektive Projekte bieten jungen Frauen Modelle für die Gestaltung ihrer Zukunft und ihrer individuellen Projekte an. Ich verwende auch hier, analog zum individuellen Lebensentwurf, den Begriff

---

13 Die autonome Frau entspricht dem Ideal vieler Feministinnen und feministisch orientierter Pädagoginnen.

14 Die Veränderung der Leitbilder für Frauen untersuchte Feldmann-Neubert (1991) anhand der Zeitschrift „Brigitte".

„kollektives Projekt" statt „kollektiver Lebensentwurf", um deutlich zu machen, dass es nicht nur auf der Subjektebene, sondern auch auf der gesellschaftlichen Ebene keine geschlossenen gesellschaftlichen Lebensentwürfe für Frauen mehr gibt, die eine konkrete Entfaltungslogik und „einen ganzen biografischen Bogen" (Kraus 1996: 164) aufspannen. Analog zur Vielfalt individueller Lebenswelten nahm auch „der Differenzierungsgrad dessen, was sich Individuen an Wissensbeständen aneignen" (ebenda), zu und die „Kanonisierung von Modellen individueller Biografien" (ebenda) fand ihr Ende. Kollektive Projekte sind zum Teil gesellschaftlich anerkannt und durch Leitbilder legitimiert, beispielsweise im „doppelten Lebensentwurf" und im „Leben mit einem Partner", zum Teil auch nicht. *Leitbilder, normative Ideale, Leitvorstellungen, Leitkonzepte oder „Kodes"* (vergleiche Burkart/Koppetsch/Maier 1999; Luhmann 1994) bringen Vorstellungen vom richtigen Handeln und einer angemessenen Lebensführung zum Ausdruck. Sie bieten normative Vorgaben über eine gesellschaftlich anerkannte, wünschenswerte Lebensgestaltung und vermitteln, was sein soll. Sie können wichtige Orientierungshilfen für die „Sinnprojektionen des Einzelnen" (Koppetsch/Burkart 1999: 4f) abgeben. „Leitbilder wie ‚Individualisierung' und ‚Partnerschaft' stiften (...) eine eigene *symbolische Realität*, hinter die der Einzelne nicht mehr zurück kann" (ebenda). Sie geben Hinweise auf „Wissenssysteme, die das soziale Handeln legitimieren, die Spielregeln festlegen und Begründungsmuster anbieten" (ebenda: 19). Die Vorstellungen darüber, wie eine „richtige Frau" leben und handeln soll (Oechsle 1998)[15] sind vielfältig und widersprüchlich. Vor allem in der Bundesrepublik hat im Vergleich zu anderen europäischen Ländern das Leitbild der „guten Mutter" immer noch einen hohen Stellenwert (vergleiche auch Schneider/Rost 1998). Oechsle (1998) beschreibt am Beispiel „gute Mutter – selbstständige Frau" die Widersprüchlichkeit der Leitbilder, mit denen junge Frauen konfrontiert sind. So liegt auf der einen Seite die Zuständigkeit für die Kinder bei der Mutter, gleichzeitig sind Ausbildung und Beruf zu einem selbstverständlichen Bestandteil eines kollektiven weiblichen Projektes geworden (vergleiche Born/Krüger/Lorenz-Meyer 1996). Jungen Frauen werden vor allem kollektive Projekte angeboten, die Familie und Kind(er) so-

---

15 Interessante Gesichtspunkte bringt Dietzen (1993) ein, wenn sie die kulturellen Weiblichkeitsstereotypen moderner westlicher Gesellschaften analysiert und in ihrer Verflochtenheit und Bedeutung für gesellschaftliche Bereiche beschreibt.

wie eine Berufstätigkeit ins Zentrum rücken, während junge Männer immer noch ein weitaus weniger widersprüchliches Projekt als kontinuierlich berufstätiger Familienvater vorfinden. Anerkannte kollektive Projekte für Frauen sind hier das so genannte *Drei-Phasen-Modell* und Varianten des Vereinbarkeitsmodells der *Doppelorientierung*. Beide Modelle beziehen sich auf die Strukturgeber Familie und Beruf. Das Drei-Phasen-Modell zielt auf das Nacheinander von Familie und Beruf und vermittelt jungen Frauen, dass ihr Schwerpunkt in der Familie mit Partner und Kindern liegt. Der „doppelte Lebensentwurf" hat sich scheinbar bei jungen Frauen durchgesetzt (vergleiche Kapitel 1.1). Die Gleichwertigkeit der beiden Strukturgeber Familie und Beruf ist charakteristisch und suggeriert die problemlose Vereinbarkeit von Familie und Beruf. Dieses Projekt ist jedoch gesellschaftlich nicht institutionalisiert. Die jungen Frauen müssen die kollektiv widersprüchlichen Vorstellungen individuell lösen – genau dies Dilemma zeigen zahlreiche Frauen- und familiensoziologische Studien auf. Gesellschaftlich wird es durch den selbstverständlichen Vorrang von Familie vor Beruf gelöst. Weibliche Berufsorientierung wird entsprechend immer noch als ausschlaggebender Grund angesehen, warum Frauen auf ein Leben mit Kindern „verzichten", wobei schon die Wortwahl Verzicht deutlich macht, dass ein Leben ohne Kinder und nicht ein Leben ohne Berufstätigkeit für Frauen defizitär wäre. Frauen ohne Kinder haben „etwas" nicht, sind un-weiblich und nicht-mütterlich (vergleiche Ziebell/Schmerl/Queisser 1992) – eine Verbindung, die wiederum auf die „Natur" der Frau und das Leitbild der „Mutter" referenziert. Ein Beispiel aus einer wissenschaftlichen Veröffentlichung zeigt, dass auch Forschung kollektive Leitbilder transportiert: „Verzichten Frauen hingegen im Interesse einer lebenslangen Berufstätigkeit bewusst auf Kinder und eine konventionelle Familie" (Mayer/Allmendinger/Huinink 1991: X).

Dass nicht einmal aus der Tatsache einer Familiengründung automatisch auf Familienorientierung geschlossen werden kann, haben Born/Krüger/Lorenz-Meyer (1996) für ältere Frauen belegen können; bei diesen war ein Leben mit Familie – ausschließlich oder mit Berufstätigkeit gekoppelt – kein Hinweis darauf, dass Familie für sie tatsächlich die höchste Priorität besaß. Vielmehr zeigt sich die „Wirksamkeit der Familienorientierung als kulturelles (sinnverbürgendes) Deutungsmuster darin, dass sich die Familie mit dem Prädikat ‚alles' (...) verknüpft, selbst dann, wenn eine prinzipielle Gleichwertigkeit oder sogar eine Vorrangigkeit des Berufes zum

Ausdruck gebracht wird" (ebenda: 184). Soziale Skripte und subjektive Sinnhorizonte sind also „zwei Paar Stiefel" und können nicht direkt auseinander abgeleitet werden. Frauen denken, fühlen und handeln selbstverständlich nicht unabhängig davon, aber sie können sich von diesen kollektiven Projekten durchaus abgrenzen.

Ein weiteres kollektives Projekt, das eine noch ungebrochenere Gültigkeit besitzt als Mutterschaft und/oder Beruf, ist das „Leben in einer Paarbeziehung". Hier spiegelt sich ein gesellschaftliches *Leitbild*, das Frauen vorgibt, nur als Teil eines Paares „ganz" zu sein. Nach wie vor wird ihnen mit hoher Selbstverständlichkeit die soziale Norm von Partnerschaft und Zweisamkeit vermittelt. Die Kultur der Zweigeschlechtlichkeit (Butler 1991) und die „Codierung von Intimität" (Luhmann 1994) prägen dieses Bild. Die heterosexuelle Paarbeziehung gilt als *die* Lebensform, optional ist lediglich ob mit oder ohne Trauschein, ob in einem gemeinsamen oder getrennten Haushalt. Butlers Diskurstheorie folgend steuert die „heterosexuelle Matrix" (Butler 1991: 21) den Diskurs über Geschlecht und Beziehungen in sozialen Verhältnissen, „der die Form menschlichen Erlebens bis in die Struktur des Begehrens hinein vorschreibt" (Krauß 2001: 31). „Als Überlebensstrategie in Zwangssystemen ist die Geschlechtsidentität eine Performanz, die eindeutig mit Strafmaßnahmen verbunden ist. Die diskreten Geschlechtsidentitäten sind Teil dessen, was die Individuen in der gegenwärtigen Kultur ‚zu Menschen macht' (humanize); wir strafen regelmäßig diejenigen, die ihre Geschlechtsidentität nicht ordnungsgemäß in Szene setzen" (Butler 1991: 201). Eine Paarbeziehung spielt für Mädchen und junge Frauen deshalb auch eine herausragende Rolle dabei, sich (endlich) als Frau zu fühlen und zu bestätigen.

Zahlreiche Umfragen und Untersuchungen belegen, dass auch auf der Subjektebene trotz aller Individualisierungstrends eine Paarbeziehung für junge Frauen, wie übrigens für alle anderen Bevölkerungsgruppen, nicht an Bedeutung verloren hat; einer langen und glücklichen Beziehung messen sie generell einen hohen Stellenwert bei[16], dem Vorrang vor Geld und materiellen Gütern zu geben ist. Eine harmonische Partnerschaft steht an der Spitze der Faktoren, die junge Frauen als entscheidend für das eigene Lebens-

---

16 Dies zeigen regelmäßig Untersuchungen bei Jugendlichen und jungen Erwachsenen; beispielsweise die Studien des Jugendwerks der Deutschen Shell (2000) oder des DJI-Jugendsurveys (Gille 2000).

glück ansehen (Institut für Demoskopie Allensbach 1993). Andere Lebensformen, wie zum Beispiel Single oder gleichgeschlechtliche Paarbeziehung, haben sich dagegen als Wunschlebensform kaum durchgesetzt. Hier werde deutlich, dass junge Frauen weit davon entfernt sind, sich über normative Anforderungen hinwegzusetzen (Hopf/Hartwig 2001: 198)[17]: „Die geringe Flexibilität, die viele Frauen in ihren Vorstellungen über ein glückliches Leben zeigen, macht sie erpressbar und gefügig. Jede schärfere Kritik am Partner, jede Leistungsverweigerung, alle mit Nachdruck gestellten Anforderungen an den Partner werden leicht nicht nur zu einem Beziehungsrisiko, sondern auch zu einem Risiko für die Realisierung des eigenen Traums vom Lebensglück". Hopf/Hartwig (ebenda) sehen darin einen Konventionalismus und eine Enge in der Definition von Frauenbildern, die in Widerspruch zu den Thesen der weiblichen Individualisierung stehe. Mit einem Partner zusammenzuleben, werde innerlich antizipiert und sei gesellschaftlich bereits legitimiert, ehe eine Paarbeziehung eingegangen werde. Gleichzeitig wird deren generelle Bedeutung durch herrschende Leitbilder wie „romantische Liebe, sexuelle Befriedigung, Selbstbestätigung und Selbstverwirklichung durch Liebe und Sexualität" verstärkt (Berger/Kellner 1965). Eine Paarbeziehung hat für junge Frauen (und Männer) gegenüber früher sogar an Bedeutung gewonnen und ist gegenüber Elternschaft zur konkurrierenden Option im Lebenslauf geworden (Simm 1987). Dies bedeutet aber auch, dass Partnerschaft nicht unbedingt und automatisch mit Elternschaft gleichzusetzen ist, sondern einen eigenen Stellenwert erhält (Tyrell/Herlth 1994).

Die Entkoppelung von Paarbeziehung, Ehe und Elternschaft führte von der Aufgabenorientierung zur Beziehungsorientierung in Paarbeziehungen verbunden mit immer höheren Anforderungen an Partnersein. Paarbeziehungen werden idealisiert und überhöht (vergleiche Schneider 2000). Dominant sind vor allem zwei Leitbilder, die als Kodes fungieren, zum einen besteht das Leitbild der „partnerschaftlichen, verständnisorientierten Beziehung zwischen unabhängigen Partnern", die gleichberechtigt miteinander kommunizieren (Oechsle 1998: 194). Partnerschaften werden so zu Verhand-

---

17 Hopf/Hartwig (2001) finden in ihrer Untersuchung junger Frauen heraus, dass Kindheitserfahrungen und vor allem Erfahrungen in der Beziehung zu den Eltern die Bereitschaft von Frauen, Konflikte auszuhalten und akzeptieren, beeinflussen und frühe Erfahrungen der Unterdrückung und Zurückweisung in Paarbeziehungen hineinwirken.

lungspartnerschaften mit der Bereitschaft zur Auseinandersetzung, die Balance zwischen Ich und Wir erhält einen wichtigen Stellenwert. Gleichzeitig besteht das Leitbild der „romantischen Liebe" fort, das dem Anspruch nach Autonomie und dem Ideal der gleichberechtigten Partnerschaft entgegengesetzt ist. Es hält den unverwechselbaren Sinn einer Beziehung konstant, auf den Partner nach Bedarf zurückgreifen können, „um darin gleichsam ‚Transzendenz' zu finden" (Leupold 1983: 297). Das Konzept der Partnerschaft bezieht sich dagegen stärker auf das Alltagsgeschehen von Beziehungen zwischen zwei autonomen Individuen. Die „offene Ehe" ist das erfolgreichste Konzept der partnerschaftlichen Beziehung (beispielsweise O'Neill/O'Neill 1974).Der Partnerschafts-Kode als Leitsemantik für Intimbeziehungen (Koppetsch/Burkart 1999: 320) stellt ebenso wie die Semantik der Liebe (Luhmann 1994) ein Ideal dar, das sinnstiftend für Beziehungen ist, aber faktisch nicht lebbar ist und „Illusion" bleibt (Koppetsch/Burkart 1999). Beide Kodes sind in ihren Elementen und Anforderungen widersprüchlich, Partnerschaft kann jedoch nicht den „binären Schematismus romantischer Liebe (öffentliche Welt/Privatwelt)" (Leupold 1983: 324) ersetzen, auf den sich Liebesbeziehungen gründen. Interessant ist Leupolds (1983: 324) Hinweis darauf, „dass ‚dualcareer couples' vergleichsweise desinteressiert an der Reformrethorik von Partnerschaft scheinen – vermutlich weil die zur Struktur gewordene Symmetrie nicht länger die Aufmerksamkeit bindet." Auch Koppetsch/Burkart (1999) verweisen auf die Gegensätzlichkeit von Liebe und Gleichheit. Beispielsweise würde sich die Beteiligung des Mannes an der Hausarbeit auf Hilfestellungen und Sonderleistungen, eben Liebesdienste, beschränken; dies würde aber nicht als Nicht-Einhaltung der Partnerschaftsnorm aufgerechnet, um die Liebe nicht aufs Spiel zu setzen. Hier relativiert sich der Vorwurf von Hopf/Hartwig (2001) an die beziehungsabhängigen jungen Frauen.

Neben diesen durch gesellschaftliche Leitbilder gestützten kollektiven Projekten bestehen kollektive weibliche Projekte wie das der „Karrierefrau", der autonomen Frau, der „starken" Frau oder der „alten Jungfer"[18], die eher negativ bewertet sind. Im Gegensatz zu Projekten mit Leitbildfunktion finden sie keine gesellschaftliche Zustimmung. Dennoch sind sie in der Auseinandersetzung der

---

18 Eine historische Auseinandersetzung mit diesem Rollenmodell findet sich bei Baumgarten (1997).

jungen Frauen mit gesellschaftlichen Normvorstellungen von Relevanz. Frauen, die diese Muster „wählen", befinden sich ein Stück außerhalb von tradierten und legitimierten Leitbildern und kollektiven Projekten. Ein Beispiel dafür sind Frauen, die keinen Partner haben und damit nicht das kollektive Modell „Leben in einer Paarbeziehung" leben. „Die Alleinlebenden berichten ausnahmslos alle über die Erfahrung, dass ihre Lebensform als abweichend betrachtet wird, (...). Die mangelnde soziale Akzeptanz bezieht sich vor allem auf eine fehlende Partnerschaft und ist oftmals verbunden mit Zweifeln an der Geschlechtsidentität" (Krüger 1990; vergleiche auch Baumgarten 1997).

Kollektiv akzeptierte Projekte für Frauen unterstellen, dass jedes Mädchen und jede junge Frau ihr Leben im engen Rahmen der beiden „Strukturgeber weiblichen Lebens" Beruf und Familie plant und gestaltet sowie in einer Paarbeziehung lebt. Damit verbunden sind Leitbilder der selbstständigen und erwerbstätigen Mutter, mit Betonung auf Mutter, sowie von Partnerschaft und Liebe. Maßnahmen, Diskussionen und Veröffentlichungen zur Situation von Frauen spiegeln vor allem diese Muster wider – national wie international, privat wie öffentlich – und beziehen sich dabei überwiegend auf die ungelöste Vereinbarkeitsproblematik von Berufstätigkeit und Mutterschaft bzw. Familie als die zentrale Frage im Leben von Frauen. Die kollektiven Deutungsmuster erzeugen jedenfalls ein Bild von Frausein, das zur Vielfalt gelebter Projekte junger Frauen in Widerspruch steht. Hier lässt sich die Frage stellen, welcher Stellenwert individualisierten Projekten zugestanden wird, wenn sie lediglich ein Ideal der „individualisierten, postmodernen" Gesellschaft bleiben.

Eine Antwort auf diese Frage versuchen milieuspezifische Ansätze. Leitbilder und kollektive Projekte stehen für vermeintlich universelle gesellschaftliche Konzepte, doch gelten sie für bestimmte Milieus in besonderer Weise. „Sie können daher auch als Distinktions- und Herrschaftsinstrument jenes Milieus verstanden werden, das sie als universell deklariert" (Burkart/Koppetsch/Maier 1999: 186). Auch Dietzen (1993) geht davon aus, dass Leitbilder sich mit den sozialen Kontexten sowie dem Schicht, Bildungs- und Einkommensmilieu verändern. Der Verschränkung von „Klassen" bzw. Milieus und Geschlechterverhältnissen wird zunehmend Aufmerksamkeit geschenkt.[19] In diesem Zusammenhang sei auch auf die milieuspezifischen Unterschiede in Männlichkeitskonzepten verwiesen, wie sie Connell (1999) herausgearbeitet hat. Er unterscheidet das Leitbild der hegemonialen Männlichkeit von untergeordneter und marginalisierter Männlichkeit. Burkart/Koppetsch/Maier (1999) arbeiten empirisch unterschiedliche, milieuabhängige „Kodes" heraus und leiten daraus ab, dass Leitvorstellungen zum einen abhängig vom Milieu sein können und zum anderen die gleichen Leitbilder für unterschiedliche Milieus in unterschiedlicher Weise konstitutiv sein können. Als Beispiel führen sie aus (ebenda: 173), dass das Modell vom Hausfrauendasein historisch und in unterschiedlichen Milieus nicht nur als patriarchales Herrschaftsverhältnis zu betrachten sei. Kodes würden durch die soziale Lage „produziert, reproduziert und abgestützt", aber auch „unterlaufen und geleugnet" (ebenda: 178), wodurch es auch zu Diskrepanzen zwischen Kode und Praxis kommen kann. Diese Diskrepanz zeigt sich auch in der Ausdifferenzierung weiblicher Projekte gegenüber der Rigidität kultureller Muster, die wie der doppelte Lebensentwurf häufig in Ost- wie Westdeutschland empirisch erhoben und dann zu individuellen Lebensentwürfen erklärt werden.

1.3.2 Diskurse und Deutungsmuster in der Frauen- und Geschlechterforschung

> *Am Grunde der Diskurse ein Fisch, ein*
> *Fisch, der nicht zu fassen ist, es ist*
> *ein Fisch, am Grund der Diskurse*
> *schwimmt ein Fisch, nicht zu fassen,*
> *am Grund ein Fisch, der schwimmt, am*
> *Grund der Diskurse schwimmt ein Fisch,*
> *ein Fisch, der nicht zu fassen ist.*
> Dirk von Petersdorff

Gesellschaftliche Diskurse und Deutungsmuster sind sinnstiftend für Leitbilder und kollektive Projekte. Sie „bezeichnen das, worüber in einer Gesellschaft gesprochen wird, was als Problematik und Thema verhandelt wird und was zur kollektiven Sinnproduktion beiträgt" (Seifert 1992: 270). Die gesellschaftliche „Sinnproduktion" stellt Wissen über Frauen zur Verfügung und verhandelt Frau-

---

19 Vergleiche die Analyse von Frerichs/Steinrücke (1997) zur Küche als geschlechts- und klassenstrukturiertem Raum.

sein in seinen vielfältigen Facetten und im Rahmen der bestehenden Diskurse.[20] Diskurse können heterogen und widersprüchlich sein, doch zeichnen sich oft zentrale Linien ab, bezogen auf Frauen sind dies die kollektiven Projekte Partnerschafts- und Familienbezogenheit, „doppelter weiblicher Lebensentwurf" und homogenes „Kollektiv Frauen". Im Folgenden soll auf die Diskurse zu den Lebensentwürfen und Projekten von Frauen in der Frauen- und Geschlechterforschung eingegangen werden, denn diese haben die öffentliche Diskussion um die Lebensentwürfe von Frauen und die Vereinbarkeitsproblematik von Beruf und Mutterschaft erheblich geprägt.

Auf der theoretischen Ebene richtet sich seit den 80er Jahren die Perspektive der zentralen Analysekategorien weiblicher Lebenszusammenhänge auf die Bereiche Beruf und Familie (Knapp 1990). Waren in der sozialwissenschaftlichen Frauenforschung der Bundesrepublik, so Knapp, zunächst Konzepte eines „weiblichen Arbeitsvermögens" (Ostner 1978; Beck-Gernsheim/Ostner 1979), „weiblichen Gegenstandsbezugs" (Mies 1983), der „weiblichen Aneignungsweise" (Schiersmann 1987) und „Mütterlichkeit" (z. B. Beck-Gernsheim 1984; Erler 1985) bedeutsam, die so genannte weibliche Eigenschaften und Verhaltensweisen bündelten und das Geschlecht an Merkmalen von und Vorstellungen über Frauen festmachten, lenkten die Arbeiten im Umfeld von Becker-Schmidt (1982, 1987) den Blick auf das Geschlechterverhältnis als sozialem Strukturzusammenhang. Das hier entstandene Konzept der „doppelten widersprüchlichen Vergesellschaftung und Sozialisation von Frauen" (Becker-Schmidt 1987; Knapp 1990) thematisiert den Zusammenhang zwischen Geschlecht und gesellschaftlicher Zweiteilung von Produktion und Reproduktion und leitet daraus systematische weibliche Identitätskonflikte und -widersprüche sowie tief greifende Dilemmata und Probleme in den Lebenszusammenhängen, der Lebensführung und der Lebensplanung von Frauen ab (vergleiche Becker-Schmidt 1987; Oechsle/Geissler 1998), die

---

20 Im Rahmen dieser Arbeit kann nicht im Einzelnen auf die von Butler formulierten diskursiven Verfahrensweisen der Konstruktion von Geschlecht und Heterosexualität sowie ihrer Diskurskritik eingegangen werden, in der sie zeigt, „dass das Geschlecht (sex) definitionsgemäß immer schon Geschlechtsidentität (gender) gewesen ist" (Butler 1991: 26). Dies bedeutet, „dass zwischen biologischem Geschlecht und kultureller Interpretation von Geschlecht demnach ein Vermittlungsprozess im Gang ist, insofern das biologische Geschlecht nur im Rahmen kultureller Interpretationen bzw. Wissensbestände überhaupt kenntlich wird" (Krauß 2001: 13). Geschlecht wird zum Diskurs.

durch Individualisierungsprozesse zwar abgeschwächt, aber nicht prinzipiell aufgelöst würden.

Weibliche Lebenszusammenhänge und Biografien, sowohl in der äußeren Struktur des Lebenslaufs als auch in der subjektiven Binnensicht, sind diesem Konzept folgend durch die Verschränkung von zwei in ihrer Logik gegensätzlichen Lebensbereichen geprägt (Dausien 1994: 137); der „doppelte Lebensentwurf" (Becker-Schmidt 1987) beruht auf zwei, mit widersprüchlichen Logiken ausgerichteten Lebenssträngen. Die Partizipation an der Institution Familie stellt für Frauen – anders als für Männer – einen grundlegenden Widerspruch zu ihrer Partizipation am Arbeitsmarkt dar. „Jede der beiden Sphären enthält eine eigene Zukunftsvorstellung, ein Bild der Zukunft" (Leccardi 1998: 203). Ambivalenzen und Widersprüche im biografischen Handeln von Frauen werden entsprechend vor allem auf die Unvereinbarkeit beider Strukturen zurückgeführt (vergleiche Lemmermöhle 1997). Daraus ergibt sich eine „normative und zeitliche Zwickmühle mit wechselseitigen Folgen für die je eingenommene Position" (Krüger 1995: 202). Der doppelte Lebensentwurf (Becker-Schmidt 1987; Seidenspinner/ Burger 1982) wird so als Chance und Stärke von Frauen, gleichzeitig als tief greifendes und auf Basis der bestehenden Strukturen unlösbares Dilemma im weiblichen Lebenszusammenhang interpretiert.[21] Während das traditionelle familienbezogene weibliche Lebens-Modell biografische Kontinuität bietet und „auf der Übereinstimmung zwischen Lebenszeit und Familienzeit beruht" (Leccardi 1998: 205), bedeutet der doppelte Lebensentwurf biografische Diskontinuität: „Die Macht zu gebären – und ein ethisches Pendant, das Modell der verantwortlichen Sorge um andere (...) – ist heute integraler Bestandteil der hochgradig konfliktbelandenen weiblichen Lebenszeit und ihres immer instabilen Gleichgewichts." Dies wirke sich auch auf existenzielle Entscheidungen aus, die von der Logik und den Rhythmen der familialen Zeitstruktur überlagert werden (ebenda). Junge Frauen antizipieren, so Vertreterinnen dieses Erklärungsansatzes, realistischerweise schon bei der Berufsplanung, dass Beruf und Familie miteinander vereinbar sein müssen, und treffen infolgedessen vorbelastete Entscheidungen; Berufsplanung wird dann notwendigerweise beispielsweise mit familialer Le-

---

21 So wird von Born (2000: 99) gefragt, „ob sie nicht gar ,Vorreiterinnen der Moderne' sind, indem sie es schaffen, zwischen Produktion und Reproduktion zu wechseln – eine Fähigkeit, die auch Männern in der veränderten Arbeitsgesellschaft abverlangt werden wird."

bensplanung verknüpft und schränkt so Gestaltungsfreiräume ein. Beruf und/oder Familie werden so zu den zentral zu treffenden Entscheidungen im Leben junger Frauen.

Der „doppelte Lebensentwurf", der als analytisches Konstrukt Wesentliches zur theoretischen Entwicklung der Frauenforschung beigetragen hat, wirkt in den „interpretativen Routinen" (Hitzler/Honer 1997b: 24) vieler Frauen- und GeschlechterforscherInnen nach. Dies zeigt sich bis heute in zahllosen Publikationstiteln – von „Eines ist zu wenig – beides ist zu viel" (Becker-Schmidt/Brandes-Erlhoff/Rumpf/Schmidt 1984) bis zu „Eines ist zu wenig, beides macht zufrieden" (Paetzold 1996). Auch diejenigen, die die Konstruktion von Geschlecht als fließend interpretieren, greifen immer wieder auf das Deutungsmuster des doppelten Lebensentwurfs zurück: „Aber auch die Chancen, als Frau einen ‚normalen' Lebensentwurf zu verwirklichen, in dem Beruf und Familie nach den eigenen Vorstellungen miteinander verknüpft werden können (...), sind nicht weniger limitiert als die Möglichkeit, ein Leben zu führen, das aus der Rolle fällt" (Alheit/Dausien 2000: 273). Alheit/Dausien (2000) gehen davon aus, dass immer mehr Frauen einen doppelten Lebensentwurf leben und Beruf und Familie in den unterschiedlichsten Weisen kombinieren. Vielfalt und Individualisierung weiblichen Lebens werden häufig in der Ausgestaltung des doppelten Lebensentwurfes gesehen, auch wenn theoretische Konzepte zunehmend auf dessen Einseitigkeit verweisen. Diese Beschränkung der Interpretationen ist auffallend, schließt sie doch die Möglichkeit für eine Weiterentwicklung theoretischer Ansätze aus. Darüber hinaus widerspricht die Vorstellung der hohen Geltungsstabilität eines generellen Lebensentwurfes der Tatsache, dass es immer weniger Selbstverständlichkeiten gibt, auf die Individuen zurückgreifen können. Wenn Leben eine Serie von Projekten ist (Berger 1994), nehmen gesellschaftliche Komplexität und Multiperspektivität zu. Bedienen junge Frauen sich in ihren Erzählungen des etablierten Modells des doppelten Lebensentwurfs, sagt dies jedenfalls nichts darüber aus, inwiefern sie dieses auch leben möchten und werden.

Die Mächtigkeit des doppelten Lebensentwurfs im feministischwissenschaftlichen Diskurs ist auf unterschiedliche Faktoren zurückzuführen; zum einen auf die Tatsache, dass seine Verwirklichung als Indiz für die Modernisierung von Frauenleben gewertet wurde; zum anderen darauf, dass die Vereinbarkeitsproblematik zu *dem* Problem moderner Frauen wurde, verbunden mit der Hoffnung, dass sei sie erst gelöst, auch die Ungleichheit im Geschlechterverhältnis gelöst sei. Der doppelte Lebensentwurf wurde so zum Ausgangspunkt eines allgemein gültigen Kategorienschemas für die Erhebung weiblicher Lebenszusammenhänge. Die Konzepte und Kategorisierungen, unter denen Frauen und ihre Lebensentwürfe üblicherweise untersucht werden, folgen meist dem Problem der Vereinbarkeit (Dietzen 1993). Hagemann-White (1998a: 33) geht dagegen davon aus, dass „die jüngere Generation immer die eigenen Probleme in Angriff nimmt und nicht die der vorherigen Generation". Dies kann bedeuten, dass die jüngere Frauengeneration womöglich mit ganz anderen Problemen konfrontiert ist als die ältere und die Vereinbarkeitsproblematik nicht ihr Hauptproblem ist.

Im Diskurs zu weiblichen Lebensentwürfen zeigt sich ferner die Problematik von Kategorien von Ähnlichkeit; sie gewinnen soziale Orientierungsfunktion (ebenda): Wenn festgestellt wird, dass alle jungen Frauen den doppelten Lebensentwurf „wählen", wird die Aufmerksamkeit auf die Wahrnehmung von Ähnlichkeiten gelenkt, Abweichungen werden weniger beachtet. Eine kritische Geschlechterforschung sollte sich dessen bewusst sein, denn Kategorisierungen strukturieren das Konzept „Lebensentwürfe junger Frauen" und gestalten damit auch Wahrnehmungen. Genauso wie „doing" und „undoing gender" Geschlecht in sozialen Situationen hervorbringen und konstruieren, aber eben auch aussetzen, neutralisieren oder vergessen (vergleiche Kelle 2001), konstruiert auch der doppelte Lebensentwurf Geschlecht oder auch nicht. Es gibt Versuche wie das Konzept der „Lebensführung", das sich auf die konkreten und ganz alltäglichen Aktivitäten von Personen bezieht, diesen Dichotomisierungen, die übrigens auch im industriesoziologischen Denken verankert sind, zu entgehen: „Wir sind von einer anderen Annahme ausgegangen, nämlich, dass es eine nur empirisch zu beantwortende Frage ist, was die Menschen in ihrem Alltagsleben tagtäglich jeweils unter einen Hut bringen müssen" (Rerrich 1999b: 63f.).

Unter einem weiteren Aspekt betrachtet Dietzen (1993) den „doppelten Lebensentwurf" und die „doppelte Vergesellschaftung". Sie führt aus, dass das Konzept der Sphärentrennung in Öffentlichkeit und privat nicht nur den Sozialwissenschaften, sondern auch der feministischen Theorie als grundlegender Strukturzusammenhang gilt. Damit verbinden sich institutionelle Trennungen, die in

der feministischen Theorie[22] die öffentliche Sphäre dem Berufs-
und Politikbereich und die private Sphäre dem familialen Bereich
zuordnen. In vielen feministischen Diagnosen zur Situation von
Frauen werden diese getrennten Sphären als gegensätzliche angesehen mit der Schlussfolgerung „geteilter und gedoppelter Lebensbe-
züge" von Frauen (ebenda: 58), aus denen tiefer gehende und
grundsätzlich negative Konflikte folgen. Dietzen (1993) zufolge ist
das Konzept aus den Modernisierungsprozessen des 19. Jahrhunderts entstanden, hat jedoch auch zur damaligen Zeit, entgegen
weitverbreiteter Ansichten, nicht für alle Frauen und Männer Gültigkeit gehabt. Gerade für heutige moderne Gesellschaften vereinfa-
chen dichotomische Vorstellungen die Kompexität des sozialen Lebens und klammern Beziehungen zwischen den Sphären aus. Diese
Sichtweise wird auch im Konzept des doppelten Lebensentwurf
deutlich mit seiner „Dichotomie" (Rerrich 1999a) von zwei kontra-
stierenden Lebensbereichen, die aufeinander bezogen sind und die
es künftig zusammenzubringen gilt. Annäherungen, die jenseits
dualistischer Interpretationen liegen, werden dadurch erschwert.

Es ist davon auszugehen, dass empirisch häufig gesellschaftliche
Leitbilder und kollektive Projekte erhoben werden, die nicht unbedingt etwas mit den subjektiven Vorstellungen der jungen Frauen
zu tun haben (Hagemann-White 1998a).[23] Dies gilt übrigens generell für alle Aussagen zum sozialen Wandel von Frauenleben und
weiblichen Normalbiografien. Anderes und differenzierteres Hin-
schauen könnte dagegen Neues erschließen, das scheinbar Eindeu-
tiges infrage stellt (vergleiche Born/Krüger/Lorenz-Meyer 1996).
Das sozialwissenschaftlich-feministische und inzwischen gesellschaftlich vorherrschende Deutungsmuster zur generellen Gültigkeit des doppelten weiblichen Lebensentwurfs vereinfacht jedenfalls
die Vielfalt und Konflikthaftigkeit weiblicher Selbstentwürfe.

---

22 Dies gilt gleichermaßen für die US-amerikanische wie die deutsche Frauenforschung.
23 Die – allerdings nur in Ansätzen vorhandene – deutschsprachige Mädchenforschung
    bezieht sich überwiegend ebenfalls auf die normative Erwartung der Doppelorientie-
    rung und hat bisher weniger die subjektiven Vorstellungen der Mädchen untersucht,
    also das, was Mädchen (und Jungen) selbst wichtig ist, als Normen abgefragt (Hage-
    mann-White 1998: 28). Dabei stehen Fragen nach dem Stellenwert von Hausarbeit
    und späterer Familie für sie „ganz sicher nicht im Zentrum ihres Denkens und Füh-
    lens", und „damit ist es zweifelhaft, ob Mädchen – oder Jungen – in der Adoleszenz
    überhaupt für die eigene Elternschaft mit den Folgen ‚planen', oder ob sie nicht, wenn
    wir denn kommen und sie danach fragen, lediglich soziale Skripts vorbringen, die mit
    ihrem eigenen Innenleben noch wenig zu tun haben" (ebenda: 28).

Die aktuelle Diskussion in der Frauen- und Geschlechterforschung greift zunehmend Differenzen, Offenheiten und Unübersichtlichkeiten im Prozess gesellschaftlicher Entwicklung, die Bedeutung biografischer und situativer Gegebenheiten, die soziale Konstruiertheit von Entwicklungsverläufen und eine differenzierte Beschäftigung mit Alltagspraxis und -kultur, den erweiterten Möglichkeitsraum weiblicher Lebensführung und die Pluralität von Geschlechterverhältnissen auf (vergleiche Butler 1991; Diezinger/Rerrich 1998; Hageman-White 1998a; Krauß 2001). Entsprechend haben sich auch „neue" Deutungsmuster etabliert. Aus „der Perspektive individueller Männer und Frauen beinhalten Vorstellungen, die wir zunächst nur ungenau als Geschlechtsidentität bezeichnen, kaum eine erkennbare verallgemeinernde Struktur. Individuelle Geschlechtsidentität ist immer unvollständig: Individuen weichen immer von Männlichkeits- und Weiblichkeitsleitbildern in den unterschiedlichen kulturellen Milieus ab. Männer wie Frauen übernehmen nicht einfach Definitionen dessen, was als passend, angemessen, wünschenswert oder ideal für ihr Geschlecht angesehen wird. Es ist vielmehr so, dass ihre individuelle Geschlechtsidentität und Sexualität in ihren Widerständen, im Zurückweisen, in der Neuinterpretation und in nur partieller Akzeptanz vorgeschriebener Rollen verstehbar ist" (Dietzen 1993: 14). Es besteht also eine Spannung zwischen Leitbildern und kollektiven Projekten, die durch strukturelle Kontexte geprägt sind, und individuellen Gestaltungsspielräumen; soziales Handeln findet zwischen „Dominierung" und „Anpassung" einerseits sowie „Aushandeln" und „Redefinition der Situation" andererseits statt. Hier stellt sich auch die Frage, ob Geschlecht wirklich immer und in jeder Situation strukturierend wirkt, oder ob es seine „Wirkmächtigkeit in der Strukturierung sozialer Realität" auch auf der Ebene von Handlungsmustern und Interaktionsordnungen verliert (Scheid/Gildemeister/Maiwald/Seyfahrt-Konau 2001). Geschlecht wäre dann eine Strukturkategorie, aber nicht die einzige, und entsprechend nicht in jeder Situation wirksam.

Krauß (2001) verweist in Anlehnung an Young (1994) auf die Vorstellung von „Geschlecht als serieller Kollektivität", das „die Aufmerksamkeit weg von den Frauen als einheitlich aufgefasster Gruppe hin zur Vorstellung einer offenen ‚serialisierten Lage' oder Situation" (Krauß 2001: 52) verschiebt. Frauen als Mitglieder einer Serie werden nach diesem Verständnis nicht durch das definiert, was sie sind, sondern durch ihre verschiedenen Handlungsweisen, die sich an denselben Objekten orientieren. „Eine solche Serie ist eine veränderliche Einheit und besitzt kein inneres Konzept, das die Eigenschaften der Mitglieder festlegen könnte. Jedes Mitglied ist vielmehr anonym und vereinzelt" (ebenda: 53). Es lässt sich nicht automatisch auf vorgegebene Denk- und Handlungsweisen festschreiben. Die große Bandbreite an Unterschieden innerhalb eines Geschlechts kann bei dieser Herangehensweise ebenso in den Blick geraten wie die Vielzahl von Ähnlichkeiten zwischen den Geschlechtern. Dölling/Krais (1997: 8) setzen als wissenschaftliches Credo „gegen die ‚Langeweile und Monotonie' festgeschriebener Unterschiede zwischen den Geschlechtern, durch deren Wiederholung „die Feministinnen zu dem Denken bei(tragen), gegen das sie eigenlich opponieren", auf „eine echte Historisierung und Dekonstruktion der Bedingungen des geschlechtlichen Unterschieds" (ebenda). Dass Geschlecht nicht einfach etwas Natürliches ist wie etwa die Augenfarbe, sondern gesellschaftlich produziert wird, ist Ergebnis der feministischen Theoriedebatte und empirischen Frauenforschung.

1.4 Projekte junger Frauen zwischen Diskursivierung und Habitualisierung: Differenzen und Ungleichheit

Das Geschlechterverhältnis mit seiner impliziten Geschlechterhierarchie ist in Leitbilder, kollektive Projekte und Diskurse eingelagert. Auch wenn von einem Wandel des traditionellen Geschlechterverhältnisses auszugehen ist, bedeutet dies nicht automatisch dessen Auflösung. Der Perspektivenwechsel vom doppelten weiblichen Lebensentwurf hin zu einer Vielfalt von weiblichen Lebenskonstruktionen und die Annäherung der Lebenslagen von Frauen und Männern darf deshalb die Tatsache, dass weiterhin ungleiche Lebenschancen und Asymmetrien zwischen Frauen und Männern bestehen, nicht aus dem Blick verlieren. Studien zur habitualisierten Handlungspraxis von Geschlechtern machen beispielsweise nur geringe Veränderungen aus (Gildemeister 2000). Während weibliche „Normalbiografien" Tendenzen von Auflösung zeigen, besteht die gesellschaftlich-geschlechtshierarchische Arbeitsteilung weiter, wie auch geschlechtstypische Leitbilder erhalten bleiben. In manchen Bereichen ist von einer Reproduktion des Geschlechterverhältnisses und der Geschlechterhierarchie im „modernisierten Gewand" auszugehen (ebenda; Meuser 1998). Dies führt zu einem Nebeneinander von Gleichheits- und Ungleichheitserfahrungen der jungen Frauengeneration, die insbesondere in Berufsfindungs- und Berufsplatzierungsprozessen (Nissen/Keddi/Pfeil 2000) und im Bereich von Paarbeziehungen und Familien (Diezinger/Rerrich 1998; Geissler/Oechsle 1996; Hopf/Hartwig 2001; Schneider/Rost 1998) deutlich werden. Die in weiblichen Berufsbiografien sichtbaren „Bremsklötze" verzögern häufig die Umsetzung individueller Projekte. Zu oft werden junge Frauen in Berufen ausgebildet, die eine eigenständige ökonomische Existenz kaum erlauben. In vielen Fällen ist eine Weiterqualifikation oder sogar Umschulung erforderlich. Damit werden andere Pläne häufig aufgeschoben, bis die jungen Frauen beruflich Fuß gefasst haben. Insgesamt zeigt sich, dass viele Frauen bis zum Ende des 30. Lebensjahres oder darüber hinaus damit beschäftigt sind, ihre berufliche Situation zu stabilisieren. Von einer „Berufswahl" kann in den wenigsten Fällen ausgegangen werden. Mädchen und junge Frauen können zwar als „Gewinnerinnen" der Bildungsoffensive von ihrem Schulabschluss her eine qualifizierende Berufsausbildung oder ein Studium in fast allen beruflichen Bereichen erlangen. Doch im weiteren Berufsverlauf setzt sich ihr Bildungsvorsprung nicht entsprechend in attraktive Ausbildungsberufe und berufliche Positionen um. Auch wenn sie inzwischen in alle Ausbildungs-, Studien- und Berufsbereiche vorgedrungen sind, bestehen immer noch erhebliche Unterschiede zwischen den Geschlechtern bei der Berufs- und Studienwahl, beim Einstieg in die Berufstätigkeit und bei den beruflichen Entwicklungsmöglichkeiten. Junge Frauen müssen sich nach wie vor mit einem segmentierten Ausbildungs- und Arbeitsmarkt auseinander setzen. Auch in Führungs- und Entscheidungspositionen sind sie immer noch deutlich unterrepräsentiert. Damit sind ihnen in der Gestaltung ihres Lebens Grenzen gesetzt, denn Erwerbsarbeit ist für Existenzsicherung, Lebensplanung und Persönlichkeitsentwicklung von zentraler Bedeutung. „Die ‚Selbstverständlichkeit' der Gleichheit hat Grenzen" (Oechsle/Geissler 1998). Kreckel (1992) kommt in seinen historischen Analysen zur Soziologie der sozialen Ungleichheit sogar zu dem Schluss, dass das Ungleichheitsverhältnis zwischen den Geschlechtern zu Beginn des 20. Jahrhunderts geringer gewesen sei, weil die beruflichen und damit die gesellschaftlichen Chancen von Frauen damals eher ihrem niedrigeren Bildungsprofil entsprachen als heute.

Die aktuelle Situation von Frauen ist daher als „widersprüchliche Modernisierung" zwischen Transformation und Veränderung der Geschlechterordnung (vergleiche Oechsle/Geissler 1998) zu interpretieren. Auf der einen Seite haben sich für Frauen Grenzen geöffnet und Handlungsspielräume erweitert. Auf der anderen Seite lässt sich aus diesen Individualisierungsprozessen nicht zwangsläufig eine Auflösung tradierter Hierarchien und Disparitäten im Geschlechterverhältnis und eine Revision der Geschlechterordnung ableiten. Was Wahl (1989) als „Modernisierungsfalle" bezeichnet, also die Kluft zwischen Mythos und Realität der Moderne, zwischen „internalisierten Verheißungen von selbstbewusster Autonomie, Familienglück und gesellschaftlichem Fortschritt einerseits und (...) realen Erfahrungen verweigerter Anerkennung, missachteter Menschenwürde und beschädigten Selbstbewusstseins in Familie und Gesellschaft andererseits" (1989: 16), trifft eben auch zu. Ein „überdeutliches" Ergebnis der aktuellen Geschlechterforschung ist, „dass sich die soziale Ungleichheit der Geschlechter trotz Diskursivierung immer wieder vor Ort reproduziert, der Diskursivierung bislang keine Habitualisierung gefolgt ist" (Gildemeister 2000: 223). Habituelle Dispositionen weisen eine hohe Persistenz auf, die auch einer reflexiven Steuerung weitgehend unzugänglich scheinen (Meuser 1998).[24] Meuser zeigt, dass ähnlich wie die Modernisierung von Weiblichkeit auch die Modernsierung von Männlichkeit ein höchst widersprüchlicher Prozess ist, in dem sich die „Kulturmächtigkeit des Musters der hegemonialen Männlichkeit" dokumentiert. Hegemoniale Männlichkeit als Dominanz gegenüber Frauen und anderen Männern erweist sich trotz aller Veränderungen immer noch als Orientierungsmuster, das für die männliche Geschlechtsidentität strukturgebend ist, auch wenn die wenigsten Männer diesem Ideal gerecht werden (vergleiche Connell 1999).[25] Allerdings stellt sich die Fage, ob es angesichts der Projekthaftigkeit von Handeln überhaupt noch habitualisiertes Handeln geben kann. Metz-Göckel (2000: 37) sieht in der Gleichzeitigkeit empirischer Vielfalt weiblicher Lebenszusammenhänge und Lebensentwürfe auf der einen und

---

24 Auch wenn dies für Frauen und Männer gleichermaßen gilt, geht Meuser (2001) davon aus, dass auf Männern ein höherer Identitätszwang laste als auf Frauen.

25 Vor allem in der Interaktion mit Frauen erfahren junge Männer zunehmend eine Ablehnung männlichen Dominanzgebarens. Nach Meuser (1998) existieren keine sozial akzeptierten Gegenentwürfe zur hegemonialen Männlichkeit. Beispielsweise ist der „Hausmann" eher Anlass für ironische Bemerkungen und weniger eine attraktive Alternative.

geschlechtstypischer Normen, Diskurse und tradierter Strukturen auf der anderen Seite eine zentrale Herausforderung für die aktuelle Frauen- und Geschlechterforschung: „Eine Vielfalt von Frauenleben, Atypisches und Typisches zugleich als frauengemäß zu denken, ist das Programm der aktuellen Frauenforschung".

1.5 Fazit: Projekte junger Frauen als mehrdimensionale und widersprüchliche Konstruktionen

In Abgrenzung zu Studien und Ansätzen, die junge Frauen auf Beruf und Familie beschränken[26], und zu der Grundannahme, dass *die* jungen Frauen versuchen, jenen „doppelten Lebensentwurf" (Becker-Schmidt 1987) zu realisieren, der auf zwei, mit widersprüchlichen Logiken ausgerichteten Lebenssträngen beruht, verstehe ich den doppelten Lebensentwurf als analytisches Konstrukt und soziales Skript, das *ein* Dilemma junger Frauen verdeutlicht. Als generelles Deutungsmuster verstellt er den Blick auf die Realität aller junger Frauen und kann bei der Analyse ihrer Projekte und ihres Handelns zum einseitigen Korsett werden. Die Annahme der grundsätzlichen Gültigkeit des doppelten weiblichen Lebensentwurfs vereinfacht die Vielfalt und Konflikthaftigkeit weiblicher Selbstentwürfe, denn junge Frauen orientieren sich nicht nur am Leitbild des doppelten Lebensentwurfs und denken nicht ausschließlich in Kategorien von Beruf und Familie. Dies gilt für Frauen in Ost- und Westdeutschland gleichermaßen. Bei den westdeutschen jungen Frauen deutet sich eine Ausdifferenzierung der Projekte an, der systematisch nachzugehen ist und die nicht nur Ausdruck von differenten Lebenssituationen ist, sondern – so meine Annahme – auf unterschiedliche Lebenskonstruktionen zurückzuführen ist (vergleiche Geisser/Oechsle 1996). Auch bei den ostdeutschen Frauen zeichnet sich ab, dass entgegen der weit verbreiteten Annahme eines einheitlichen Lebensmusters durchaus sehr unterschiedliche Konstruktionen bestanden und bestehen. Die *biografischen Ziele junger Frauen sind unterschiedlich und können als „private Projekte"* den Raum von Familie und Partnerschaft einnehmen, in Konkurrenz zum beruflichen Bereich stehen oder jenseits der jungen Frauen in kollektiven Projekten und Leitbildern zugeschriebenen Struktur-

---

26 Dies tun übrigens auch die Medien, indem auch sie Frauen auf diesen einen Lebensentwurf festlegen: „Frauen können nur Mütter sein, berufstätige Mütter oder nur Berufstätige ..." (Gaschke 2001).

marker liegen. Diese Ausdifferenzierungen werden zwar zur Kenntnis genommen, konzeptionelle Konsequenzen für die theoretische Fassung weiblicher Lebenskonzeptionen wurden daraus selten gezogen. Stattdessen werden die „alten" strukturellen Widersprüche und Konfliktpotenziale junger Frauen, die sicherlich bestehen, aber eben nicht nur, auf die „neuen" Forschungsergebnisse zu den weiblichen Projekten bezogen. So lassen die Interpretationen hinsichtlich der faktischen Folgen der doppelten Vergesellschaftung von Frauen wenig Raum für Projekte, die weder über den Arbeitsmarkt noch über Familienaufgaben vermittelt sind, und auch nicht für eine Sichtweise, die die Differenzen zwischen Frauen thematisiert.

Die Ergebnisse der neueren Geschlechterforschung können Anhaltspunkte dafür liefern, dass Veränderungen und Schwankungen in den Projekten junger Frauen, häufig werden als Beispiel der Kinderwunsch und seine Realisierung angeführt, nicht unbedingt die Ambivalenzen und Dilemmata des doppelten Lebensentwurfs ausdrücken; vielmehr können sie – so meine Folgerung – Ausdruck unterschiedlicher Schwerpunktsetzungen und Lebensprojekte sein, deren innere Logik bisher noch nicht entschlüsselt wurde und die nicht direkt kollektive Projekte und Leitbilder umsetzen. Diesen „weißen Flecken" soll in der vorliegenden Arbeit nachgegangen werden. Bei der Analyse weiblichen Handelns ist sensibel auf Strukturmomente, gesellschaftliche Leitbilder und Diskurse einzugehen, welche die Lebenssituation aller jungen Frauen prägen, sowie das zum Thema zu machen, was junge Frauen unterscheidet, also die Vielfalt ihrer subjektiven Lebenskonstruktionen und ihres Handelns. In gleicher Weise sind auch geschlechtstypische Differenzen in Biografien und Lebenskonzepten als offene und von den jungen Frauen (und Männern) konstruierte Realitäten zu erfassen, die nicht notwendigerweise immer schon auf die Konstruktion asymmetrischer Geschlechterverhältnisse verweisen, ebenso wenig wie „undoing gender" immer schon eine Symmetrisierung der Geschlechter bedeuten muss (vergleiche Kelle 2001). Ich schließe mich ferner der „differenziellen Relevanz von Geschlecht als Kategorie sozialer Ordnung" (Hirschauer 2001 zit. nach Kelle 2001: 40) im Unterschied zu seiner Omnirelevanz an. Geschlecht wird deshalb nicht explizit zum Ausgangspunkt dieser Arbeit gemacht.

Es geht vielmehr darum, offen[27] für *subjektive Handlungs- und Konstruktionsprozesse junger Frauen* zu sein, diese *nicht vorschnell auf geschlechtstypische Konzepte von Frauenleben festzulegen* und die eigenen Wahrnehmungs- und Deutungsmuster selbstkritisch der *Mehrdeutigkeit von Konstruktionen* zu öffnen. Nicht soziale Skripte und kulturelle Selbstverständlichkeiten sollen erfasst werden, sondern das *Handeln* junger Frauen, um daraus auf ihre Konstruktionen zu schließen:

– Welche Konzepte und Bestimmungsgründe sind für das Handeln junger Frauen von Bedeutung?
– Wie konstruieren sie ihr Leben zwischen Liebe und Paarbeziehung, Strukturen und gesellschaftlichen Diskursen?

---

27   Kelle (2001: 54) spricht von Ergebnisoffenheit: „Dazu ist es ratsam, heuristisch gewissermaßen noch hinter die Erwartung zurückzugehen, ‚doing‘ oder ‚undoing gender‘-Prozesse zu finden".

2. Individuelle Projekte als biografische Konstruktionen

...
Uns trifft die Flut, wir sind uns so entschwunden,
dass alles fraglich wird und voll Gefahr.
Wo strömt es hin? Wenn uns das Boot gefunden,
was war dann Wirklichkeit, was Wind, was Haar?
Günter Eich

Ist es schließlich möglich, dass trotz der Backsteine und der rasierten Gesichter
diese Welt, in der wir leben, bis zum Rand voll Wunder ist
und ich und die ganze Menschheit unter unserem Kleid aus Gewöhnlichkeit Rätsel ver-
bergen,
die von den Sternen selbst und vielleicht auch von den höchsten Seraphim nicht aufgelöst
werden können?
Herman Melvill

Junge Frauen versuchen, Wissen und Erfahrungen, Leitbilder und kollektive Projekte, Optionen und Gelegenheitsstrukturen in Einklang zu bringen. Sie entwickeln „individuelle Projekte", die in die Zukunft gerichtet sind und in ihrem Handeln zum Ausdruck kommen. Diese scheinen häufig widersprüchlich und entsprechen nicht der Logik kollektiver Muster und Logiken. Warum junge Frauen so handeln, wie sie handeln, kann, wie im letzten Kapitel dargestellt, aus Ansätzen der Geschlechterforschung nicht abschließend geklärt werden. Die Verknüpfung von sozialem Handlungskontext und dem Handeln junger Frauen kann jedoch vor der Folie der Biografieforschung eine weitere Klärung erfahren. Diese geht davon aus, dass Biografien sozial vorstrukturiert sind und individuell konstruiert werden. Sie versucht, Handlung und Struktur zu verknüpfen (vergleiche Alheit 1992). „Es geht also um die Frage nach der Konstruktion und Rekonstruktion sozialer Wirklichkeit durch die sozial handelnden Individuen" (Dausien 2000). Damit Strukturen wie Geschlecht oder Milieu wirksam werden und durch das Handeln der Individuen reproduziert oder verändert werden, „müssen sie durch das Nadelöhr des Bewusstseins oder der Wahrnehmung der handelnden Individuen hindurch" (Giddens 1988: 290). Lebenskonstruktionen spielen im biografischen Prozess als intermediäres Glied zwischen diesen beiden Polen eine wichtige Rolle (Alheit 1992). Die Biografieforschung unterscheidet zwischen der äußeren Strukturierung des Lebenslaufs durch gesellschaftliche Institutionen und der Innenseite biografischer Konstruktion, die sich auf „Strukturaspekte der biografischen Identität, auf die Prozessstruktur der biografischen Erfahrungsaufschichtung" (Dausien 1992: 39) bezieht. Die subjektive Ausformung von Leben als Biografie und die soziale Struktur von Leben als Lebenslauf sind zwar in der Realität nicht zu trennen, auf einer analytischen Ebene sind sie jedoch unterschiedlichen Gegenstandsbereichen zugeordnet.

Es geht mir im Folgenden darum, den Strukturaspekt der biografischen Konstruktionen junger Frauen und die innere Logik ihrer Handlungen aufzuschlüsseln. Die Projekte der jungen Frauen deute ich als biografische Orientierungen und Konstruktionen, die sich in biografischen Prozessen entwickeln. In seinen „Umrissen einer Theorie biografischen Handelns" geht Heinz (2000: 165) davon aus, dass „an den Weggabelungen im Lebenslauf die Optionen für Entscheidungen (...) zugenommen haben (...) und Lebenslaufprogramme, die als normalbiografisch galten, (...) biografischen Projekten (weichen; Ergänzung der Autorin), die Individuen im Verlauf ihres Lebens durch vielfältige Kombinationen und Abfolgen der Beteiligung an gesellschaftlichen Institutionen und privaten Netzwerken gestalten". Diese beinhalten die zentralen Themen des weiteren lebensgeschichtlichen Verlaufs und Handelns.

In diesem Kapitel gehe ich zunächst auf das Individualisierungstheorem ein, das bei allen Unzulänglichkeiten und ungeklärten Annahmen eine wichtige Basis für die Biografieforschung darstellt (Kapitel 2.1). Ähnlich wie der „doppelte Lebensentwurf" den Diskurs und die Deutungsmuster zu weiblichen Lebenszusammenhängen in der Frauen- und Geschlechterforschung prägt (siehe Kapitel 1.3.2), wird in der Biografieforschung immer wieder Bezug auf den Individualisierungsansatz genommen. Individualisierung ist nicht bloß Ideologie, aber auch nicht strukturelle Realität, sondern eine alltagsweltliche Interpretationsfolie (Wohlrab-Sahr 1997). Um zu klären, wie Lebensgestaltung auf der Basis biografischer Konstruktionen verläuft, werden in Kapitel 2.2 die Grundzüge biografischer Lebensgestaltung skizziert sowie in Kapitel 2.3 auf biografisches Entscheiden und Handeln eingegangen. Da Biografien immer auch sozial vorstrukturiert werden, wird der Stellenwert von Gelegenheitsstrukturen (Kapitel 2.4) sowie von Geschlecht (Kapitel 2.5) als biografischen Strukturkomponenten ausgefaltet. Als Fazit werden in Kapitel 2.6 Folgerungen für das biografische Handeln junger Frauen und deren Analyse gezogen.

2.1 Die „Verindividualisierung" des Lebenslaufs

Die Individualisierungsthese, die häufig zur Erklärung von Modernisierungsprozessen im weiblichen Lebenslauf herangezogen wird (vergleiche Kapitel 1; Beck 1986; Beck-Gernsheim 1994; Kohli 1989) und einen wichtigen Ausgangspunkt der neueren Biografieforschung darstellt, thematisiert die Bedeutung individuellen Handelns für biografische Prozesse und nimmt die Konsequenzen der Auflösung von Orientierungsmustern und der Zunahme von Ungewissheiten der strukturellen Entwicklung in den Blick. „Die moderne Gesellschaft wird nicht mehr durch institutionalisierte Herrschaft, durch eingespulte Normen und unbefragten Gehorsam zusammengehalten, sondern, je weiter sie auf dem Wege der Demokratisierung gelangt ist, durch die Verknüpfung von heterogenen Lebenserfahrungen, Milieuperspektiven und Weltanschauungen" (Fuchs-Heinritz 1998: 5). Die gegen Ende des 20. Jahrhunderts formulierten soziologischen Gegenwartsdiagnosen gehen davon aus, dass sich spät-, hoch- oder postmoderne Gesellschaften durch Prozesse der Enttraditionalisierung auszeichnen (Meuser 1998). Diese beziehen sich zentral auf die wachsende individuelle Wahl- und Entscheidungsfreiheit, den hohen Stellenwert von Eigenständigkeit in der Lebensgestaltung und die Pluralisierung der Lebensformen. Altersnormen und lebenslaufbezogene Vorgaben werden gleichzeitig flexibler. Die gesellschaftlich-historischen Prozesse sind dadurch gekennzeichnet, dass „Individuen sich immer mehr aus bindenden Normen und kollektiven Bezügen, aus sozialen Klassenbindungen und Geschlechtslagen herauslösen" (Beck 1986: 116). Die Ablösung industriegesellschaftlicher Lebensformen durch vom Einzelnen bewusst zu wählende Biografien wird unter dem Begriff der „Individualisierung" zusammengefasst. Diezinger (1991: 18) versteht darunter „den aktuellen Freisetzungsprozess, der dazu führt, dass traditionelle Normen und Sozialformen weniger prägend auf Lebensbedingungen und Verhalten von Individuen einwirken und sich der Spielraum für individuelle Gestaltungsmöglichkeiten innerhalb gesellschaftlicher Strukturen erweitert". „Die Biografie des

Menschen wird aus traditionalen Vorgaben und Sicherheiten, aus fremden Kontrollen und überregionalen Sittengesetzen herausgelöst, offen, entscheidungsabhängig und als Aufgabe in das Handeln des Einzelnen gelegt. Die Anteile der prinzipiell entscheidungsverschlossenen Lebensmöglichkeiten nehmen ab, und die Anteile der entscheidungsoffenen, selbst herzustellenden Biografie nehmen zu. *Normal*biografie verwandelt sich in Wahlbiografie – mit allen Zwängen und ‚Frösten der Freiheit' (Gisela von Wysocki), die dadurch eingetauscht werden" (Beck/Beck-Gernsheim 1990: 12f.). Gleichzeitig können der steigende biografische Entscheidungszwang (Burkart 1993: 159f.) und die „Tyrannei der Wahl" (Bellah/Madsen/Sullivan/Swidler/Tipton 1987) biografische Unsicherheit (Wohlrab-Sahr 1993) und Instabilität auslösen; strukturelle Ungleichheiten werden zunehmend der und dem Einzelnen als Folge von Entscheidungen zugerechnet. Da der Bezug auf Traditionen in immer mehr Bereichen der sozialen Welt immer weniger Handlungssicherheit bietet, sind Individualisierungsprozesse für die Subjekte häufig mit gravierenden Unsicherheiten und Ambivalenzen verbunden. Die Individualisierungsthese betont die für den Lebenslauf zu treffenden Entscheidungen (Beck 1986) sowie „Selbstkontrolle, Selbstverantwortung und Selbststeuerung" (Wohlrab-Sahr 1997: 28). Lebensplanung wird zur individuellen Anforderung.

Abbildung 1: Elemente des Individualisierungsprozesses

Strukturen	Werte und Normen	Gesellschaftliche Ebene	Biografische Ebene	Handlungsebene
Arbeitsmarkt-Freisetzung und Bildungsexpansion Geschlechtsrollenwandel	Werterosion wachsende normative Unverbindlichkeit	Pluralisierung Bedeutungszuwachs individualistischer Lebensformen	Verlust biografischer Stabilität (Destabilisierung) mehr Autonomie und Kontrolle über das eigene Leben	Sicherheitsverlust mehr Optionen mehr Wahl- und Entscheidungsmöglichkeiten

aus: Burkart 1993: 116

Es gibt kaum eine soziologische Analyse, die so umstritten ist wie die Individualisierungsthese (Beck 1986; Beck/Beck-Gernsheim 1994), aber auch so großflächig und breit in den Sozialwissenschaften, in der Frauen- und Geschlechterforschung wie in der Öffentlichkeit rezipiert wurde. Die Kritik bezieht sich zum einen auf die Reichweite und Generalisierungsfähigkeit von Individualisierung. Individualisierung sei kein universelles Phänomen, das für alle Milieus und gesellschaftlichen Gruppen gelte, sondern weise vor allem in individualisierten Milieus und bei privilegierten Gruppen große Erklärungskraft auf; es sei folglich eher von einer Segmentierung der Gesellschaft auszugehen als von einer universalen Individualisierung (Burkart 1994: 189). Zum anderen enthalte die Individualisierungsthese auch ideologische Anteile; so hat Bourdieu (1990) auf die „biografische Illusion" über die Steuerbarkeit des eigenen Lebens hingewiesen, die so nicht gegeben sei. Bourdieu sieht in der Vorstellung von Biografie als einer kohärenten Erzählung mit einer bedeutungsvollen und gerichteten Abfolge von Ereignissen eine triviale Vorstellung von Existenz. Sie sei „eine jener vertrauten Alltagsvorstellungen, die sich in das wissenschaftliche Universum hineingeschmuggelt haben" (ebenda: 201). Jedoch sind auch in der Vorstellung der IndividualisierungsanhängerInnen Lebensläufe und Erfahrungen immer weniger zu einer glatten Lebensgeschichte zusammenzufügen, und auch Individuen sind sich zunehmend der „Asynchronität und Desintegration ihrer Lebensläufe" bewusst (Schimank 2000: 47).

Ein weiterer Kritikpunkt bezieht sich auf die Annahme, dass Individualisierung zu einer Rationalisierung biografischen Handelns als Trend der Moderne führe, ein Vorwurf, der auch im inhaltlichen Zusammenhang der vorliegenden Arbeit bedeutsam ist. So gewännen die Auseinandersetzung mit dem eigenen Leben, das Abwägen und Gegenüberstellen unterschiedlicher biografischer Möglichkeiten und seiner Folgen sowie Prozesse der Lebensplanung zunehmend an Bedeutung, auch für junge Frauen (Beck 1986; Berger 1994). Die gesellschaftlichen Uneindeutigkeiten verlangten von ihnen ein hohes Maß an individueller Orientierungs- und Entscheidungskompetenz. Es läßt sich jedoch bezweifeln, ob junge Frauen, wie alle anderen Menschen auch, bei wichtigen Entscheidungen immer rational abwägend und „entscheidend" handeln. Zudem bestand selbst in traditionalen Gesellschaften ein hohes Ausmaß individueller Entscheidungsautonomie, wie Burkart (1994) am Beispiel der Geburtenkontrolle belegt: Der Übergang von der „social control" zur „individual rational choice", so Burkart, habe nicht so unilinear stattgefunden, wie von vielen IndividualisierungsvertreterInnen angenommen. Gerade unter einer Perspektive des Wandels hängt es zudem vom Ausgangspunkt ab, ob Handlungsspielräume tatsächlich größer geworden sind oder nur anders. Es handelt sich auch hier um eine Konstruktion, um gesellschaftliche Entwicklungen zu verstehen. In diesem Bereich fehlen fundierte historische Analysen (vergleiche Burkart 1994; Born/Krüger/Lorenz-Meyer 1996).

In eine andere Richtung geht der Vorwurf, dass Individualisierungstheorien strukturelle Aspekte, das heißt auch das Geschlecht, vernachlässigen: „Die Individualisierungsthese allerdings verfehlt im Gegenzug dann ihre gesellschaftstheoretische Relevanz, wenn die Bedeutung von Institutionen als normative Orientierungsrahmen einerseits und organisatorische verfestigte Handlungsschablone andererseits, unter der Betonung von Subjektivität, Eigenverantwortlichkeit und Selbstmanagement verschwindet" (Born/Krüger/Lorenz-Meyer 1996: 20). Individualisierungsprozesse sind nicht zwangsläufig mit der Auflösung sozialer Strukturen verbunden.

Auch wenn Reichweite und Generalisierungsfähigkeit der Individualisierungsthese umstritten sind, handelt es sich um ein gesellschaftlich und sozialwissenschaftlich hoch wirksames Deutungsmuster der „Selbstkontrolle, Selbstverantwortung und Selbststeuerung" (Wohlrab-Sahr 1997: 28), das letztlich alle gesellschaftlichen Schichten – in unterschiedlicher Weise und Intensität – erfasst hat und auch für junge Frauen von hoher Bedeutung ist (Beck/Beck-Gernsheim 1994). Trotz berechtigter Einwände, wie beispielsweise, dass für Frauen Individualisierung eine andere Qualität habe als für Männer, hat die Individualisierungstheorie meines Erachtens viel zum Verständnis des Wandels im Leben von Frauen beigetragen und Prozesse des biografischen Handelns in ihrem Leben deutlich gemacht. Nicht zuletzt ist der Gesichtspunkt der Individualisierung wichtig, um zu erkennen, dass und wie Anforderungen an biografisches Handeln funktionieren und dass es keine normierte Antwort der Subjekte auf diese Anforderungen mehr geben kann. „Die moderne Gesellschaft wird nicht mehr durch institutionalisierte Herrschaft, durch eingespulte Normen und unbefragten Gehorsam zusammengehalten, sondern, je weiter sie auf dem Wege der Demokratisierung gelangt ist, durch die Verknüpfung von heterogenen Lebenserfahrungen, Milieuperspektiven und Weltanschauungen. (Biografieforschung; Ergänzung der Autorin) (...) ist insofern der Grundstruktur der modernen Gesellschaft angemessen" (Hoerning 2000b: VII).

2.2 Biografische Konstruktionen und Sinnhorizonte

Der Strauch,
den ich
vor sechs Jahren setzte,
dessen Name ich nicht weiß,
den ich vor drei Jahren umpflanzte,
weil er
nicht gedieh,
der Strauch trägt im April
dicke rote Blüten,
nur wenige Tage,
und überrascht mich
jedes Mal,
weil er,
namenlos,
meiner Vorstellung
nicht entspricht.
Peter Härtling

Wie Biografien subjektiv konstruiert werden, soll im Folgenden vor der alltagsweltlichen Folie der Individualisierung ausgefaltet werden. Biografische Konstruktionen sind der aktuellen Biografieforschung folgend durch biografischen Sinn und Relevanz des individuellen Handelns, Prozesshaftigkeit und Bedeutung von Erfahrungen sowie Perspektivität und Erwartungshorizont gekennzeichnet.

2.2.1 Biografischer Sinn und Thematisierung als „Selbst-Sein"

Die Auflösung biografischer Vorgaben und Lebenslaufmodelle macht eine aktive Gestaltung von Gegenwart und Zukunft erforderlich. Aus der „Verindividualisierung des Lebenslaufs" ergibt sich die individuelle Notwendigkeit und gleichzeitig normative Erwartung, flexible und individualisierte Identitäten zu entwickeln (Habermas/Bluck 2000: 753). Menschen stellen sich selbst nicht als Mitglied einer Gesellschaft oder als Rollenträger dar, sondern sind damit beschäftigt, sich als Individuen von anderen abzuheben (vergleiche Fuchs-Heinritz 1998: 17f.). Insofern war es in früheren Gesellschaften nicht unbedingt notwendig, ja sogar dysfunktional, sich einer eigenen und damit einzigartigen Biografie bewusst zu sein und sie gleichzeitig noch selbst zu schaffen. In Abgrenzung zu älteren Sozialisationstheorien, die von verinnerlichten Normen für biografisches Handeln ausgehen, „geht (es) nicht mehr allein um die Abarbeitung gesellschaftlich normierter Lebensereignisse und die Übernahme alters- und geschlechtsentsprechender Rollenerwartungen zur richtigen Zeit, sondern zunehmend um die biografisch stimmige Abfolge und Kombination auch neuartiger Rollenkonfigurationen" (Heinz 2000: 167). So entstünden auch „Konturen neuer Lebenslaufmuster" (ebenda).

Subjektorientierte Konzepte machen deutlich, wie tief Sinn in die Wirklichkeit von Menschen, in ihr Handeln, ihre Erfahrungen und ihre Beziehungen zu anderen eingelagert ist (Leu/Krappmann 1999). Es zeigt sich nämlich, „dass soziale Systeme den Handelnden einen entscheidenden Schritt bei der Sicherung sozialen Miteinanders (...) nicht abnehmen können, nämlich eine Reaktion, durch die sie zu erkennen geben, wie sie, als herausgeforderte Subjekte, den Stand der Verhältnisse verstehen und vorantreiben wollen" (Leu/Krappmann 1999: 16). In Anlehnung an Leu/Krappmann (1999: 11) hat das Subjekt keine „natürliche Ausstattung", sondern ist „eine Instanz, Struktur oder (...) Ensemble von Kompetenzen, das in (...) sozialen Interaktionen (...) erst entsteht und sich dennoch in kritische Distanz zu den Prozessen und Institutionen zu setzen vermag, in denen dieses Subjekt sich gebildet hat". Sozialisationserfahrungen der Kindheit sind unter diesen Bedingungen „nicht mehr grundlegende und lebenslang wirksame biografische Ressource, sondern biografischer Ausgangspunkt, der immer wieder zu ergänzen, umzuschreiben und neu zu bewerten ist" (Heinz 2000: 172).

Biografische Sinnstrukturen werden mit unterschiedlichsten Begrifflichkeiten belegt, auch wenn es immer um das Verständnis von biografischer Konstruktion als verstecktem Sinn von Handlungen geht (Hoerning 2000b: 9): Lebenserfahrungen, Lebensentwürfe, Lebensplan, Erfahrungsablagerungen, Selbsterfahrungen, Selbstbeschreibung, biografische und narrative Kompetenz, biografisches Wissen, Selbstinitiierungen versus biografische Illusion, das subjektive Bewusstsein und die interne Repräsentanz der Welt in Beziehungen zu Normen, Anforderungen, Deutungsangeboten, Reflexion und Innovation im Spannungsfeld von Handlungskontexten, biografische Selbstthematisierungen, Lebensthemen, selbstreferentielle Blockaden; das sozialisationstheoretische Zentralkonzept Identität wurde abgelöst durch Selbsterleben und Selbstbeschreiben.

Schütz (1981) sieht in der biografischen Artikulation und Strukturierung von Erfahrungen eine Möglichkeit, das eigene Leben zu ordnen, als Einheit zu verstehen und einen roten Faden durch Erfahrungen zu legen. Biografien erhalten so eine identitätsstiftende Funktion. Die Herstellung von biografischer Identität als Kennzeichen heutiger Gesellschaften („Individualisierung") strukturiert individuelle Erfahrungen und stellt Relevanz und persönlichen Sinn im eigenen Leben her. Sie äußert sich in der Entwicklung der eigenen Persönlichkeit als Herstellenkönnen einer eigenen Wirklichkeit. Leben ausgedrückt in einer Biografie hat eine eigene und eigengestaltete Struktur. Schimank (1988: 58; zitiert nach Alheit/Dausien 2000: 257f.) hält eine Biografie sogar für „im radikalen Sinn des Wortes autonom. Alle Einflüsse aus der gesellschaftlichen Umwelt, ob gezielt oder absichtslos, werden gemäß den internen Strukturen des personalen Systems verarbeitet, gleichsam von *Withinputs* abgefangen und eskortiert und können allein so überhaupt biografische Bedeutung erlangen." Wir sind Subjekte und nicht nur irgendwelchen Schicksalsschlägen oder gesellschaftlichen Strukturen ausgeliefert. Als Individuen bekommen wir nicht nur einen Ort in der Gesellschaft zugewiesen, sondern machen Erfahrungen, die sich zu einer biografischen Wissensstruktur, die allerdings oft nicht bewusst zugänglich ist, aufschichten.

Kohli (1994) geht von einer „De-Institutionalisierung" des Lebenslaufs aus, die die subjektive Konstruktion der Biografie wichtiger mache gegenüber gesellschaftlich definierten Phasen des Lebenslaufs. „Wichtig ist nun der Befund, dass unser Grundgefühl, relativ selbstständig über unsere Biografie verfügen zu können, offenbar nicht notwendig mit der Tatsache in Konflikt gerät, dass der größere Teil unserer biografischen Aktivitäten entweder weitgehend festgelegt ist oder von verschiedenen Prozessoren erst angestoßen wird. Es erscheint deshalb plausibel, dass jenes ‚Gefühl' in Wahrheit gar kein intentionales Handlungsschema, kein bewusster und gewollter biografischer Plan ist, sondern eine Art versteckter ‚Sinn' hinter den abwechselnden Prozessstrukturen unseres Lebensablaufs: die zweifellos virulente, aber strategisch nicht unbedingt verfügbare *Intuition*, dass es sich bei aller Widersprüchlichkeit doch um ‚unser' Leben handelt" (Alheit 1992: 30). Diese „Hintergrundidee" (ebenda) von uns selbst hätten wir nicht trotz, sondern wegen der strukturellen Begrenzungen unserer sozialen und ethnischen Herkunft, unseres Geschlechts und der Zeit. So wird auch deutlich, dass Planen und Vorausdenken zwar wichtige Größen dabei sind, jedoch weder ausschließlich noch als lediglich strategisch-rationale Vorgehensweisen und Handlungen.

Dass „der Institutionalisierung des Lebenslaufs in modernen Gesellschaften (...) eine Zunahme autobiografischer (und biografischer) Thematisierung gegenüber" steht (Fuchs 1988: 3), scheint zunächst ein Widerspruch zu sein. Fuchs zufolge (ebenda) verdankt sich die kulturelle Bedeutung von Biografie „wahrscheinlich nicht der strukturellen Normalisierung des Lebenslaufs (...), sondern (...) Kontingenzerfahrungen durch Ereignisse und Handlungen, die nach Einordnung, ‚Verarbeitung‘, nach Normalität rufen". Dabei kann die biografische Thematisierung zur persönlichen Konsistenz – also Herstellung von individuellem Sinn und Begründung von Handlungen, Planungen und Formulieren von Ansprüchen – beitragen. In der Biografie gehen Struktur und Individualität eine Synthese ein, denn aus der Binnensicht des Subjekts „haben wir ja als Biografieträger durchaus das Gefühl, ‚Organisatoren‘ unseres Lebens zu sein" (Alheit 1992: 24). Biografische Selbstthematisierung ist nach Kohli die Fähigkeit, in der Biografie eine persönliche Konsistenz herzustellen und aufrechtzuerhalten. Die soziologische Biografieforschung (Hoerning 2000) weist auf diese Bedeutung der „biografischen Identität und Selbstthematisierung" sowie auf individuelle Kontinuitätsbedürfnisse hin (vergleiche Behrens/Rabe-Kleberg 2000: 101). Sie fasst soziale Realität als „unaufhörlichen Prozess des Abstimmens, Anpassens, Verhandelns und Entscheidens auf. (...). Wenn auch diese Entscheidungen nicht unbedingt bewusst getroffen werden müssen, sondern sich auch wie selbstverständlich als Ausfluss fragmentierter Routinen ergeben können" (ebenda: 103). Behrens/Rabe-Kleberg (2000: 104) sehen eine konsistente Biografie nicht unbedingt als fundamentales Grundbedürfnis, sondern als etwas, das von Gatekeeping-Instanzen verlangt wird und zu rechtfertigen ist. Interessant ist ihre Feststellung, dass Gatekeeping-Instanzen unterschiedliche Lebensverlaufsdarstellungen erforderten.

Biografische Thematisierung (Kohli 1994) kann zur persönlichen Konsistenz – also Herstellung von individuellem Sinn und Begründung von Handlungen, Planungen und Formulieren von Ansprüchen – beitragen. Alheit/Dausien (2000) sind der Auffassung, dass alle Menschen das „erstaunliche und in aller Regel kontrafaktische Grundgefühl (verbindet; Ergänzung der Autorin), dass wir Akteure und Planer unserer Biografie sind und eine gewisse Kontinuität unsere ‚Selbst-Seins‘ immer wieder herstellen können" (ebenda: 274). Biografische Konstruktionen sind dabei kein im Sinn von Planungsprozessen strategisches, sondern intuitiv verfügbares Wissen unserer Biografie. Biografische Erzählungen präsentieren eine Vielzahl von Geschichten, sie teilen Perspektiven und Interpretationen mit und bündeln schließlich eine Gesamtgestalt, die mehr intuitiv als rational zu erfassen ist, auf derjenigen, sehr tiefen Bewusstseinsebene, die am Konstruieren von Lebensgeschichte beteiligt ist (vergleiche Straub 2000). Die biografische Selbstthematisierung findet dabei immer in der Gegenwart, aus dem Blickwinkel der Gegenwart statt, d.h. es gibt nicht die eine Biografie, sondern nur unterschiedliche und sich verändernde Fokussierungen, die trotzdem, jede für sich, „wahr" sind. Dies bedeutet auch, dass biografische Konstruktionen immer wieder anders sein werden, allerdings auf der Basis der bisherigen Erfahrungen.

Individualität entsteht vor allem dort, wo es Menschen gelingt, sich zu verwurzeln und zu verorten. Dazu tragen biografische Sinnhorizonte bei. In Zusammenhang mit neueren Erkenntnissen der Hirnforschung ergeben sich interdisziplinäre Anknüpfungspunkte: Die Areale des Gehirns sorgen dafür, dass „das, was wir wollen und tun, im Einklang mit unseren Erfahrungen und Anlagen steht" (Lenzen 2001). Brown (2000: 41) weist darauf hin, dass neuropsychologisches Material zeige, dass das Selbst nur autonom sein kann, wenn es sich vollständig herleiten kann aus Erleben, personaler Geschichte und Vergangenheit. „Was könnte das Selbst sonst sein außer Vorstellungen, Gefühlen und Erinnerungen an vergangene Erfahrungen, die in einer momentanen Identität zusammengefasst sind?" (ebenda: 391). Handlungsautonomie bedeutet dann, aus individuellen Erfahrungen heraus aktiv zu werden. Diese bedingen unseren Willen. Dennoch sind wir so komplex und flexibel, „dass wir uns sogar selbst immer wieder einmal überraschen können" (Lenzen 2001).

2.2.2 Biografische Projekte als „work in progress"

> *Existieren heißt, sich verändern; sich verändern, heißt reifen;*
> *reifen heißt, sich selbst endlos neu erschaffen.*
> Henri Bergson (zitiert nach Sheehy 1982: 109)

„Lebenslaufprogramme und Entwürfe, die als normalbiografisch galten, weichen biografischen Projekten, die Individuen im Verlauf ihres Lebens durch vielfältige Kombinationen und Abfolgen der

Beteiligung an gesellschaftlichen Institutionen und privaten Netzwerken gestalten" (Heinz 2000: 165). Die individuelle Lebensführung und -gestaltung wird zu einem „Projekt", das zu organisieren ist[28], „genauer, zu einer Serie von Projekten" (Berger 1994: 95). Die Vorstellung eines Lebensentwurfes am Ende der Adoleszenz, wie sie Erikson noch formuliert, die dem Individuum eine Vorstellung darüber vermittelt, wie sein weiteres Leben auszusehen hat, trägt nicht mehr. An die Stelle des biografischen Lebensentwurfs oder Lebensplans als „grundlegendem Kontext, in dem das Wissen um die Gesellschaft im Bewusstsein des Individuums organisiert ist" (Berger/Kellner 1973: 65), sind „Zusammensetzen und wieder trennen, die alltägliche Erzeugung von Flickwerk" (Nowotny 1995: 99) getreten.[29] Es herrscht inzwischen Einigkeit darüber, dass die Persönlichkeitsentwicklung nicht mit der Phase der Kindheit und Jugend beendet ist, sondern ein Leben lang, in allen Altersphasen und Rollen stattfindet (Geulen 2000; Habermas/Bluck 2000; Hoerning 2000b).[30] Auch aus der Perspektive der Biografieforschung bestätigt sich also der in Kapitel 1 herausgearbeitete Eindruck, dass nicht mehr von einem Lebensentwurf auszugehen ist, der als „Master Plan" entworfen wird, sondern von „Projekten". „Sozialisation (ist; Ergänzung der Autorin) nicht mehr als Abfolge punktueller und im Laufe des Lebens bloß akkumulierter Effekte aufzufassen (...), sondern eben als ‚Prozess'" (Geulen 2000: 190). Die Lebensprojekte entwickeln sich in einem biografischen Prozess, der niemals abgeschlossen ist.

Typisch sind biografische Fragmente und Versatzstücke, „Konvois" (Kraus 1996: 4), und weniger „Lebensschiffe", die auf einem Kurs laufen. „Man ist kein ‚So-jemand' ein für allemal, sondern man präsentiert sich als jemand, der sich ‚entwickelt hat' oder ‚verändert hat'" (Fischer-Rosenthal 1995: 51). Außeneinflüsse werden dabei immer schon als Aspekte aufgeschichteter Erfahrungen, des Erfahrungsraums (Gerhard 1999) wahrgenommen, nicht als Einflüsse selbst. Mit situativen und längerfristigen Kontextveränderungen verändert sich auch das Selbstkonzept; Heinz (2000) spricht

---

28   Vergleiche Kapitel 1.2 sowie Alheit 1992; Alheit/Dausien/Hanses/Scheuermann 1992; Dausien 2001; Hoerning 2000b; Rerrich 1999b.

29   Kraus (1996) geht zum Beispiel vom Projekt „Partnerschaft" aus, das als Ziel die Heirat anstreben kann, vor allem aber sich in Beziehung zum Projektziel setzt und die unterschiedlichen sozialen Realisierungen von Heirat verhandelt.

30   Seit den 60er Jahren wurde dieser Aspekt immer wichtiger (vergleiche Hoerning 2000a).

von einer „moving baseline": „Die Auseinandersetzung biografischer Akteure mit den Gelegenheitsstrukturen und Handlungsspielräumen im Zeitverlauf lässt einen Gestaltungsprozess sichtbar werden, der weder durch das normative Modell des rationalen Entscheidungshandelns noch durch das normative Modell der institutionellen Kontrolle erklärt werden kann" (ebenda: 178). Biografische Projekte sind in dieser Sichtweise durch lebenslange Erfahrungen bedingt.

Das Konzept des lebenslangen Lernens[31] geht davon aus, dass Sozialisationserfahrungen der Kindheit und Jugend ein biografischer Ausgangspunkt sind, der im Lauf des Lebens (beispielsweise bei der Bewältigung von Lebensereignissen) immer wieder zu ergänzen, umzuschreiben und neu zu bewerten ist (Heinz 2000). Fischer-Rosenthal (2000) folgert, dass angesichts lebenslanger Orientierungsprozesse von Individuen in modernen, funktional differenzierten Gesellschaften das Konzept der Biografie tragfähiger ist als das Identitätskonzept, das als sozialisationstheoretisches Zentralkonzept gilt. Das „individuelle Leben (hat; Ergänzung der Autorin) eine eigene und eigengestaltete Struktur (...), die sich in einem fortlaufenden Prozess während des ganzen Lebens verändert" (Fuchs-Heinritz 1998: 18), dabei nicht die Vergangenheit verliert, sie jedoch interpretiert und modifiziert. „Persönlichkeitsentwicklung und Sozialisationsprozesse finden ein Leben lang statt, in allen Altersphasen und Rollen und bei allen Veränderungen im Lebenslauf" (Hoerning 2000b: 12). Die Aufschichtung von Erfahrungen ist keine bloße Addition, sondern wird ständig neu interpretiert und überprüft. Die Vergangenheit ist „geschmeidig, biegsam und dauernd im Fluss für unser Bewusstsein, je nachdem wie die Erinnerung sie umdeutet und neu auslegt, was sich ereignet hat" (Berger 1977: 67 zit. nach Hoerning 2000b: 6). Wir handeln, mit unterschiedlichen interpretativen Kompetenzen ausgestattet, unsere Identitäten und biografischen Perspektiven ständig neu aus. Sheehy (1982: 138) weist darauf hin, dass die Philosophie schon früh die Unveränderlichkeit des Selbst in Frage stellte: „Hume fand es unmöglich, ein Selbst zu ‚greifen' und festzunageln; er versicherte, dass wir vielmehr ein ‚Bündel verschiedener Wahrnehmungen' seien, ‚die sich in ständigem Fluß und Bewegung befinden' ". Auch Hegel sah das Individuum „in einem ständigen Zustand des Überganges, in einem Prozess, in einem Vorgang der Selbstgestaltung"

---

31 Biografieforschung ist nach Geulen (2000) immer auch Sozialisationsforschung.

(ebenda). Dies bedeutet auch, dass Sozialisationsprozesse nie abgeschlossen sind. Gleichzeitig kommen wir in Schwierigkeiten, wenn uns der Aushandlungsprozess nicht gelingt.

Biografische Konstruktionen haben jedoch auch Gestaltungsgrenzen, wie wir in Krisen merken. Dann können wir neue Erfahrungen nicht an die alten anschließen, sind überfordert, leben gegen die Zeit, scheitern, oder es tun sich schließlich neue Welten auf. Zwischen Innen- und Außenwelt entstehen dann *biografische Konstruktionen, die unsere persönliche Logik spiegeln.* „Lebensgeschichten verfügen über ein Potenzial (...) ‚Biografizität‘: Fähigkeit, Anstöße von außen auf eigensinnige Art zur Selbstentfaltung zu nutzen, (...) also zu lernen" (Alheit/Dausien 2000: 277). Neu- bzw. Umorientierungen und Bilanzierungen sind vor allem bei Veränderungen und neuen Anforderungen notwendig, die wir als biografische Brüche erfahren, denn dann reichen bisherige Erfahrungen meist nicht mehr aus, um mit den neuen Situationen umgehen zu können und die kritischen Lebensereignisse zu bewältigen. „Bewältigung bedeutet praktisch, die Fakten des Lebens neu zu ordnen und zu verorten, die Biografie neu zu verankern. Solche Neuordnungen sind nicht nur formale Prozeduren der Neu- oder Umbenennung, sondern dahinter stehen Abschiede von Vertrautem und die Bewältigung des Abschieds" (Hoerning 2000b: 6). Durch Verstehen und eine reflexive Uminterpretation des bisherigen Lebens und der früheren Sozialisation kann dann auch der Entschluss reifen, dem eigenen Leben eine völlig neue Richtung zu geben (Geulen 2000).

Hoerning (2000: VII) fasst Biografie auf als „subjektive Verarbeitung des Lebenslaufs, ein Prozess, bei dem einerseits auf Lebenserfahrungen zurückgegriffen werden kann und in dem andererseits fortwährend Lebenserfahrungen gemacht, modifiziert und generiert werden". Es sei nicht mehr von für alle Subjekte in gleicher Weise bedeutsamen biografischen Übergangsphasen auszugehen, denn maßgeblich ist die ständige und lebenslange Überarbeitung des Erfahrenen. Was subjektiv relevante Übergänge für den Einzelnen sind, ist nicht prognostizierbar und individuell sehr unterschiedlich. Für die biografische Erfahrungsaufschichtung bedeutet diese Sichtweise, „dass es einen für jede Lebenssituation und für jedes Lebensalter hinreichend sozialisierten Menschen zu irgendeinem Zeitpunkt im Lebenslauf nicht geben kann, es sei denn, es gäbe eine Gesellschaft, in der alles voraussehbar wäre" (ebenda). Jede Veränderung in der Lebenssituation macht Entwicklung notwendig, das

Erlernen neuer Aufgaben, um das bisher Bewährte zu bewahren, zu korrigieren, zu revidieren oder zu verlernen (vergleiche Kohli 1976). Mit situativen und längerfristigen Kontextveränderungen wandeln sich auch die Selbstkonzepte der Individuen und somit auch ihre Entwürfe für die Zukunft. Frühere Erfahrungen bleiben jedoch präsent und „bilden den Horizont, auf dem neue Erfahrungen interpretiert und neue Ziele antizipiert werden" (Kohli 1976: 320). Auf solchen sequenziellen, individuell und interindividuell unterschiedlichen Erfahrungen in der materiellen, sozialen und kulturellen Umwelt[32], die im Lebenslauf ständig wieder von neuem gemacht werden, baut sich die biografische Persönlichkeit als „interne Repräsentanz der Welt" (Geulen 2000: 189) in ihrer Einmaligkeit und Individualität auf (vergleiche Grundmann 2000).

Biografisches Handeln entwickelt sich in einem biografischen Prozess, der langwierig und offen ist und in der Regel unabgeschlossen bleibt. Es ist Ergebnis individueller und kollektiver biografischer Erfahrungen. „Sozialisation im Lebenslauf heißt (...), dass die eigene Lebensgeschichte bei allen Sozialisationsprozessen quasi als Sozialisationsagent mit in Erscheinung tritt" (Hoerning 1989: 161, zitiert nach Heinz 2000: 176). Die Abfolge der Entwicklungsschritte ist dabei nicht vorgezeichnet (wie von Piaget angenommen).[33] Auch Ausgangsmöglichkeiten aus der Kindheit sagen nicht zwingend etwas über den späteren Lebensverlauf aus; ebenso wenig wie sich aus der Situation zu einem bestimmten Zeitpunkt vorhersehbare „Trajectories" ableiten lassen (Vaillant 2000: 29).

2.2.3 Biografische Perspektivität: Vergangenheit, Gegenwart und Zukunft

Für biografische Prozesse und biografisches Handeln ist die Möglichkeit, Zukunft zu entwerfen sowie Perspektiven und Alternativen

---

32 Vergleiche das Modell der Erlebnisschichtung (Mannheim 1964).

33 Dem Modell der Entwicklungsaufgaben („developmental tasks" wie Ablösung, Ausbildung, Berufs- und Partnerwahl), die von der Gesellschaft an Individuen in bestimmten Altersstufen herangetragen werden, entspricht auf soziologischer Seite das Modell der Altersnormen, von psychologischer Seite um „kritische Lebensereignisse" erweitert. Diese Modelle berücksichtigen jedoch die Wechselwirkung von Subjekt und Struktur zu wenig (Heinz 2000: 196). Auch die Vorstellung von Karrieren als geordnete Abfolge von Ereignissen und Passagen sind für die Biografieforschung nur begrenzt anwendbar und können nicht erklären, warum Individuen bestimmte Wege einschlagen. Ihnen fehlt die Subjektperspektive. Ergiebiger erscheint hier die Akteurskonzeption von Giddens (1988).

zu entwickeln, von großer Bedeutung (Hanses 1992: 92). Das, was als Möglichkeit oder Unmöglichkeit von der Zukunft auf uns wirkt, hat entscheidende Bedeutung für die Ausgestaltung von biografischen Prozessen. Das Individuum (re-)interpretiert die Vergangenheit und füllt die Zukunft in der Gegenwart konkretisierend aus; so konstituiert und konstruiert es wesentlich seine Perspektiven (Hoerning 2000a). „Lebenserfahrungen prägen eine Biografie ebenso wie soziale Herkunft, Schulbildung, Geschlecht, Hautfarbe und nationale Herkunft" (Heinz 2000: 169). Sie werden im Lauf des Lebens erworben und lagern sich als „biografisches Wissen" (ebenda) ab, das als Kapital für aktuelle und künftige biografische Konstruktionen gilt. Diese Perspektivität positioniert; das Individuum erfährt sich im Modus der Zeitlichkeit als aus vergangenem Handeln und Erfahren gewachsenes und an zukünftigen Projekten orientiertes Ensemble. Wenn die Zeitperspektive verschwimmt, verschwimmt auch die persönliche Zukunft. Nach Kraus (1996) geht es dabei weniger darum, sie zu erreichen, sondern in die Zukunft zu denken und sich zu ihr zu verhalten.

In Anlehnung an Kraus (1996) verstehe ich unter Projekten die dynamisch-strategische Beziehung von Sinnhorizonten und Zukunft. Sie verweisen „immer auch auf das Ausgeschlossene, das, was mit seiner Formulierung negiert, ignoriert und abgeschnitten wird" (ebenda: 184). Leccardi (1998: 202) hebt in diesem Zusammenhang den Charakter der Zukunftsplanung als soziale Konstruktion und nicht nur als geistigen Entwurf hervor hervor. Sie möchte mit diesem Hinweis Zukunftsplanungen nicht psychologisieren, sondern in ihren sozialen Kontext einbetten. Dieser Aspekt kann nicht genügend betont werden, denn biografische Konstruktionen sind soziale Konstruktionen. Nicht die und der Einzelne, sondern das Interaktionsgeflecht mit anderen lässt Biografie entstehen.

Die Vorstellung von der „Projekt-" oder „Patchworkbiografie" impliziert Identitätstheoretikern zufolge, dass Zukunft nicht zu planen ist, allenfalls seien die „Zutaten" wie zum Beispiel „Liebe, Kinder, Krankheit" (Kraus 1996: 239) zu benennen. Ob und wie sie dann aufgegriffen werden, werde situativ festgelegt. In Abgrenzung dazu gehe ich davon aus, dass auf derjenigen, sehr tiefen Bewusstseinsebene, die am Konstruieren von Lebensgeschichte beteiligt ist (vergleiche Straub 2000), eine biografische „Gesamtgestalt" vorliegt, die auch den subjektiven Rahmen für biografisches Handeln definiert.

2.3 Biografisches Entscheiden und Handeln

> *In einem gelben Wald, da lief die Straße auseinander,*
> *und ich, betrübt, dass ich, ein Wanderer bleibend, nicht*
> *die beiden Wege gehen konnte, stand*
> *und sah dem einen nach so weit es ging;*
> *bis dorthin, wo er sich im Unterholz verlor.*
> *Und schlug den andern ein, nicht minder schön als jener,*
> *und schritt damit auf dem vielleicht, der höher galt,*
> *denn er war grasig und er wollt begangen sein,*
> *obgleich, was dies betraf, die dort zu gehen pflegten,*
> *sie beide, den und jenen, gleich begangen hatten.*
> *Und beide lagen sie an jenem Morgen gleicherweise*
> *voll Laubes, das kein Schritt noch schwarzgetreten hatte.*
> *Oh, für ein andermal hob ich mir jenen ersten auf!*
> *Doch wissend, wie's mit Wegen ist, wie Weg zu Weg führt,*
> *erschien mir zweifelhaft, dass ich je wiederkommen würde.*
> *Dies alles sage ich, mit einem Ach darin, dereinst*
> *und irgendwo nach Jahr und Jahr und Jahr:*
> *Im Wald, da war ein Weg, der Weg lief auseinander,*
> *und ich – ich schlug den einen ein, den weniger begangnen,*
> *und dieses war der ganze Unterschied.*
>
> Robert Frost

Die Biografieforschung versucht, die Konzeption der inneren Struktur von AkteurInnen und der Modi und Folgen ihres handelnden Umgangs mit äußeren Strukturen zu entschlüsseln (Kohli 1991: 303). Institutionalisierte Ablaufmuster prägen die persönliche Biografie; der Rahmen, in dem sich unsere je individuelle Biografie entfalten kann, ist nicht beliebig weit (Alheit 1992: 27). Trotz solcher Einschränkungen verliert das Subjekt selten das Gefühl eigener Planungsautonomie, weil es das Wissen darüber biografisch verarbeitet: Zum einen werden Entscheidungen über Handlungs- und Planungsalternativen von externen Prozessoren, Gewohnheiten oder Traditionen übernommen, sodass das Subjekt in besonders wichtigen Situationen bewusste Entscheidungen treffen kann. Zum anderen sinken biografische Wissensbestände, die kontinuierlich benötigt werden, zu „latenten oder präskriptiven Wissensformen ab und verschmelzen mit den Hintergrundstrukturen seiner Erfahrungen" (ebenda: 27f.). In diesem Zusammenhang ist die beschriebene „aktive Gestaltung" von Biografie (Geulen 2000; Giddens 1988) hervorzuheben: Bedingungen wirken nicht unidirektional auf Persönlichkeiten und ihre Entwicklung, sondern in Interaktion mit dem Subjekt. An die Stelle von traditionellen Lebenslagen und traditioneller Lebensführung ist nicht *nichts* getreten, sondern andere Arten der Lebensgestaltung und Lebensführung sowie individuelle Konstruktionen: „Diese setzen aber das Individuum als *Akteur* und *Inszenator* seiner Biografie, seiner Identität, seiner sozialen Netzwerke, Bindungen, Überzeugungen voraus *und* ‚erzeugen' es zugleich" (Beck/Beck-Gernsheim 1993: 185f.). „Subjekte zeigen selbst initiierte, das heißt nicht aus den aktuellen situativen Bedingungen zureichend erklärbare Aktivitäten" (Geulen 2000: 188; vergleiche Leu/Krappmann 1999). Sie haben ein Bewusstsein, das die Welt intern repräsentiert und antizipiert sowie reflexiv ist. Das Subjekt gestaltet seine Biografie, indem es den subjektiven Möglichkeiten, Vorstellungen und strukturellen Gelegenheiten entsprechend handelt (Heinz 2000).

Doch wie lässt sich Handeln erklären? Während rationale Entscheidungstheorien („Rational Choice Theory")[34] soziales Handeln dadurch erklären, dass Individuen ihren Präferenzen entsprechend nützliche Optionen auswählen, also zweckrational handeln, geht die Biografieforschung (Heinz 2000: 169) davon aus, dass individuelle Entscheidungen und Handlungen das Ergebnis von sozialen Prozessen und (Sozialisations-)Erfahrungen sind und Präferenzen nicht Ursachen, sondern Begleiterscheinungen von biografischen Entscheidungen darstellen. Sie sucht vor dem Hintergrund der Individualisierungsprozesse nach Erklärungen, warum Menschen Chancen aufgreifen oder auch nicht, warum sie Entscheidungen treffen und Handlungen ausführen, die von außen „unlogisch" erscheinen, und worauf es zurückzuführen ist, dass sich ihre Präferenzen und Vorstellungen im Lebensverlauf verändern. „Häufig finden wir Ähnlichkeiten in den Strukturen der Lebensläufe: Menschen sind gleich alt, haben ähnliche Schul- und Berufsausbildungen, haben Familien gegründet – aber der eine ist mit seinem Leben zufrieden und der andere nicht" (Hoerning 2000b: VIII). Um diese Unterschiede zu verstehen, ist es sinnvoll, so die VertreterInnen der Biografieforschung, die je subjektive Perspektive zu berücksichtigen, „denn die Antwort auf diese Frage liegt in der Regel in den biografischen Erfahrungen der Vergangenheit, die die Weichen für

---

34 Auf deren unterschiedliche Traditionen und Ansätze kann im Rahmen dieser Arbeit nicht eingegangen werden. Es sei jedoch auf die detaillierten Zusammenfassungen von Burkart (1994), Gustafsson (1991) und Ott (1991) verwiesen.

die Gegenwart und die Zukunft bereits gestellt haben" (ebenda), und weniger in strukturellen Faktoren oder auch in rationalen Erwägungen. „Ohne die Hereinnahme der Vorstellungswelten der einzelnen Menschen in die Analyse werde man nicht erklären können, weshalb verschiedene Menschen auf ein gegebenes Phänomen unterschiedlich reagieren" (Fuchs-Heinritz 1998: 3).

Wichtig im Zusammenhang mit den in dieser Arbeit interessierenden Projekten sind *biografische Entscheidungen* mit nachhaltiger Bedeutung für das Leben; als „Lebensentscheidungen werden sie nicht ‚ad hoc', sondern in einem biografischen Horizont getroffen" (Heinz 2000: 170). Die von Burkart (1994) so genannten „big decisions", also die großen biografischen Entscheidungen, können niemals dem rationalen Idealtypus entsprechen, dem auch der biografische Aspekt fehlt, der in die Vergangenheit gerichtet ist. Sie sind von *Alltagsentscheidungen*, die ständig erforderlich sind, jedoch das spätere Leben nicht beeinflussen, zu unterscheiden (vergleiche Burkart 1994). Aber auch diese sind immer eingebunden in individuelle Sinnstrukturen.

In Anlehnung an Bergson und Husserl definiert Burkart (1994: 78) *Entscheidungen* als „Bewusstseinsakte, die in den Erfahrungsstrom des Lebens eingebettet sind und eng mit der Identität des Subjekts verbunden sind. Entscheidend ist stets der unvollkommende Versuch, Identität und Optionen zur Deckung zu bringen". Burkart geht dabei von einer „Unschärferelation im biografischen Entscheidungsprozess" (ebenda: 79) aus; dies bedeutet, dass Akteure sich nicht zwischen definitiven und gleich bleibenden Alternativen entscheiden, sondern dass sie durch einzelne Schritte im individuellen Entscheidungsprozess auch die Möglichkeiten und deren Wertigkeit sowie sich selbst verändern. Die Erklärung sozialen Handelns nach der „Rational Choice Theory", dass Individuen ihren Präferenzen entsprechend nützliche Optionen auswählen (vergleiche Coleman 1990), ist somit nur auf den Sonderfall zweckrationalen Verhaltens anwendbar. Der „biografische Akteur setzt sich mit den Handlungsoptionen nicht nur auf der Grundlage von subjektiver Nützlichkeitserwägungen und sozialer Normen auseinander, sondern bezieht diese vielmehr auf seine biografischen Wissensbestände und Selbstverpflichtungen" (ebenda: 81). Entscheidungen würden entsprechend meist unter Bedingungen von Ungewissheit über die Wirkung der gewählten Alternativen getroffen. Subjekte zeigen zudem „selbst initiierte, das heißt nicht aus den aktuellen situativen Bedingungen zureichend erklärbare Aktivitäten.

Sie haben ein Bewusstsein, das die Welt intern repräsentiert und weitgehend intentional im Sinne einer antizipatorischen Orientierung des eigenen Handelns ist" (Geulen 2000: 205). „Optionen im Lebensverlauf werden nicht nach kurzfristigen Kosten-Nutzen-Kalkulationen, sondern nach biografischen Relevanzkriterien geordnet" (Heinz 2000: 177). Entsprechend können auch Entscheidungen, die an affektiven, normativen oder moralischen Maßstäben orientiert sind, vernünftig sein. „Wir entscheiden in Übereinstimmung mit unserer Lebensgeschichte und unserem Selbstbild. Das schließt zahlreiche Optionen aus, für die wir uns prinzipiell entscheiden könnten – und die vielleicht sogar ,kostengünstiger' wären" (Burkart 1994: 75).

Wenn Entscheidungen nicht ad hoc getroffen werden, sondern in „biografische Horizonte" und individuelle Sinnstrukturen eingebunden sind, sind sie nicht immer intentional, bewusst und gewollt im Sinn von biografischen Plänen (Heinz 2000) und nicht ausschließlich als strategische und rationale Vorgehensweisen zu interpretieren. „Im Horizont von Lebensentscheidungen oder Übergangsoptionen sind die biografische Stimmigkeit und die soziale Einbettung des ,gewählten' Wegs vernünftiger als die nüchterne Ertragskalkulation" (ebenda: 169). Auch ein „spontaner" Entschluss, z. B. für ein Kind, ist in subjektive Sinnstrukturen eingebunden, die Richtschnur für biografisch vernünftiges und subjektiv konsistentes Handeln sind. Daraus folgt nach Heinz, dass es bei Lebensentscheidungen keine sichere Prognose geben kann über die Folgen von Handlungsalternativen auf das spätere Leben. „Erst wenn die Auswirkungen des Handelns, die Folgen der Entscheidung sich entfalten, können daraus Konsequenzen gezogen werden" (ebenda: 171). So wird auch deutlich, dass Planen und Vorausdenken zwar wichtige Größen sind, jedoch eben nicht die einzigen. Insofern ist Planungskompetenz, gekennzeichnet durch Wissen, Kenntnis eigener Stärken und Schwächen, Fähigkeiten und Selbstkontrolle (Clausen 1993: 19f.), zwar eine wichtige Eigenschaft, die Individuen dabei unterstützen kann, die für sie „richtigen" Entscheidungen zu treffen, aber nur unter zweckrationalen Gesichtspunkten.

Mir erscheint im Zusammenhang von biografischem Handeln Handlungskompetenz grundlegender; nach Grundmann (2000) ist sie die individuelle Fähigkeit, sich einerseits mit sozial erwarteten Handlungsstrukturen zu identifizieren und diese gleichzeitig durch das Einbringen der eigenen Handlungsperspektive aktiv mitzugestalten. Diesem Begriff der Handlungskompetenz möchte ich folgen, um deutlich zu machen, dass biografisches Handeln nicht immer an Entscheidungen gebunden ist. *Biografisches Handeln* ist nicht nur eine Abfolge (rationaler) Entscheidungen (vergleiche Heinz 2000), denn Menschen handeln auch ohne zu entscheiden: affektiv, spontan-unreflektiert, konventionell, habituell, routinemäßig, regelgeleitet vor dem Hintergrund biografischen Wissens. Handlungen, die keiner Entscheidung im engeren Sinn bedürfen, sind nach Burkart (1994: 86) zwangsläufige und Routine-Handlungen, affektive und unreflektierte normorientierte Handlungen, aber auch pathologische und Zwangshandlungen. Auch für Luhmann (1985) liegen bei Routine- und normorientierten Handlungen keine Entscheidungen vor: „Demnach verliert also Handeln, das zur Routine wird, den Charakter einer Entscheidung" (Luhmann 1985 zit. nach Burkart 1994: 81). Er sieht zwei Motive als bedeutsam für das Zustandekommen von Handlungen: Weil-Motive, die sich auf den Hintergrund der Biografie der Person beziehen, und Um-zu-Motive, die die Umsetzung des Entwurfs in eine Intention ausdrücken.

Während „Hintergrundwissen um die Abhängigkeit von institutionalisierten Ablaufmustern und sozialweltlichen Grenzmarkierungen" (vergleiche Schütze 1981: 73) die biografische Handlungsautonomie nicht notwendig gefährden muss, können Prozessstrukturen mit Verlaufskurvencharakter zum Verlust intentionaler Handlungsfähigkeit und Kontrolle führen, z. B. bei Arbeitslosigkeit, und dazu, dass die Biografie „ins Trudeln" (ebenda) gerät. Auch bei Wandlungsprozessen (Coming out) wird kurzfristig das Gefühl der Selbstverständlichkeit biografischer Autonomie verloren. Heinz (2000: 166) hat bei jungen Leuten auf dem Weg in den Arbeitsmarkt (England und Deutschland) vier Formen von Übergangshandeln herausgearbeitet, die für unterschiedliche Muster und Modi der Biografiegestaltung stehen und nicht nur rationales Entscheidungshandeln beinhalten: „strategisches Handeln", „Schritt-für-Schritt-Handeln", „risikobereites Handeln" und „mal-seh'n-, was-kommt'-Handeln". Die biografischen Akteure bündeln ihr Erfahrungswissen zu Handlungs- oder Gestaltungsmodi, um die Berufseinmündung zu meistern. Diese sind abhängig von Sozialisationserfahrungen und Handlungsspielräumen und verbinden „sozialisationstheoretische und lebenslaufstrukturelle Perspektiven" (ebenda: 183).

Geulen (2000: 200f.) unterscheidet idealtypisch unterschiedliche Verlaufsstrukturen in einer Biografie, die auch kombiniert, neben- und nacheinander vorliegen können: „So kann ein Individuum zum Beispiel von einem frühkindlich entstandenen Lebensthema bestimmt sein und gleichwohl später häufiger verschiedene Situationen seligieren, sich immer strebend bemühen und ein bewegtes Leben führen oder auch aufgrund einer elaborierten Reflexivität schon frühzeitig den ihm passenden Platz finden und dort in Ruhe altern. Von besonderer Bedeutung ist die Zahl der aufeinander folgenden Situationsänderungen beziehungsweise Entwicklungsschritte in einer Biografie. Zwar findet auch beim Verharren in einer Situation eine Entwicklung im Sinne der oben genannten autonomen Reifungsprozesse statt, aber gemäß unseren Grundannahmen sind weitergehende Sozialisationsprozesse sowie eine Diversifikation biografischer Verläufe, also Individuierung, vor allem bei einem Wechsel des Feldes beziehungsweise der geforderten Aktivitäten zu erwarten" (ebenda: 205f.).

2.4. Sozial vorstrukturierte Biografien: Gelegenheitsstrukturen als biografische Ressourcen

Individualisierungs- und Rational-Choice-Theorien unterschätzen häufig die Macht der Strukturen. Die „kulturelle Ideologie von Rationalismus und Individualismus zwingt uns, unsere Entscheidungen nachträglich zu rationalisieren" (Burkart 1994: 192). Reine Subjektivität ist jedoch eine Idealisierung, Subjektivität ist immer „welthaltig" (Merleau-Ponty 1965). Der Prozess der „Verindividualisierung" vollzieht sich im Rahmen gesellschaftlicher Strukturen. Warum sich Individuen so und nicht anders entscheiden oder verhalten, lässt sich nicht alleine auf kulturelle Kontexte, gesellschaftliche Rahmenbedingungen, institutionelle Gatekeeper und situative Umstände, aber auch nicht ausschließlich auf biografische Konstruktionen zurückführen. „Wenn wir Biografien besser verstehen wollen, dann geht es darum, den subjektiv gemeinten Sinn von Wahlhandlungen bezogen auf Gelegenheitsstrukturen und Ressourcen zu rekonstruieren" (Heinz 2000: 183). Biografisches Handeln ist hochgradig durchsetzt von normativen Elementen sowie abhängig vom sozialen Kontext (Burkart 1994). Wenn Bourdieu (1978) darauf hinweist, dass Biografie sich als Platzierung und Deplatzierung im sozialen Raum definiert, die nur adäquat zu analysieren sei, wenn auch die Rahmungen des Möglichkeitsraums, in dem sich Individuen bewegen, erfasst werden, meint er genau dieses. Auf die Bedeutsamkeit kultureller Muster, Leitbilder, kollektiver Projekte und Deutungsmuster für die Überformung der biografischen Konstruktionen der Subjekte wurde bereits in Kapitel 1.3 hingewiesen. An dieser Stelle soll die Bedeutung von Gelegenheitsstrukturen für das biografische Handeln aufgegriffen werden.

Die, wie Alheit (1992: 30) sie nennt, „Hintergrundidee" von uns selbst haben wir nicht trotz, sondern wegen der strukturellen Begrenzungen unserer sozialen und ethnischen Herkunft, unseres Geschlechts und der Zeit. Zwischen Struktur und Subjekt entstehen Lebenskonstruktionen, die auch versteckte Referenzen an die strukturellen Bedingungen darstellen. In Abgrenzung von Ansätzen universeller Entwicklungsstufen (vergleiche Piaget oder Erikson), Altersnormen und Entwicklungsaufgaben legt die soziologische Biograficforschung das Augenmerk auf die Wechselwirkung von gesellschaftlichen Bedingungen und Modellen der Verarbeitung und Entwicklung.[35] Burkart (1994) geht davon aus, dass Entscheidungen und Handlungen durch lebensgeschichtliche Bahnen in der Grundstruktur vorgegeben sind. Sie sind immer auch sozial strukturiert oder sogar determiniert[36], „nicht nur im Sinne von Optionseinschränkungen, sondern auch im Sinne der Unmöglichkeit, Optionen abstrakt zu vergleichen" (ebenda: 92). Das Konzept des „biografischen Akteurs" verbindet die individuelle Lebensgeschichte und Lebensperspektive mit wahrgenommenen Optionen und Kontexten (Geulen 2000). Durch „aktive Strukturierung"[37] gestaltet das Subjekt: Es „modifiziert die strukturellen Vorgaben, die Struktur setzt sich sozusagen erst durch die Aktivitäten des Subjekts durch" (ebenda).

---

35 Sowohl in der Sozialisationsforschung als auch in der Psychologie sind eine Vielzahl von Variablen herausgearbeitet worden. Auf der Umweltseite beziehen sie sich auf die Sozialisation im frühen und mittleren Kindesalter und weniger auf das Erwachsenenalter. Auf der Seite des Subjekts „bietet die Psychologie zwar eine Vielzahl differenzierter Begriffe an, die jedoch wiederum (...) nicht unter einer sozialisationstheoretischen Perspektive, das heißt im Hinblick auf eine potentielle Verknüpfung mit Umweltvariablen und den entsprechenden genetischen Prozessen konzipiert wurden" (Geulen 2000: 190).

36 Burkart (1994: 92) nennt hier: institutionalisierte Lebenslauf- und Karrieremuster, biografische Erfahrungen (bewusste und unbewusste), soziale Rahmenbedingungen wie Geschlechts-, Generations- und Milieuzugehörigkeit, kulturell strukturierte Vorstellungen.

37 Burkart (1994) bezieht sich auf Piaget, Mead, Giddens und Hurrelmann/Ulich.

Die Chancen für biografisches Handeln sind ungleich vergeben. „Im Unterschied zur emphatischen Individualisierungsthese ist evident, dass trotz des Bedeutungsgewinns des individuellen Handelns bei der Gestaltung des Lebenslaufes – also von biografischem Handeln – die Strukturen der sozialen Ungleichheit Lebenschancen und damit auch die Abfolge und Dauer von Sozialisationsprozessen differenzieren" (Heinz 2000: 166). Heinz geht davon aus, dass die Kompetenzen zur Biografiegestaltung auf die Strukturierung von biografischen Entwicklungschancen im Lebensverlauf durch gesellschaftliche Ungleichheit verweisen. Soziale Herkunft, Schulabschluss und Ausbildung wirken seiner Meinung nach jedoch nicht als Determinanten, sondern als biografisch unterschiedlich einsetzbare Ressourcen für Handeln. Während häufig die Frage nach der Wirkung von Variablen wie Herkunft, Geschlecht, Bildung und Familienstatus sowie der Gelegenheitsstrukturen auf den Lebenslauf im Vordergrund steht, geht es unter dieser Perspektive darum, „wie sich die Individuen mit ihren Erfahrungen, Ansprüchen und Ressourcen auf die ungleich verteilten Optionen und Handlungsspielräume im Lebensverlauf beziehen" (Heinz 2000: 166). Burkart (1994) verweist in seiner Analyse auf die Grenzen der Individualisierung: Individualisierung sei kein genereller Trend, sondern auf privilegierte soziale Gruppen beschränkt. Dabei spiele beispielsweise der Zugang zu höherer Bildung eine wichtige Rolle.

In diesem Zusammenhang verweisen die Ergebnisse von Koppetsch/Burkart (1997) auf die Bedeutung von Milieus, die in der neueren Klassen- und Schichtungsforschung zunehmend die früheren Klassen- und Schichtbegriffe ablösen und die „kulturelle Dimension" bzw. das „symbolische Kapital" betonen, vor allem aber von horizontalen und Wahlmilieus ausgehen sowie subjektive Faktoren einbeziehen. Unterschiedlichen Milieus entsprechen auch unterschiedliche Vorstellungen oder Kodes: „Wie Personen aber ihre so bestimmten Lebenserfahrungen verarbeiten, wird wiederum durch kulturell verfügbare Orientierungsmuster biografischer Selbstreflexion geprägt" (Schimank 2000: 47). Während Burkart (1994) vor allem die Bedeutung der kulturellen Kodes in unterschiedlichen Milieus hervorhebt, betonen Bertram/Henning (1996: 234), dass die „Chancen und Glücksmöglichkeiten", d.h. die Bildungs- und Besitzchancen sowie die Marktmöglichkeiten von Menschen, maßgeblich vom regionalen Kontext abhängig sind. Regionale Arbeitsmarktstrukturen, Bildungs- und Qualifizierungsmöglichkeiten sowie Kinderbetreuungsangebote sind hierbei Indikatoren für die unterschiedlichen Gelegenheitsstrukturen. Lange galt beispielsweise das „katholische Arbeitermädchen vom Lande" als Sinnbild multipler Benachteiligungen. Durch politisch induzierte Veränderungen im Bildungsangebot sowie durch neuere Bevölkerungs- und Arbeitsmarktentwicklungen wurde es in jüngerer Zeit vom „ausländischen Mädchen in einem Ballungsgebiet" abgelöst (Raab 1996). Regional unterschiedliche Strukturen, geografische Lagen und unterschiedliche kulturelle Traditionen und Erfahrungen eröffnen entsprechend unterschiedliche Entwicklungsperspektiven für Individuen (vergleiche Bertram/Bayer/Bauereiß 1993; Böckmann-Schewe/Kulke/Röhrig 1994). Dies gilt nach Bertram/ Henning (1996) gleichermaßen für die alten wie für die neuen Bundesländer. Die Lebensbedingungen weichen nicht nur im Hinblick auf Ost und West, Süd und Nord sondern auch zwischen kleinräumlichen Regionen stark voneinander ab: In Groß- und Kleinstädten sowie im ländlichem Raum sind schulische Optionen, Ausbildungsplatzangebote und Arbeitsmarktstrukturen sowie Kinderbetreuungsinfrastrukturen sehr unterschiedlich (Bertram/Bayer/ Bauereiß 1993). Neben diesen strukturellen Bedingungen gehören zu einer regionalen Differenzierung auch qualitative Merkmale, so z. B. das mehr oder weniger starke Gefühl des Verwurzeltsein in einer bestimmten Region, ein sich Beheimatetfühlen durch ein soziales Netz von Familie, Verwandtschaft, Freundinnen und Freunden und eine vertraute Umgebung. Diese Faktoren können zu wichtigen Ressourcen bei der Umsetzung von Lebensentwürfen und der Bewältigung des Alltags werden.

Ob junge Frauen ihre Projekte entwickeln und realisieren können, hängt also außer von persönlichen Ressourcen von äußeren Bedingungen ab: inwiefern sie günstige Gelegenheitsstrukturen in ihrer unmittelbaren Umgebung vorfinden und über ausreichende soziale Ressourcen verfügen können. Gelegenheitsstrukturen sind gesellschaftliche und soziale Rahmenbedingungen, die Chancen und Gelegenheiten beeinflussen. Sie erweitern die Handlungsspielräume von Individuen oder schränken sie ein. Sie beziehen sich auf materielle und gesellschaftliche Strukturen und auf soziale Kontexte. Je nach Kontext wirken sie als Ressourcen oder Barrieren, ermöglichen, erschweren oder verhindern ein bestimmtes Lebensmuster ebenso wie die Umsetzung von Projekten. Gelegenheitsstrukturen können entsprechend im Geschlechterverhältnis, im soziokulturellen Milieu, im Bildungsbereich, aber auch im regionalen Umfeld zu finden sein und sich auch auf Qualifizierungsangebote oder

Kinderbetreuungsmöglichkeiten beziehen, aber auch im unmittelbaren Umfeld als materielle Ressourcen, beratende oder emotionale Unterstützung durch nahe stehende Personen gegeben sein; Arbeitsmarktstrukturen erleichtern oder erschweren jungen Frauen die Realisierung beruflicher Vorstellungen. Bei der Umsetzung des doppelten Lebensentwurfes wirken beispielsweise flexible Kinderbetreuungsangebote und Arbeitszeitmodelle, Teilzeitregelungen und Wiedereinstiegsmöglichkeiten unterstützend. Gleichzeitig sind genau diese Möglichkeiten der Grund der typischen, diskontinuierlichen Berufsbiografien von Frauen.[38]

Soziale Einflüsse sind nicht nur generell von Bedeutung für die Biografien von Individuen, hinzu kommt, dass sich gesellschaftsstrukturelle Muster in unterschiedlichen Biografien auch unterschiedlich auswirken (Schimank 2000). Dieser Aspekt erscheint für meine Arbeit von einiger Bedeutung, relativiert er doch ähnlich wie beim Geschlecht die omnirelevante Bedeutung von Struktur. Der subjektive Sinn von Handlungen ist deshalb auch bezogen auf Gelegenheitsstrukturen zu rekonstruieren. Hier wird ein eklatanter Widerspruch deutlich. Während Institutionen Individuen auf Kontinuität und Stabilität vorbereiten, sind die Anforderungen an biografisches Handeln auf Wechsel und Veränderungen gerichtet. Gesellschaftliche und regionale Strukturen, soziale und bildungsabhängige Milieus und damit verbundene Deutungsmuster unterstützen oder hemmen als Gelegenheitsstrukturen die Entwicklung und Realisierung von Projekten. Sie verfestigen auch Muster im Verhältnis der Geschlechter: Wollen junge Frauen andere Muster leben, so müssen sie Grenzen überschreiten und Barrieren überwinden oder auf die Realisierung ihrer Vorstellungen verzichten. Gelegenheitsstrukturen ermöglichen kollektiv Gewolltes. Mit der Überschreitung der damit gesetzten Grenzen werden Individuen zu PromotorInnen gesellschaftlicher Wandlungsprozesse. Biografisches Handeln basiert so auf biografisch wirksamen Erfahrungen und Ereignissen und bezieht sich gleichzeitig auf Strukturen, die Subjekten vermittelt werden.

Die subjektive Bewertung der Gelegenheitsstrukturen für die Einschätzung der eigenen Chancen ist für biografisches Handeln von hoher Bedeutung. Die „Handlungsspielräume werden nicht nur durch die jeweiligen Kontextbedingungen strukturiert – sie werden auch durch die Lebensplanung und das biografische Han-

---

38   Dies zeigt eindrucksvoll Allmendinger (1994).

deln der Frauen selbst hergestellt, erweitert oder verengt" (Geissler/ Oechsle 1994: 165). Gelegenheiten zur Umsetzung von Zielen können aktiv gesucht und herbeigeführt werden. Die jungen Frauen suchen z.B. nach Informationen über Weiterqualifizierungsmöglichkeiten, bitten nahe stehende Personen um Rat und Unterstützung oder suchen das Gespräch mit ihrem Partner, um mit ihm die Realisierung gemeinsamer Pläne auszuhandeln. Individuen müssen die Zugänge zu diesen Informationen und die Verfahren zur Realisierung von Bildungs- und Berufszielen nicht nur kennen, sondern auch aktiv damit umgehen. Die Nutzung von Gelegenheitsstrukturen erfordert also spezifische Kompetenzen, Angebote aktiv aufzugreifen. Diese Handlungskompetenzen (vergleiche 3.3) werden im biografischen Entwicklungsprozess erworben.

2.5 Geschlecht als biografische Gelegenheitsstruktur

Wenn alles Handeln eine biografische Tiefendimension besitzt (Schütz/Luckmann 1979; 1984), dann liegt die Frage nach der lebensgeschichtlichen Struktur des „doing gender" nahe. Alheit/ Dausien (2000) deuten den doing-gender-Prozess als biografische Erfahrungsaufschichtung und -konstruktion und als individuellen Weg durch historisch sich verändernde Handlungsumwelten, die immer auch geschlechtercodiert sind. Sie gehen davon aus, dass kein geschlechtsneutrales Biografiekonzept möglich ist und systematische Unterschiede zwischen männlichen und weiblichen Biografien bestehen (vergleiche Dausien 1992; 2001). Dies spricht gegen eine Linearisierung und individualistische Verkürzung biografischer Prozesse ohne Berücksichtigung des Geschlechts. Denn gerade im „Modus der Nichtthematisierung ist die Kategorie Geschlecht am wirkmächtigsten" (Scheid/Gildemeister/Maiwald/Seyfarth-Konau 2001: 24). Das Geschlechterverhältnis ist deshalb in seiner subjektiven und objektiven Ausprägung als „doing gender" und Gelegenheitsstruktur zu berücksichtigen. Geschlechterdifferenz als Strukturkomponente biografischer Forschung (Dausien 2000) stellt eine Weiterentwicklung feministischer Theorien zur sozialen Konstruktion von Geschlecht dar. Bisher wurde Geschlecht in der Biografieforschung kaum berücksichtigt. Meist wurden männliche Biografien untersucht oder dem Geschlecht keine Bedeutung beigemessen.

Mit der These Beck-Gernsheims (1983) von der „nachgeholten weiblichen Individualisierung" wurde der Blick auf die andere, die weibliche Hälfte der modernen Gesellschaft gelenkt. „Früher waren Frauen ganz aufs ‚Dasein für andere' verwiesen und sozialstrukturell waren ihnen die Möglichkeiten verwehrt, sich ihrer Lage bewusst zu werden" (ebenda: 313). Das „Dasein für andere" bietet Frauen keine Freiheitsgrade, sondern legt sie auf ein Lebensmodell fest und lässt ein eigenes biografisches Selbstbild sowie dessen Entfaltung nicht zu, während das „eigene Leben", das auch Frauen zunehmend leben, entsprechend Beck-Gernsheim einen Anspruch auf eine „eigene" Biografie enthält und eine individuelle Selbstentwicklung mit Ansprüchen und Bilanzierungen einschließt, eben das „autonome biografische Ich" (vergleiche Dausien 1992). Dieses Ich ist es auch, das in der Biografieforschung bisher Beachtung gefunden habe, während das „Dasein für andere" nur eine „historische Kontrastfolie für die Beschreibung aktueller Individualisierungsschübe" von Frauen (ebenda: 44f.) darstelle, jedoch ein eigenes Leben gar nicht zulasse. Im Diskurs der Frauen- und Geschlechterforschung (vergleiche Gilligan 1984; Keddi/Kreil 1994) wird darauf hingewiesen, dass Frauen weniger ein individualisiertes Ich ausbilden als ein Ich in einem Beziehungsnetz. Während mit dem Konstrukt vom „Dasein für andere" eher traditionelle Aspekte verbunden werden wie das Ausgerichtetsein auf andere und damit die Behinderung von Autonomie, implizieren Konzepte wie „weibliche Identität" oder „weibliche Moral" (ebenda) die Stärke des „Beziehungs-Ich" in Abgrenzung zur männlichen „autonomen" Identität.

Dausien stellt beide Konzepte als sich ausschließende bzw. entgegengesetzte Pole infrage (Dausien 1992: 47). Anhand von biografischen Analysen zeigt sie, dass Frauenleben durch beides gleichzeitig geprägt ist. Frauen zeigten zum einen „Streben nach Autonomie" (ebenda: 53); gleichzeitig sei ihre Lebenskonstruktion an andere gebunden und nur in der Perspektive auf eine andere Person zu verwirklichen. Nach Dausiens Ansicht folgen Frauenbiografien nicht dem Modell von „Männerbiografien", sie schließen im Kern immer ein Leben „mit anderen" ein. Durch den Anspruch des Lebens mit anderen geben Frauen einen Teil der eigenen biografischen Steuerung aus der Hand. Dausien hat dies in Paarvergleichen bestätigt gefunden, denn Frauen und Männer erzählen „andere" Lebensgeschichten, und interpretiert dies als „Symptom für unterschiedliche Strukturen der biografischen Erfahrungsaufschichtung" (ebenda: 64). Die Kategorien „Leben für andere" oder „eigenes Leben", die Beck-Gernsheim (1983) als sich ausschließende Pole definiert hat, bedeuten unter dieser Perspektive nicht Ausschluss, sondern dass weibliche Lebensgeschichten Biografien in Beziehungen sind, gebunden an die Auseinandersetzung mit anderen, während männliche Biografien eher einen individuellen Weg in einem sozialen Umfeld beschreiben: In der wechselseitigen Konstruktion von Biografien bei Ehepartnern zeige sich die Widersprüchlichkeit biografischer Konstruktionen, die in Frauenbiografien durch die doppelte Vergesellschaftung in Beruf und Familie strukturell angelegt sind, sowie die Sozialität, die sich in der Thematisierung von Beziehungen ausdrückt.

Obwohl sich für beide Geschlechter geschlechtstypisch standardisierte Lebenslaufmuster zunehmend auflösen, Leitbilder und Deutungsmuster in den letzten Jahrzehnten widersprüchlicher geworden sind, verlängerte Bildungs- und Ausbildungszeiten, ungewisse Übergänge in den Beruf, häufigere Arbeitsplatzwechsel und Mobilität, neue Formen privater Lebensführung und veränderte Muster von Familienbildungsprozessen zur Erosion traditioneller Lebenslaufmuster führen, bleibt Geschlecht eine Grunddimension sozialer Strukturierung und auch des Lebenslaufs und der Biografie. „Alle biografischen Erfahrungen und Erwartungen sind – auf je individuelle Weise – durch ‚gender‘ codiert" (vergleiche Born/Krüger/Lorenz-Meyer 1996: 25f.). Sollen die Unterschiede jedoch genauer bestimmt werden, verschwimmen die Grenzen: Nicht alle Männer passen in das Schema der berufsdominanten Normalbiografie. Es gibt viele Beispiele für ausgesprochene „Karrieretypen", aber es gibt auch Männer, für die Familie an erster Stelle steht (Alheit 1998; Dausien 2000; Fthenakis 1999). In der Frauen- und Geschlechterforschung wird die Ansicht vertreten, dass im Gegensatz zu jungen Männern, die sich immer noch zentral an einem auf Erwerbsarbeit orientierten Lebenslauf orientieren, junge Frauen keine allgemein gültige biografische Leitlinie mehr haben (vergleiche Oechsle 2000). Wenn auch die Anforderungen an die Gestaltung für beide Geschlechter gestiegen seien, seien sie für Frauen aufgrund der doppelten Vergesellschaftung nochmals komplexer und widersprüchlicher. Dieser Meinung kann ich mich nicht anschließen, denn meines Erachtens hat jedes Individuum, ob Frau oder Mann, komplexe und subjektiv höchst widersprüchliche Situationen zu bwältigen.

„Indem Frauen und Männer – je für sich und in Beziehung zueinander – ihre Lebensgeschichten entwerfen, leben und narrativ rekapitulieren, entwerfen, leben und rekonstruieren sie zugleich eine konkretes ,Modell' für Frauen- bzw. Männerleben" (Dausien 2000). So werden aus Opfern der Geschlechterverhältnisse und des Patriarchats Konstrukteurinnen der eigenen Biografie. Diese Konstruktionsprozesse müssen „in ihrer konkret-empirischen Gestalt analysiert werden, anders existieren sie nicht" (Dausien 1996: 3). Sie haben weder nur eine Richtung, noch sind sie beliebig, wie Lemmermöhle (1997) am Beispiel von Berufsbildungsprozessen von Hauptschülerinnen zeigt. Sie sind einerseits begrenzt, andererseits eröffnen sich Spielräume und Gestaltungsmöglichkeiten.

So belegt Dausien (2000), dass Konstruktionsmerkmale, die typisch für Frauenbiografien sind, sich auch in Männerbiografien rekonstruieren lassen. Biografien seien zwar geschlechtsgebunden, aber nicht geschlechtsspezifisch. „Jeder Versuch, eine Dichotomie zwischen ,weiblich' und ,männlich' zu begründen, greift (...) zu kurz. Sie verdoppelt allenfalls gesellschaftliche Typisierungen. Es gibt kein Kriterium, nach dem (..). trennscharf zwischen Frauen und Männern differenziert werden" (ebenda) könnte. Biografien sind zwar an Geschlecht gebunden, „aber diese Bindung ist nicht kategorial determiniert, sondern im konkreten Fall individuell gestaltet(...) Die abstrakte Überlegung, dass Geschlecht keine unabhängige ,Master'-Kategorie darstellt, sondern im Kontext anderer sozialer Strukturkategorien (Klasse, Ethnizität, Generation) analysiert werden muss (...), findet hier eine theoretische und methodische Konkretisierung" (Dausien 2001: 71). Der Logik der gesellschaftlichen Gestaltung und Überformung von biologischem Geschlecht folgend werden im „doing gender" (vergleiche Gildemeister 1992; West/Zimmermann 1991) Geschlechterstrukturen täglich von jeder und jedem neu konstruiert. Sie sind nicht nur historisch entstanden, sondern werden „durch das Handeln der sozialen Subjekte ,gemacht', konstruiert und reproduziert" (Dölling/Krais 1997: 8). Jede Interaktion nimmt Geschlecht zwar als Grundkodierung auf, auch wenn wir glauben, von Geschlecht zu abstrahieren (Goffman 1994: 105), dennoch ist Geschlecht nur „ein Aspekt der Identität, die unsere Persönlichkeit strukturiert, allerdings ein wichtiger" (Cockburn/Ormrod 1997: 24). „Das ,Ich' ist niemals nur ein Mann oder eine Frau; immer ist es eine besondere Frau oder ein besonderer Mann. Geschlecht ist entsprechend auch niemals eine einfache Positionierung auf der einen oder anderen Seite der Trennlinie von männlich/weiblich" (ebenda).

Ich folgere daraus, dass das konkrete biografische Handeln von Frauen und ihre individuellen Erfahrungen in einer geschlechtlich strukurierten sozialen Welt stattfinden und sie diese Welt produzieren, reproduzieren und verändern, jedoch diese Welt teils auch ohne Relevanz ist. Es ist ferner zu berücksichtigen, dass ihr Handeln sich je nach Situation auf unterschiedliche Bezugssys-teme bezieht, in denen auch Geschlecht unterschiedlich konstruiert und verhandelt wird.

2.6 Fazit: Wie junge Frauen ihre Biografien konstruieren

Der aktuellen Biografieforschung folgend sind die Biografien junger Frauen sozial vorstrukturiert, jedoch individuell konstruiert; junge Frauen sind Akteurinnen ihres Lebens und als Subjekte nicht nur irgendwelchen Schicksalsschlägen oder gesellschaftlichen Strukturen ausgeliefert, sondern setzen sich mit ihnen auseinander. Auf der subjektiven Ebene sind biografische Konstrukte junger Frauen das Ergebnis von nie abgeschlossenen Entwicklungsprozessen, einer „moving baseline" (Heinz 2000). Diese Annäherung kann Anhaltspunkte auf die Frage liefern, warum junge Frauen in ihrem Verhalten und ihren Entscheidungen – beispielsweise in Paarbeziehungen oder bei der Familiengründung – widersprüchlich, ambivalent und wenig planvoll sowie auf der individuellen Ebene heterogen scheinen. Mit dem Begriff des „biografischen Handelns" wird das Zusammenspiel von objektiven Bedingungen und subjektiver Verarbeitung inhaltlich gefasst. Handeln verweist darauf, dass junge Frauen in Strukturen und Geschlechterverhältnisse eingebunden sind, die sie täglich reproduzieren und auch verändern. Biografisch bedeutet im Rahmen meiner Arbeit, dass *Handeln auf biografischem Sinn, Prozesshaftigkeit und Perspektivität beruht.* Ich wähle in Anlehnung an Burkarts (1994) Kritik von rationalen Entscheidungsbegriffen bewusst nicht den Begriff „biografische Entscheidung" oder Lebensplanung, denn diese Begriffe implizieren, dass biografische Übergänge immer das Ergebnis von Entscheidungen sind. Jedoch sind gerade auch „Nichtentscheidungs-Handlungen", Nicht-Handeln und „nichtrationale Entscheidungen" sowie nichtbewusste Faktoren wie unbewusste Motive und biografische Wurzeln maßgeblich.

Projekte und biografische Handlungskompetenz sind dabei von entscheidender Bedeutung, jedoch nicht als kognitiv-rationale Konstrukte, sondern eingebettet in den lebensgeschichtlichen Sinnhorizont der jungen Frauen. Sie sind das Ergebnis der biografischen Auseinandersetzung der jungen Frauen mit Strukturen, normativen Vorgaben und kollektiven Projekten sowie biografischen Erfahrungen, die als Wissenshintergrund abgelagert sind. Den in Kapitel 1 herausgearbeiteten Ergebnissen folgend, geht es für junge Frauen nicht nur um Projekte wie Beruf und Familie. Kollektive Projekte können Anhaltspunkte dafür bieten, wie ein individuelles Projekt aussehen könnte. Stimmen die eigenen Vorstellungen und Erfahrungen mit den positiv bewerteten Modellen überein, ist eine *Übersetzung* in ein individuelles Projekt möglich. Zeigen sich kollektive Projekte als individuell bedeutsam, aber unter den gegebenen objektiven Rahmenbedingungen nicht zu realisieren, kann ihre *Modifizierung* eine Umsetzung in den eigenen Lebensentwurf ermöglichen. Schwieriger ist die Übernahme kollektiver Projekte, wenn die jungen Frauen Projekte entwickeln, die weniger gesellschaftliche Zustimmung erfahren. Die Frauen haben dann bewusste und unbewusste Vorstellungen darüber, wie sie leben möchten, wissen aber gleichzeitig, dass ihren Projekten die gesellschaftliche Anerkennung verweigert wird. Dieses Dilemma, das nicht unbedingt im Dilemma der Vereinbarkeit von Beruf und Familie aufgeht, erfordert von ihnen, sich von den normativen Vorgaben der Leitbilder zu distanzieren und gleichzeitig mit den negativen Zuschreibungen der erwünschten Projekte umzugehen. Die Grenzziehung erreichen sie durch *Transformation,* indem sie negative Zuschreibungen ausblenden oder eine Umdeutung und Anpassung dieser Zuschreibungen vornehmen.[39] Das Bild der „alten Jungfer" wird beispielsweise transformiert in das Bild der freien und selbstbewussten Single-Frau. Die jungen Frauen greifen bei der Konstruktion ihres Lebens einzelne Versatzstücke auf, ohne die kollektiven Projekte in ihrer Gesamtheit zu übernehmen. Frauen, die sich von kollektiven weiblichen Projekten und Leitbildern abgrenzen, „verzichten" möglicherweise auf die mit gesellschaftlicher Anerkennung verbundene Verknüpfung von Familie, Kindern, Paarbeziehung und Beruf.

Aus der Sicht der Biografieforschung gibt es keine normierten Antworten auf Orientierungsanforderungen, weshalb auch aus die-

---

39 Ergänzend ist anzumerken, dass Prozesse der *Übersetzung, Modifizierung* oder *Transformation* keineswegs bewusst stattfinden.

ser Perspektive die zentrale und ausschließliche Bedeutung des doppelten Lebensentwurfs infrage zu stellen ist. Junge Frauen übersetzen Elemente aus kollektiven Leitbildern und Projekten in individuelle Projekte, aktualisieren, reproduzieren, modifizieren und transformieren sie und sind beteiligt an der Konstruktion neuer sozialer Realität. Sie konstruieren, ebenso wie sie sich als Frau konstruieren, ihre eigene Biografie in vielfältiger Weise – Vielfalt wird so theoretisch plausibel. Biografische Konstruktionen sind nicht irgendwann einmal als stabiler Entwurf abgeschlossen. Deshalb schließe ich mich der Vorstellung von *Biografien als Abfolge und Verflechtung von Projekten* an und gehe nicht von *einem* stabilen Lebensentwurf aus. Projekte verändern sich in einzelnen Lebensphasen. Obwohl ständig konstruiert wird, sind jedoch meines Erachtens auch gewisse biografische Grundlinien als biografisches Wissen vorhanden, an denen sich Subjekte orientieren.

Werden individuelle Projekte im Anschluss an die Biografieforschung als biografische Konstrukte gefasst, fokussiert dies auf die subjektive Rekonstruktion bzw. Sinngebung von Handeln (Alheit/Hoerning 1989). Die subjektive und biografische Selektion stiftet Zusammenhänge, die möglicherweise strukturell oder wissenschaftlichen Diskursen folgend nicht nachvollziehbar sind. Aus strukturellen und quantitativen Daten kann entsprechend nicht ohne weiteres auf die Lebenskonzeptionen von Frauen geschlossen werden. Diese sind vielmehr als eigene Realität in den Blick zu nehmen. Biografisches Handeln verstehe ich als *aktiven Prozess der Gestaltung der eigenen Biografie*; junge Frauen gestalten ihr Leben entsprechend ihren Erfahrungen sowie biografischen Prioritätensetzungen in den Grenzen sozialer, geschlechtercodierter, regionaler und milieubezogener Gelegenheitsstrukturen, die als Ressource oder Barriere wirken können. Modelle für weibliches Leben müssen mit biografischem Sinn versehen werden. Dieser ist entscheidend, um Alltag und die eigene Biografie gestalten zu können.[40]

Des Weiteren werden Geschlechterstrukturierungen und „doing gender"-Prozesse wirksam, wobei es gilt, dichotome Kategorisierungen zu vermeiden. Geschlecht fällt nicht in jedem biografischen Handeln eine konstruktive Rolle zu. Geschlecht verstehe ich ebenso wie den regionalen, sozialen und institutionellen Rahmen, das

---

40 In besonderer Weise gilt dies für die jungen Frauen aus den neuen Bundesländern. Sie müssen nicht nur Projekte entwickeln, sondern zusätzlich unterschiedliche Sozialisationserfahrungen in Schule und Gesellschaft und die veränderten Bedingungen nach der Wiedervereinigung Deutschlands in ihre eigene Lebensplanung integrieren.

kulturelle Milieu oder den Bildungsabschluss nicht als starre Determinante, sondern als Gelegenheitsstruktur und *biografisch unterschiedlich einsetzbare Ressource oder Barriere für individuelles Handeln*. So stellt sich die Frage, wie individuelle Projekte sich „im Kontext des potenziell Verfügbaren" (Geissler/Oechsle 1996: 36), also innerhalb einer konkreten Lebenssituation und unter bestimmten Geschlechter- und Gelegenheitsstrukturen, entwickeln und vollziehen, konkret wie das Aufwachsen und Leben in unterschiedlichen Regionen und mit unterschiedlichen Bildungshorizonten, in unterschiedlichen Milieus, wozu auch west- und ostdeutsche gehören, Chancen eröffnet oder begrenzt und ob die Projekte von Frauen auch spezifischen regionalen und bildungsbezogenen Konstellationen zuzuordnen sind. Hier ist auch zu berücksichtigen, dass sich gesellschaftsstrukturelle Muster in unterschiedlichen Biografien unterschiedlich auswirken können. Gelegenheitsstrukturen wirken in gegenseitiger Verflechtung.

Bisherige Untersuchungen lassen offen, wie und mittels welcher Konstrukte junge Frauen kollektive in individuelle Projekte umsetzen und wie sich ihre Projekte in biografischen Verläufen und Übergängen konkret entwickeln; meist werden diese Prozesse ausschließlich vor der Folie der doppelten Vergesellschaftung interpretiert; eventuell dahinter liegende andere biografische Konzeptionen können so nicht sichtbar werden. Diese Lücke versucht die vorliegende Arbeit empirisch zu schließen:

- Wie und wodurch gewinnen die jungen Frauen Orientierung in ihren Projekten?
- Wie „formulieren" sie individuelle Projekte in Auseinandersetzung mit der individuellen Situation, biografischen Erfahrungen und Gelegenheitsstrukturen sowie widersprüchlichen Leitbildern?

Paarbeziehungs- und Familiengründungsprozesse werden unter dieser Perspektive als biografische Projekte der jungen Frauen aufgefasst, wobei die Tatsache, dass eine junge Frau ohne Partner und/ oder ohne Kinder leben möchte oder lebt, je nach biografischem Sinnhorizont Unterschiedliches bedeuten kann. Darauf soll im nächsten Kapitel eingegangen werden.

3. Paarbeziehung und Familiengründung als biografische Projekte

Die Liebe ist so unproblematisch wie ein Fahrzeug.
Problematisch sind nur die Lenker, die Fahrgäste und die Straße.
Franz Kafka

Heute Morgen wurde ich fünf vor sieben wach und wusste gleich ganz genau, was ich
geträumt hatte. Ich saß auf einem Stuhl, und mir gegenüber saß Peter. (...) Auf einmal
trafen Peters Augen die meinen, und lange schaute ich in diese schönen, samtbraunen
Augen. Dann sagte Peter sehr leise: ,Wenn ich das gewusst hätte, wäre ich schon längst
zu dir gekommen.' Brüsk drehte ich mich um, denn die Rührung wurde mir zu stark.
Und dann fühlte ich eine weiche, oh so kühle und wohltuende Wange an meiner, und
alles war so gut, so gut (...)
An dieser Stelle wachte ich auf, während ich noch seine Wange an meiner fühlte und
seine braunen Augen tief in mein Herz schauten, so tief, dass er darin gelesen hatte, wie
sehr ich ihn geliebt habe und ihn noch liebe. Wieder sprangen mir die Tränen in die
Augen, und ich war so traurig, weil ich ihn wieder verloren hatte, aber gleichzeitig doch
froh, weil ich wusste, dass Peter noch immer mein Auserwählter war.
Anne Frank

Ich sehne mich nach Licht und Liebe
doch niemand kommt
ich bin allein
Rose Ausländer

Von allen Lebensbereichen besitzen Paarbeziehung und Familie die größte Resistenz gegenüber Modernisierungsprozessen, wohl auch aufgrund der Mächtigkeit gesellschaftlicher Diskurse zu Liebe und Mütterlichkeit (vergleiche Kapitel 2.3). Im privaten Bereich scheinen Individualisierungsprozesse ihre Grenzen erreicht zu haben. Paarbeziehung und Familie gelten als „Bastionen" des Geschlechterverhältnisses, an denen sich die Benachteiligungen von Frausein kumulieren und konzentrieren (Hopf/Hartwig 2001; Koppetsch/Burkart 1999). So ist zu vermuten, „dass gerade die Familien- und Geschlechterkonzeptionen einen besonders unauffälligen, stillschweigenden, der Reflexion (...) sich versperrenden Charakter besitzen, da diese Konzepte die maßgeblichen Orientierungsachsen für die dem Beruf qua Sozialisation vorgelagerte und zugrunde liegende identitätsstiftende private Lebenspraxis sind" (Scheid/Gildemeister/Maiwald/Seyfarth-Konau 2001: 33). Gleichzeitig sind diese Projekte allen Studien zufolge von größter Bedeutung für Glück und Zufriedenheit im Leben, für Frauen wie Männer, Alte wie Junge (Fuchs-Heinritz 2000: 56; vergleiche Kapitel 1.3). Paarbeziehung und Familie gelten als Ort jenseits sozialer Zwänge. Dies galt für die DDR nochmals in besonderer Weise (vergleiche Kapitel 1.1.2).

Wie junge Frauen Paarbeziehung und Familie biografisch „konstruieren", welche Vorstellungen sie zu diesen „kollektiven Projekten" formulieren, welche Paarbeziehungs- und Lebensformen sie „wählen" und wie sie handeln, ist vor dem Hintergrund von Entwicklungen wie der Pluralisierung von Lebensformen sowie Entwicklungen in der Dynamik und dem biografischen Verlauf von Lebens- und Familienformen zu sehen und auf biografische Sinnhorizonte zu beziehen. Im Folgenden werden zunächst generelle Entwicklungstrends in Paarbeziehungen und Lebensformen skizziert (Kapitel 3.1). In Kapitel 3.2 werden Kinderwunsch und Familiengründungsprozesse in einen gesamtbiografischen Zusammenhang gestellt. Dass in Paarbeziehungen (mit und ohne Kinder) auch Geschlecht im Zusammenleben interaktiv ständig neu (re)konstruiert wird, wird in Kapitel 3.3 thematisiert. Dennoch ist die Arbeitsteilung nicht ausschließlich Ausdruck des Geschlechterverhältnisses. In Kapitel 3.4 wird auf die Projekte und Sinnkonstruktionen junger Frauen und ihrer Partner eingegangen. Mit dieser Perspektivenerweiterung erhalten Partner bei der Analyse der Projekte junger Frauen und ihrer Umsetzung einen Stellenwert, der über ein „Unterstützungssystem", eine Gelegenheitsstruktur oder den Status eines biografischen „Gatekeepers" (vergleiche Behrens/Rabe-Kleberg 2000) hinausgeht. Abschließend werden in Kapitel 3.5 Folgerungen für die vorliegende Arbeit zusammengefasst.

3.1 Paarbeziehung und Familie: Auflösung, Transformation oder bleibt alles beim Alten?

Seit den 60er Jahren zeichnen sich in den alten Bundesländern in den Strukturen partnerschaftlicher und familialer Lebensformen sowie in den Familiengründungsprozessen Veränderungen ab, die mit Pluralisierung und Differenzierung[41] bezeichnet werden und im Folgenden kurz skizziert werden sollen, ohne auf quantitative Verteilungen einzugehen.[42] Auffächerung von Lebensformen[43], Entkoppelung von Paarbeziehung[44] und Elternschaft, abnehmende Geburtenraten sowie ein verändertes Eheschließungs- und Familiengründungsverhalten (Matthias-Bleck 1997; Nave-Herz 1994) haben zu einer „neuen" Vielfalt von Paarbeziehungs- und Lebensformen vor allem im jungen Erwachsenenalter geführt (Alt 2001; Bien 1996; Bundesministerium für Familie, Senioren, Frauen und Jugend 1997). Drei Entwicklungen seien besonders herausgestellt.

Zum einen werden Ehe und Familie[45] in einem immer späteren Alter geschlossen und gegründet. Das veränderte Familiengründungsverhalten zeigt sich in der Verlagerung der Familiengründung in ein höheres Lebensalter sowie in ihrer Ausdifferenzierung. Der direkte Übergang von der Herkunfts- zur eigenen Familie wird zumeist durch eine Abfolge unterschiedlicher Lebensformen ersetzt. Paarbeziehungen haben so einen eigenständigen Stellenwert erhalten, Elternschaft und Partnerschaft fallen nicht zwangsläufig zusammen. Junge Frauen wohnen zum Teil allein oder unverheiratet mit einem Partner zusammen, wobei die Möglichkeiten dazu regional sehr unterschiedlich sind (Seidenspinner/Keddi 1996). Nave-Herz (1994: 16) zufolge hat sich vor allem der Phasenablauf bis zur Familiengründung verändert und ausdifferenziert: „Die Abfolge ‚Kennenlernen – Verlobung – Eheschließung – Geburt des Kindes'

---

41 Die größere Vielfalt, darauf weisen Familiensoziologen ausdrücklich hin, ist jedoch nur scheinbar ein modernes Phänomen: „Im historischen Kontext ist diese Entwicklung als ‚Rückkehr zur Normalität der Vielfalt' zu bewerten. Die Situation der 50er und 60er Jahre mit der starken Monopolstellung eines Lebensentwurfs, der bürgerlichen Kernfamilie, ist im historischen Vergleich die untypische Situation. Kennzeichnend war stets eine gewisse Pluralität an Lebensformen" (Schneider 2000: 19).

42 Vergleiche Alt 2001; Beck/Beck-Gernsheim 1993; Bertram 1991; Burkart 1994; Giddens 1993.

43 Unter *Lebensform* wird im Folgenden die Kombination aus Haushaltstyp, Wohnform und Paarbeziehung verstanden. Die statistisch-demografischen Kategorien sind nicht mehr ausreichend, um die tatsächlich auftretenden Lebensformen zu erfassen. Hinter der alleinlebenden ledigen Frau in der amtlichen Statistik kann sich beispielsweise die Single-Frau ohne PartnerIn genauso wie die alleinwohnende Frau mit PartnerIn verbergen.

44 Unter *Paarbeziehung* werden im Folgenden alle Beziehungen mit einer Partnerin oder einem Partner verstanden, die von den jungen Frauen selbst als solche bezeichnet werden, unabhängig von ihrer Dauer, vom Familienstand, von der Wohnform und vom Geschlecht.

45 Als *Familie* gelten im Folgenden alle Eltern-Kind-Gemeinschaften, unabhängig von der Lebensform (Haushaltstyp, Wohnform, Paarbeziehung, Geschlecht).

ist durch die Entstehung neuer Lebensformen (Wohngemeinschaften, nichteheliche Lebensgemeinschaften, Alleinleben) und dem häufigen Wechseln zwischen ihnen durchbrochen worden." Beck/ Beck-Gernsheim (1994) sprechen in diesem Zusammenhang von „biografischem Pluralismus". Kennzeichnend ist ferner, dass im Verlauf eines Lebens mit einiger Wahrscheinlichkeit unterschiedliche Lebens- und Beziehungsformen eingegangen werden. Das durchschnittliche Alter der Erstgebärenden hat sich ähnlich wie das Heiratsalter in den vergangenen Jahren erhöht (Statistisches Bundesamt 2000: 26). Eheschließung ist weniger eine Frage der Partnerschaft als der Familiengründung: So leben zunehmend mehr Paare zunächst unverheiratet zusammen; doch heiraten die meisten westdeutschen jungen Frauen vor der Geburt des ersten Kindes, während in Ostdeutschland fast die Hälfte der jungen Frauen zunächst unverheiratet bleibt und erst nach der Geburt eines Kindes heiratet. In der Studie von Schneewind/Vaskovics (1992) zeigt sich allerdings, dass nicht nur der Kinderwunsch den unmittelbaren und hauptsächlichen Anlass für eine Eheschließung darstellt, sondern auch der Wunsch nach Sicherheit und Geborgenheit, Leitbilder und finanzielle Gründe eine Rolle spielen.

Zum anderen hat sich die Art und Weise des Zusammenlebens mit und ohne Kinder in den letzten Jahrzehnten immer stärker ausdifferenziert (Alt 2001). Viele FamiliensoziologInnen gehen von einer Polarisierung im gesellschaftlichen Zusammenleben aus (beispielsweise Strohmeier 1993; Zapf/Breuer/Hampel/Krause/Mohr/ Wiegand 1987); dies bedeutet im Familiensektor eine tendentielle Konzentration der Lebensformen mit abnehmender Varianz, während im Nichtfamilien-Sektor eine wachsende Pluralität von Lebensformen zu verzeichnen sei. Bei den über 35-Jährigen sind eheliche Lebensformen, besonders wenn Kinder vorhanden sind, vorherrschend, auch wenn hier nichteheliche Lebensformen zunehmen, bei den unter 35-Jährigen dagegen nichteheliche Paarbeziehungen und Alleinleben. Die Familiengründung wirkt als Trichter und mündet überwiegend immer noch – in Ost- wie Westdeutschland – in die Lebensform der Ehe (Bundesministerium für Familie, Senioren, Frauen und Jugend 1998). Vor allem in der vorfamilialen Phase zeigen sich vielfältige Formen von Partnerkarrieren, wobei die sich konsolidierenden Partnerbeziehungen überwiegen (Alt

2001; Simm 1991). Alt $(2001)^{46}$ zeigt, dass sich nicht nur die nichtfamilialen, sondern auch die familialen Lebensformen ausdifferenziert haben. Die Lebensform „verheiratet, beide Eltern erwerbstätig und Kinder" habe deutlich zugenommen, ebenso wie sich unter den zehn häufigsten Lebensformen erstmals die „nichteheliche Lebensgemeinschaft mit Kindern" befinde. Die Familie, in der ein lebenslang vollerwerbstätiger Familienvater mit Ehefrau zusammenlebt, welche als Hausfrau und Mutter die minderjährigen Kinder versorgt, sei eine auch heute noch weit verbreitete Lebensform, aber nur eine unter vielen. Familienformen, die nicht dem Normalitätsmuster der Kernfamilie hinsichtlich des Familienbildungsprozesse und der Rollenzusammensetzung entsprechen, haben zugenommen (vergleiche Nave-Herz 1994); neben nichtehelichen Lebensgemeinschaften mit Kindern ist beispielsweise der Anteil der Ein-Eltern-Familien und der Wiederverheiratungen gestiegen. So genannte „Patchwork-Familien" werden immer häufiger. Nichteheliche Lebensformen gewinnen seit den 50er Jahren an Stabilität, während eheliche Lebensformen an Stabilität verlieren (Alt 2001). Es ist darauf hinzuweisen, dass diese Lebensformen, die heute als typisch für moderne Entwicklungen herausgestellt werden, keine „neuen" Lebensformen sind; es gab sie schon immer. Jede Gesellschaft bringt zudem einen oder mehrere ihr eigene Familientypen hervor (Schneider 2000). Ferner hat der Wandel der Familienstrukturen historisch gesehen bereits viel früher begonnen als gemeinhin angenommen.

Lebensformen und ihre Vielfalt werden in der Pluralisierungs- und Individualisierungsdebatte oft als Ausdruck individueller Projekte interpretiert, beispielsweise dass die Lebensformen „living apart together" oder nichteheliche Lebensgemeinschaft häufiger von Frauen mit einem hohen Bildungsstand gewählt werden (Meyer/Schulze 1988). Vor allem die gestiegenen biografischen Gestaltungsmöglichkeiten bei der Entscheidung für eine Lebensform werden dabei in den Blickpunkt gerückt. Die größere Vielfalt an privaten Lebensformen ist jedoch nicht immer und zwangsläufig gleichzusetzen mit bewusster Entscheidung, unbegrenzter Entscheidungsfreiheit oder Zugänglichkeit aller Lebensformen (Diezinger/Rerrich 1998: 169). Zudem können Lebensformen Unterschiedliches bedeuten. Aus der Statistik erschließt sich diese Be-

---

46 Alt (2001) replizierte die Studien von Zapf (1987) und Strohmeier (1993) und stellte eigene Berechnungen aus dem Familiensurvey des Deutschen Jugendinstituts an.

deutung allerdings nicht. Mehr Aufschluss erbringen qualitative Analysen, die zeigen, dass sich hinter scheinbar ähnlich strukturierten Arrangements und Lebensformen ganz unterschiedliche subjektive Realitäten verbergen können. Diesen nachzugehen scheint lohnender zu sein, als die immer wieder mit großer Vehemenz stattfindende, jedoch stagnierende Diskussion über die Krise der Familie zu führen.[47] Bei alleinlebenden Frauen (und auch Männern) zeigt sich beispielsweise, dass sie diese Lebensform überwiegend als Notlösung betrachten (Krüger 1990; Stich 2002: 373; vergleiche Kapitel 2.3). Eine nichteheliche Lebensgemeinschaft kann, muss aber kein Hinweis auf individuelle Lebensoptionen und Alternativen zur herkömmlichen Paarbeziehung sein. Nichteheliche Lebensgemeinschaften können wiederum einen Übergang zur Ehe darstellen, als Probeehe fungieren oder ein Äquivalent zur Ehe sein (Simm 1991). Das Gesamtspektrum der Optionen, besonders in der Adoleszenz, ist zwar breiter geworden, allerdings bestehen immer auch „institutionelle Horizonte" (Beck-Gernsheim 1992), die die jeweilige Lebensform beeinflussen. Beispielsweise gibt es noch viele Paare, die vor der Ehe nicht zusammengelebt haben (Simm 1991). Burkart und Kohli (1989) verweisen auf Differenzierungen nach sozioregionalen Milieus, Strohmeier (1993) analysiert bildungsabhängige Lebensformen und eine deutliche Schichtabhängigkeit von Lebensformen im Lebenslauf, Hradil (1992) nennt neben dem Ungleichheitsfaktor Beruf als weitere Dimensionen Geschlecht, Alter (vergleiche auch Alt 2001) und Wohnregion.

Die Tatsache, dass weniger geheiratet wird, wird häufig mit einer grundsätzlich abnehmenden Bereitschaft gleichgesetzt, eine Paarbeziehung einzugehen. Zahlreiche Umfragen und Untersuchungen belegen, dass trotz aller Individualisierungstrends eine Paarbeziehung für junge Frauen wie für alle anderen Bevölkerungsgruppen nicht an Bedeutung verloren hat; einer langen und glücklichen Beziehung messen sie generell einen hoher Stellenwert bei mit Vorrang vor materiellen Gütern und Geld. Wir leben nach wie vor in einer „paarorientierten" Gesellschaft (vergleiche Kapitel 1.3; Willi 2002). Feste Paarbeziehungen, das langfristige Zusammenleben mit

---

47 Vergleiche auch Rerrich (1999), die dafür plädiert, die familiensoziologische Diskussion aus ihrer Sackgasse herauszuführen und die unterschiedlichen Entwicklungen von Strukturen und Bewusstsein zu berücksichtigen. In der Familiensoziologie wird so Beck (1991: 44) seit Jahren beschworen, dass „im Kern der Kernfamilie alles kerngesund sei", ein Befund, den er als besonders krasses Beispiel des Traditionalismus der Soziologie wertet.

einem Partner und Treue stehen auch bei jungen Frauen und Mädchen neben dem Aufbau eines eigenständigen Lebens und einer beruflichen Existenz hoch im Kurs, wie neuere Untersuchungsergebnisse wiederholt bestätigen (Fuchs-Heinritz 2000; Hopf/Hartwig 2001)[48] – unabhängig davon, ob sie gegenwärtig einen Partner haben oder nicht und unabhängig von der Region und dem Bildungsniveau. Eine harmonische Partnerschaft steht an der Spitze der Faktoren, die junge Frauen als entscheidend für das eigene Lebensglück ansehen (Institut für Demoskopie Allensbach 1993). So hatten fast alle junge Frauen schon jemals oder haben einen Partner, nehmen aber tendentiell Abschied von der frühen Festlegung auf einen Partner „für immer" (vergleiche aktuelle Studien: Bundeszentrale für gesundheitliche Aufklärung 2000; Hopf/Hartwig 2001). Burkart/Kohli (1992) gehen davon aus, dass in unserer modernen Welt mehr als früher eine „lebensgeschichtliche Notwendigkeit" besteht, intime Beziehungen einzugehen. Auch die erhöhte Scheidungsquote könne nicht als Indikator dafür gewertet werden, dass Menschen heutzutage weniger Wert auf Bindungen legen. Denn einer beendeten Paarbeziehung folgt meist eine neue Beziehung, sodass Simm (1991: 320) von „sukzessiver Monogamie" spricht. Berger/Kellner (1965) vertreten die Ansicht, dass die Ehe – und dies lässt sich generell auf Paarbeziehungen beziehen – „in unserer Gesellschaft ein entscheidendes nomisches Instrument" sei, und ein gesellschaftliches Arrangement darstelle, „das dem Einzelnen die Ordnung bietet, in der er sein Leben sinnvoll erfahren kann" und „in dem der Einzelne seine Selbstverwirklichung erreichen kann" (ebenda: 220-223). „Hätte der Einzelne an dieser Welt keinen Anteil, wäre er der drohenden *Anomie* überantwortet" (ebenda: 234). Oder wie Burkart (1994: 127) es ausdrückt: „Der individualisierte Mensch der Moderne lebt nicht allein, sondern paarweise." So erscheint es schlüssig, dass Paare stärker als früher auf Liebe im Sinn emotionaler Übereinstimmung angewiesen sind (ebenda: 129).

Eine weitere Tendenz ist, dass Haushalte immer kleiner werden: Generell haben der Anteil der nichtehelichen Lebensgemeinschaften und Alleinlebenden bzw. -wohnenden sowie die Quote nichtehelicher Geburten erheblich zugenommen (Alt 2001), ebenso der An-

---

48 Dies zeigen regelmäßig Untersuchungen bei Jugendlichen und jungen Erwachsenen; beispielsweise die Studie des Jugendwerks der Deutschen Shell (2000) oder Gille (2000).

teil der Personen, die ledig oder kinderlos bleiben. Die Anzahl der Ehepaare, die im Verlauf ihres Ehelebens keine Kinder haben, hat ebenfalls zugenommen. Nur in jedem zweiten Haushalt leben Erwachsene und Kinder zusammen. Engstler (1997) prognostiziert, dass von den 1960 geborenen westdeutschen Frauen jede Vierte kinderlos bleiben wird, Schwarz (1996) geht sogar von einem Drittel aus. Die so genannte Mehrgenerationenfamilie in einem Haushalt gehört zwar immer mehr der Vergangenheit an, sie lebt aber „als alltagspraktisch aktualisierbarer Kooperationszusammenhang" (Rerrich 1999a: 16) weiter,[49] sodass das Bild, das die Statistik vermittelt, nicht alle gelebten Lebensformen repräsentiert. Eine Lebensform, die statistisch ebenfalls nicht präsent ist, aber an Bedeutung gewonnen hat, ist das „living apart together", also das Leben in einer festen Bindung ohne gemeinsamen Haushalt.

Im Gegensatz zu Westdeutschland war die DDR hinsichtlich der familialen Strukturen eine „zutiefst traditionale Gesellschaft" (Schenk/Schlegel 1993) und verzeichnete kaum Pluralisierungsprozesse von Lebensformen. Einen der Freiräume der DDR-Gesellschaft, der zunehmend an Bedeutung gewann, stellte die Familie als Refugium und Rückzugsmöglichkeit vor der Dominanz des Staates dar (Gysi 1990; Keiser 1992; Schneider 1994). Ausbildung oder Studium waren kein Hinderungsgrund, eine Familie zu gründen. Aber auch in der DDR zeigte sich ab den 60er Jahren ein Geburtenrückgang, der erst 1976 mit der Einführung des Babyjahres gebremst wurde. Die Scheidungsraten in der DDR nahmen europaweit eine Spitzenposition ein. Gleichzeitig erfolgte aufgrund der familienpolitischen Rahmenbedingungen eine Zunahme der nichtehelichen Lebensformen und der Alleinerziehenden.[50] Im Vergleich zu Westdeutschland waren frühe Heiraten und Familiengründungen charakteristisch, die zunehmend nicht mehr an die Ehe gekoppelt und altershomogam waren sowie weitgehend unabhängig vom Bildungsniveau erfolgten. In den neuen Bundesländern erfolgte im Zusammenhang mit der Vereinigung ein „demografischer Schock" mit teilweise hohen Rückgängen der Heirats-, Scheidungs- und Geburtenhäufigkeit. Das für die DDR typische Muster der sehr frühen Familiengründung, des sehr niedrigen Anteils kin-

---

49   Vergleiche auch Bien/Marbach 1991, die dies empirisch anhand von Daten des Familiensurvey belegen konnten.

50   52 Prozent der Kinder wurden zum Ende der DDR-Ära nicht in einer Ehe geboren (Alt/Weidacher 1996), drei Viertel wurden nachträglich doch durch eine Ehe legalisiert (Alt 2001).

derloser Personen und der hohen Scheidungsrate hat sich seit der Wende an westdeutsche Entwicklungen angeglichen,[51] aber immer noch haben mehr ostdeutsche Frauen unter 30 bereits Kinder (Bundeszentrale für gesundheitliche Aufklärung 2000).

3.2 Kinderwunsch und Familiengründungsprozesse

Kinderwunsch und Reproduktionsverhalten gewinnen mit dem absoluten und relativen Rückgang der deutschen Bevölkerung an gesellschaftlicher Brisanz.[52] Gesamtgesellschaftlich, in Ost- wie Westdeutschland, ist von einer Stabilität familialer Orientierungen auszugehen, obwohl die Bedingungen, unter denen Frauen (und Männer) diese Orientierungen äußern, sich verändert haben. Die Bedeutung der Familie hat in Deutschland im Vergleich zu 1992 entgegen alle Prognosen zugenommen, übrigens genauso wie die Bedeutung des Berufs: „Der Beruf ist 96 Prozent der Deutschen wichtig, 1992 waren es 89 Prozent. Auch die Bedeutung der Familie nahm im selben Zeitraum zu – von 82 auf 86 Prozent" (Gillies/Stricker/Rossbach 2001: 34). Irgendwann einmal eine eigene Familie zu haben, erscheint vielen Mädchen und jungen Frauen trotz des faktischen Geburtenrückgangs fast genauso selbstverständlich wie die Vorstellung, einen Beruf zu erlernen. 90 Prozent wünschen sich ein oder mehrere Kinder, bei den männlichen Jugendlichen sind es übrigens nur 84 Prozent (Fuchs-Heinritz 2000: 56). Ob dies ein Hinweis auf geschlechtstypische Projekte ist oder gesellschaftliche Leitbilder durchscheinen, was ich eher vermute, ist hier nicht zu klären.

Doch warum bekommen nur noch ein Drittel bis ein Viertel der jungen Generation Kinder? Es besteht, dies zeigen alle Untersuchungen, eine Schere zwischen faktischem und realisiertem Kinderwunsch. Frauen und Paare bekommen weniger Kinder, als sie sich wünschen und zwar in den alten Bundesländern noch weniger als in den neuen (Bundeszentrale für gesundheitliche Aufklärung 2000). Es werden unterschiedliche Erklärungen herangezogen, um den Rückgang der Geburten sowie die Tatsache zu erklären, dass

---

51 Allerdings haben sich auch zu DDR-Zeiten solche Trends bereits abgezeichnet (Alt 2001).

52 In der westlichen Welt zeigen sich zwei Phasen des Geburtenrückgangs: Ende des 19. Jahrhunderts und Anfang des 20. Jahrhunderts war ein erster Rückgang zu verzeichnen und seit den 70er Jahren ein weiterer Rückgang (vergleiche Burkart 1994).

viele Paare nur noch ein Kind oder überhaupt keine Kinder mehr bekommen. Elternschaft wird als Ergebnis rationaler Entscheidungsprozesse (zusammenfassend Burkart 1994), als Ergebnis von Individualisierungsprozessen oder unter einer geschlechtertheoretischen Perspektive interpretiert. Einbezogen werden auch soziokulturelle Kontextbedingungen. Nicht nur im Alltag und in den Medien, sondern auch in soziologischen Analysen halten sich hartnäckig Annahmen, denen zufolge der Kinderwunsch eine weibliche „Naturkonstante" und die Berufsorientierung der ausschlaggebende Grund für Frauen sei, auf ein Leben mit Kindern zu „verzichten" (vergleiche Kapitel 1.3). Frauen, so eine gängige Erklärung, könnten sich heute bewusst damit auseinander setzen, welche Rolle Kinder und Familie in ihrem Leben spielen sollen, ob sie Verhütungsmethoden anwenden, weiter anwenden oder absetzen, bzw. ob, wann und wie viele Kinder sie wollen, ob sie den Kinderwunsch sehr früh verwirklichen oder ihn aufschieben, wodurch es dann oft zu spät werde für Kinder, wenn endlich alles andere passe. Sie müssen sich entsprechend mit reproduktiven Übergängen auseinander setzen, mit Familienplanung und -gründung oder mit Verhütung. Mutterschaft ist dadurch im Vergleich zu früher in den Rang einer bewussten Entscheidung erhoben worden (vergleiche auch Mayring/Faltermaier/Saup/Strehmel 1992), zugleich auch zu einer biografischen Lebensentscheidung, einer „big decision", die somit stärker in der individuellen Verantwortung liegt und weniger als solidarische und gesamtgesellschaftliche Verantwortung gesehen wird.

Junge Frauen konzentrieren sich heute in der Phase des jungen Erwachsenenalters zunächst auf einen erfolgreichen Berufseinstieg. Vorrangig ist für sie, sich zunächst eine berufliche Existenz aufzubauen (Seidenspinner/Keddi/Wittmann/Groß/Hildebrandt/Strehmel 1996). Parallel dazu wird die Familiengründungsphase zunehmend zeitlich nach hinten verlagert.[53] Als wichtige Voraussetzung für eine Familiengründung wird von den meisten jungen Frauen die eigene Verankerung ins Erwerbsleben gesehen. Auch in Ostdeutschland gehört die Studentin mit Kind inzwischen der Vergangenheit an, ein Hinweis auf staatlich gelenkte Familiengründungsprozesse. Zunehmend, das heißt, je näher sie dem Zeitpunkt der Familiengründung kommen, wird jungen Frauen bewusst, dass eine

---

53   Das durchschnittliche Alter der Erstgebärenden hat sich ähnlich wie das Heiratsalter, das 1997 bei 27,8 Jahren lag, in den vergangenen Jahren erhöht und lag bezogen auf verheiratete Frauen 1997 bei 28,5 Jahren, gegenüber 26,9 Jahren im Jahr 1991 (Statistisches Bundesamt 2000).

Familiengründung insbesondere für Frauen mit Konsequenzen verbunden ist. Das erste Kind relativiere häufig ihre Berufsorientierung (Simm 1987). Dennoch halten viele junge Frauen auch nach der Familiengründung an einer Erwerbstätigkeit fest (ebenda). Dies führt häufig dazu, dass die Geburt des zweiten Kindes aufgeschoben wird. Teilzeitarbeit wird häufig – sehr viel häufiger von den west- als den ostdeutschen Frauen – als Lösung angesehen. Ein weiterer wichtiger Faktor ist die Tatsache, dass die Arbeitswelt nicht familien- bzw. müttergerecht ist und Frauen immer noch damit alleine gelassen werden, Kind und Beruf zu vereinbaren.

Rational-Choice-Theorien haben Konjunktur, auch in der Familienforschung (Burkart 1994; vergleiche Kapitel 2). Sie orientieren sich stark an Kosten-Nutzen-Überlegungen und gehen beispielsweise davon aus, dass die Wahl des Partners und der Lebensform oder die Entscheidung für ein Kind das Ergebnis einer rationalen Abwägung von Vor- und Nachteilen und von Planung ist. Kaufmann (1988) kennzeichnet die moderne Elternschaft, indem er dem „Normkomplex der verantworteten Elternschaft" nicht nur die „Erziehungsverantwortung der leiblichen Eltern" zuordnet, sondern auch „die Norm, Kinder nur dann zur Welt zu bringen, wenn man glaubt, dieser Verantwortung tatsächlich gerecht zu werden" (ebenda: 395). Doch diese Erklärungsansätze tragen letztlich nur auf der aggregierten Ebene und nicht auf der individuellen. Außerdem wird aus abgefragten Skripten und Handeln oft voreilig auf Sinnhorizonte geschlossen. Denn wie lässt sich sonst erklären, dass viele Frauen Kinder bekommen, wenn die äußeren Bedingungen nicht „passen". Entscheidungen auf der konkreten empirischen Untersuchungsebene würden immer mehr zurückgedrängt (Burkart 1994); zudem sei der Übergang zur Elternschaft häufig keine biografische Entscheidung, da ein hoher Anteil ungeplanter Elternschaften bestehe. Starke (2000: 35) erklärt resümierend zu Kinderwünschen und deren Umsetzung: „Liebende Partner, ältere und manchmal auch junge, zeugen irrational Kinder, auch wenn rational vieles dagegen spricht. Liebe, die keinen marktwirtschaftlichen Gesetzen folgen kann, wenn es Liebe ist, und das neue Leben, das Zukunft bedeutet, sind vielleicht ihre sensibelste und zugleich vitalste Antwort auf die gesellschaftliche Gegenwart." Mutter- und Elternschaft werden so als bewusste Entscheidung infrage gestellt – unter den gegebenen gesellschaftlichen Bedingungen eine plausibel erscheinende Folgerung. Der Kinderwunsch scheint danach eher durch die Brille kollektiv verwurzelter und individualbiografischer

Deutungen zu verstehen zu sein. Auch Burkart (1994) sieht die Entscheidung zur Elternschaft vor allem durch biografische Wurzeln und die Psycho-Dynamik der Partnerschaft getragen, also überwiegend durch nichtrationale Faktoren.[54]

In der Studie „frauen leben" (Bundeszentrale für gesundheitliche Aufklärung 2000) werden Familiengründungsprozesse unter einer anderen Perspektive interpretiert. Sie werden als reproduktive Biografien verstanden, die eine zeitliche Abfolge von Phasen beinhalten und biografische Stränge des privaten Lebensverlaufs und der Erwerbsbiografie verknüpfen. Engelhardt (2000) zeigt, dass das Thema „eigene Kinder" in der Regel für ein gesamtbiografisches Großprojekt „Familie" steht. Dieses kann auf Gemeinsamkeit mit einem Partner, auf Vorstellungen von emotionaler Geborgenheit und stabilen emotionalen Bindungen, aber auch auf utopischen und positiv fantasierten Lebenswelten beruhen. Genauso sei auch die Ablehnung von eigenen Kindern mit einem biografischen Horizont verbunden. Reproduktive Kulturen bezögen sich auf Deutungen und soziale Regeln, auf zentrale Werte und Altersnormierungen, die die Wahrnehmung reproduktiver Aspekte wie „Kinder", „Frau" oder „Mann" und das darauf gerichtete Handeln anleiten. Die Studie weist darauf hin, dass die Frage nach dem Kinderwunsch, wie sie häufig gestellt wird, nicht trennscharf sei. In vielen Untersuchungen verschleiere die Konzentration auf den Kinderwunsch seine größere symbolische Dimension innerhalb gesamtbiografischer Prozesse, ohne zu beachten, dass er weder im Lebensverlauf stabil bleiben muss, noch geklärt zu haben, was abgefragt wird: Ist es die soziale Norm, die dann geäußert wird? Wo liegt die Bedeutung von „ja" in der ganzen Bandbreite von „ja" über „vielleicht" bis „ja, auf alle Fälle"? Hier lassen sich der Studie zufolge unterschiedliche Muster feststellen: „generalisierte Akzeptanz" (wenn's kommt, dann kommt's), „biografische Konstante (ich wollt' schon immer Kinder), „situations- oder partnerabhängige Kinderwunschproduktion" oder „überholender Kinderwunsch" (Engelhardt 2000). Kinder werden unter einer biografischen Perspektive thematisiert. Unterschiedliche Kinderwunsch-Muster führen zu unterschiedlichen Herangehensweisen an die Verwirklichung von Kinderwünschen. So mache es auch einen Unterschied, ob die Schwangerschaft gewollt,

---

54 Der Familienforscher Bertram (Zeit 2001) gibt auf die Frage in einem Interview, ob es nur die Kosten fürs Kinderkriegen sind, die die Kinderzahl drücken, sogar zur Antwort: „Kein Mensch weiß dazu Plausibles (...). Wer's erklären kann, sollte den Nobelpreis bekommen."

geplant oder gewünscht war oder freudig begrüßt werde. Klindworth (2000) geht davon aus, dass sich Familienplanung als Prozess begreifen lässt (zunehmend werden deshalb auch Längsschnittstudien durchgeführt; vergleiche auch Schneewind 2001), der in Phasen der Initiation, Orientierung und Verstetigung vor sich geht, wobei Phasen der Verstetigung immer wieder durch neue Orientierungsphasen oder Suchphasen unterbrochen sind. Im Hinblick auf diese Phasen unterscheiden sich reproduktive Biografien ostdeutscher Frauen beispielsweise von westdeutschen dadurch, dass sie durch kurze Orientierungsphasen und „zeitlich geraffte" Phasen des Übergangs in die Elternschaft gekennzeichnet sind („Das war zu DDR-Zeiten halt so", Klindworth 2000: 41), während westdeutsche Akademikerinnen ein berufliches und reproduktives Moratorium mit langer Orientierungsphase zeigen.

Die reproduktive Kultur wird in dieser Studie am Bildungsstand festgemacht; exemplarisch werden drei Kulturen herausgearbeitet: die Kultur der DDR als homogene Kultur, in der es auch nach der Wende noch üblich ist, Kinder zu haben unabhängig von Bildung, beruflicher Stellung und Lebensform, sowie je eine reproduktive Kultur der niedrigen Bildungsgruppen und eine der höchsten Bildungsgruppen in den alten Bundesländern. Reproduktive Kulturen erzeugten spezifische Biografiemuster in Paarbeziehungen und Familiengründungsprozessen, Vorstellungen zur Vereinbarkeit von Beruf und Familie und seien auch von gesellschaftlichen Veränderungen unterschiedlich betroffen. So interessant der biografische Aspekt der Studie ist, so unbefriedigend bleibt die Auswahl der Kulturen, wenn sie nur am Bildungsstand festgemacht werden. Außerdem wird nicht berücksichtigt, dass Bildung zwar eine biografische Ressource sein kann, aber nicht im deterministischen Sinn. Dennoch ergeben sich interessante Anknüpfungspunkte an biografisch orientierte Erklärungsmuster im Handeln junger Frauen in Paarbeziehungen und Familiengründungsprozessen.

3.3 Die (Re)Konstruktion von Geschlecht in Paarbeziehungen

Kaum ein Bereich der neueren Familienforschung wurde so oft und detailliert untersucht, wie die Arbeitsteilung zwischen den Geschlechtern in Beziehungen und Familien (z.B. Blossfeld/Drobnic 2001; Keddi/Seidenspinner 1991, Koppetsch/Burkart 1999, zusammenfassend Künzler 1994). Die Bilanz ist immer ähnlich. Die Hausarbeitsbeteiligung von Männern bleibt – und dies gilt auch für die jüngere Generation – bescheiden, auch wenn sich heute drei Viertel der deutschen Väter mehr als Erzieher denn als Ernährer ihrer Kinder verstehen (Fthenakis 1999). „Die Beteiligung der Männer an der Hausarbeit sei ein ‚trübes Kapitel‘, hatten Metz-Göckel und Müller schon Mitte der Achtzigerjahre geschrieben, und das obwohl die Vorstellung einer partnerschaftlichen Organisation der Hausarbeit von den meisten Frauen wie Männern geteilt wird. Und zehn Jahre vorher hatte Pross von einer ‚Internationale der Ehemänner gesprochen‘" (zitiert nach Künzler 1994: 200). Zahlreiche Forschungsergebnisse deuten darauf hin, dass unabhängig von „neuen" Konstellationen im privaten Lebensbereich, von familialen und nichtfamilialen Lebensformen, von vergleichbaren beruflichen Positionen oder Bildungsabschlüssen[55] beider Partner oder sogar höherem sozioökonomischen Status der Frau (Koppetsch/Burkart 1999) und generellen Individualisierungstendenzen kaum Anhaltspunkte für einen grundlegenden Wandel in der partnerschaftlichen Arbeitsteilung und für einen neuen innerfamilialen Geschlechtervertrag bestehen. Die absolute Beteiligung der Männer an der Hausarbeit liegt im Durchschnitt stets bei ungefähr zehn Stunden in der Woche, während die Hausarbeitszeit der Frauen hochgradig variabel ist (Rerrich 1999). Männer überlassen nicht nur die Hausarbeit, sondern auch große Teile der Organisation des eigenen Lebens ihren Partnerinnen. „Ins Zentrum ihrer Lebensführung stellen sie andere Tätigkeiten: berufsbezogene Arbeit, ‚öffentliche‘ Tätigkeiten und Eigenarbeit, Freizeitaktivitäten, und sie werden dabei von ihren Frauen praktisch unterstützt" (ebenda: 73). Paarbeziehungen bleiben so trotz des vor allem bei jungen Paaren weit verbreiteten Leitbilds der verständigungsorientierten, partnerschaftlichen Beziehung in Bezug auf die Arbeitsteilung weiterhin Ausdruck von traditionellen Geschlechterstrukturen und geschlechtsgebundener Definitionsmacht. Mit der Mutterschaft verstärken sich diese Traditionalisierungseffekte und prägen dann das Zusammenleben

---

55   Künzler (1994: 208) weist auf eine Studie bei Studierenden hin. Für Studentinnen mit Kind wird der Haushalt zur Hauptbeschäftigung, das Studium zur Nebenbeschäftigung, während Studenten mit Kind zwar auch substantiell und nicht nur symbolisch zur Hausarbeit und Kinderbetreuung beitragen, sich jedoch dadurch keine Deklassierung ihres Studiums ergibt, sondern Haushalt und Studium für sie zwei gleichberechtigte Bereiche, zwei Hauptbeschäftigungen, werden.

von Paaren häufig auch über den Erziehungsurlaub hinaus (Simm 1987).

Die Ursachen sind nicht allein in der ökonomischen Ungleichheit zwischen Frauen und Männern zu suchen. „Ein Grund für die Hartnäckigkeit der traditionellen Arbeitsteilung liegt darin, dass die Verrichtung alltäglicher Haushaltstätigkeiten zu großen Teilen auf Gewohnheiten, auf inkorporierten Routinen gründet, die sich unabhängig von rationalen Prinzipien partnerschaftlicher Verhandlungen und Entscheidungen entwickelt haben und sich durch Veränderungsdiskurs kaum beeinflussen lassen. Paradoxerweise sind es häufig gerade die Frauen, die auf der Ebene der praktischen Verrichtungen an den traditionellen Rollen – entgegen ihrer Vorstellungen von der Gleichberechtigung der Frau – festhalten" (Koppetsch/Burkart 1999: 318). Auch Hopf/Hartwig (2001) weisen in ihrer Studie darauf hin, dass junge Frauen weit davon entfernt sind, sich in ihren Paarbeziehungen über traditionelle Rollenanforderungen hinwegzusetzen und an individualisierten Lebensentwürfen zu orientieren. Paarbeziehung und Kinder seien immer noch zentrale Ziele, für die sie bereit sind, Kompromisse einzugehen (vergleiche auch die Kapitel 1.3 und 3.1). Der Wunsch nach Harmonie und einer stabilen Paarbeziehung scheint Vorrang vor Alltagsproblemen und deren Lösung zu haben. So sind junge Frauen „schnell bereit, Entschuldigungen für ein Fehlverhalten des aktuellen Partners darzulegen" (Hartwig 2001: 27).

Auch die „Liebe" bzw. die Vorstellung davon steht dem Gleichheitsprinzip entgegen (vergleiche auch Kapitel 1.3). Deshalb verzichten die meisten Paare, Frauen wie Männer, um sie nicht aufs Spiel zu setzen, auf eine Bestandsaufnahme ihrer Beziehung. „Liebe und Stabilität der Beziehung (werden) nicht so leicht für die Idee der Gleichheit geopfert" (Koppetsch/Burkart 1999: 320). Die Idee der Partnerschaftlichkeit führe sogar zu einer zunehmenden Unsichtbarkeit von Ungleichheit zwischen den Geschlechtern. „Problematisch wird die Konkurrenzlosigkeit von Partnerschaft insbesondere dann, wenn sie zum Kristallisationspunkt von Fantasien über ein glückliches Leben wird, in dem Eigenständigkeit und Unabhängigkeit Wünschen nach Gemeinsamkeit und Harmonie nachgeordnet sind" (Flaake 1998: 45). Das bestehende Liebesideal, „das gerade die Bedingungslosigkeit und die Nicht-Rechenhaftigkeit einer Liebesbeziehung betont" und „weibliche Liebe mit Hingabe und Fürsorge, mit Selbstzurücknahme und Selbstlosigkeit verbindet" (Oechsle 1998: 196) trage dazu bei, dass es Frauen schwer fällt, darauf zu beharren, Aufgaben gerecht zu verteilen und Konflikte auszutragen, weil dies das Ende der Liebe bedeuten könnte.

Beck-Gernsheim (1992) geht davon aus, dass die häusliche Arbeitsteilung zunehmend „zur Quelle für zahlreiche Irritationen und Spannungen, zum Teil auch für anhaltende Auseinandersetzungen in der Paarbeziehung" (ebenda: 273) werde. „Wo sich in Ehe und Paarbeziehung Konflikte um die Arbeitsteilung entzünden, da geht es um mehr als nur Hausarbeit" (ebenda: 277). Vielmehr stünden dahinter als „Konflikt hinter dem Konflikt" (ebenda) auch Vorstellungen von Familie und vom Geschlechterverhältnis. Oder mit Giddens (1991: 81) gesprochen: „What to wear, what to eat (...) all such choices (as well as larger and more consequential ones) are decisions not only about how to act but how to be." So bedeutet die Erfahrung von familialer Ungleichheit möglicherweise nicht nur einen Verstoß gegen Erwartungen und Ansprüche, die aus dem Selbstentwurf resultieren, sondern auch eine Missachtung der eigenen Person und deren Sinnhorizonts.

Während die Projekte von Frauen bezogen auf diese Prozesse häufig – meiner Meinung nach allerdings oft einseitig – untersucht wurden, liegen zu den Projekten von Männern nur wenige Forschungsergebnisse vor. Im Vergleich zur weiblichen Biografie wird konstatiert, dass die männliche kontinuierlicher sei, indem sie auf lebenslange Erwerbstätigkeit ausgerichtet sei; ferner nähmen Männer anders als Frauen ganz selbstverständlich an, dass sie autonom seien und in Zukunft investieren (Leccardi 1998). Andererseits verstehen sich heute die deutschen Väter mehr als Erzieher denn als Ernährer ihrer Kinder (Fthenakis 1999). Zudem würde auch für Männer das Problem der Vereinbarkeit von Beruf und Familie bestehen (Amendt 1999; Fthenakis 1999); der Anteil väterlichen Engangements sei höher als von den Medien verbreitet. Während Frausein und Muttersein immer zusammengedacht werden, gilt dies für Mannsein und Vatersein nur sehr eingeschränkt (Baader 2000). Hier stehen weitergehende Analysen aus. Auch die Entwicklungspsychologie hat Unterschiede in der Bedeutung von Autonomie für Jungen und Mädchen, Männer und Frauen herausgearbeitet. Häufig, so ist zu befürchten, werden jedoch dualistische Unterschiede vereinfacht übertragen, sodass es für die meisten auf der Hand liegt, dass Männer vor allem berufsorientiert sind. Interessant ist in diesem Zusammenhang eine Folgerung von Born/ Krüger/Lorenz-Meyer (1996) aus ihrer Partneruntersuchung. Bezogen auf eine Perspektivenerweiterung der Geschlechterforschung auf Paarbeziehungen und männliche und weibliche Lebenslaufmuster stellen sie die Annahme von unterschiedlichen männlichen und weiblichen „Interessenlagen an Erwerbs- und Familienarbeit" (ebenda: 303) infrage; dies bedeute nicht, „dass Geschlecht als Strukturkategorie im Sinne einer ‚Neutralisierung' aufgegeben werden kann" (ebenda), sondern dass die Unterschiede nicht so einfach und vielleicht auch nicht bei allen gegeben seien. „Denn die Geschlechter (im kruden Sinne) sind es nicht, die ein Verhältnis miteinander haben, sondern (...) Subjekte, Subjekte des Unbewussten, ‚wahre Subjekte'. Die Liebe (...) (hat; Ergänzung der Autorin) etwas mit der ‚Abwesenheit des Geschlechterverhältnisses' zu tun" (Hopf 2001: 5). Die Bedeutung dieser Differenzierungen für die Arbeitsteilung liegt nahe. Auf der Paarebene sind die jeweiligen Sinnhorizonte einzubeziehen und nicht ausschließlich als Ausdruck des Geschlechterverhältnisses zu interpretieren.

3.4 Paarbeziehungen als Aggregat individueller biografischer Konstruktionen

> *Wir besuchen uns von Welt zu Welt*
> *haben Zwiesprache im Karfunkelzelt*
> *wenn die Zeit um uns zerfällt*
> Rose Ausländer

Um zu verstehen, warum junge Frauen in Paarbeziehungen so handeln, wie sie handeln, sind nicht nur ihre biografischen Sinndeutungen von Bedeutung, sondern auch diejenigen ihrer Partner. Dieser an sich einfache und dem alltagspraktischen Wissen schlüssig erscheinende Zusammenhang findet in der sozialwissenschaftlichen Forschungspraxis langsam breitere Beachtung, interessanterweise weniger im familiensoziologischen Bereich.[56] Gather (1996b: 116) hat am Beispiel der Hausarbeit gezeigt, dass deren Bewertung „beim einzelnen Paar je nach Ehebeziehung, sozialem Milieu, Familienzyklus und den Umständen getroffen werden muss". Im Konzept der Lebensführung als Ausdruck der „konkreten alltäglichen Aktivitäten der Personen" (Rerrich 1999: 64) wird davon ausgegangen, dass „Personen mit Familie (...) nicht nur ein individu-

---

56 Vergleiche Blumstein/Schwartz 1985; Born/Krüger/Lorenz-Meyer 1996; Eckert/Hahn/Wolf 1989; Gather 1996; Koppetsch/Burkart 1999; Pfeil/Regnat/Stein 1998; Rerrich 1999; Schneewind/Vascovics 1992; Schneider/Rost 1998; Simm 1987.

elles Arrangement ihrer Tätigkeiten für sich selbst herstellen, sondern sie (...) auch die eigene Lebensführung mit den Lebensführungen der anderen Familienmitglieder zu einer gemeinsamen Lebensführung verschränken" (ebenda: 65). Die Aufforderung von Beck (1991) an die Familiensoziologie, den Anschluss an die Moderne zu finden und nicht nur immer zu belegen zu versuchen, dass die Familie stabil ist und sich doch nicht in der Krise befindet, ist auch mit Blick auf weibliche Projekte gerechtfertigt: „Unter dem Blickwinkel der Individualisierungsthese entschlüsselt sich Familie jedoch als ein besonderes Verknüpfungsverhältnis von Individualverläufen bzw. eine Verknüpfungsanforderung an Subjekte, deren Biografien auch bzw. sogar vornehmlich durch andere Institutionen (alters- und geschlechtsdifferent) zeitlich gegliedert sind, mit durchaus kumulierenden Folgen für den weiteren Lebenslauf" (Born/ Krüger/Lorenz-Meyer 1996: 20). Auch die Lebensverlaufsforschung (Behrens/Rabe-Kleberg 2000: 119) thematisiert im Konzept des Gatekeeping die Verknüpfung von Lebensverläufen von Individuen: „Statuspassagen im Lebensverlauf sind überwiegend Übergänge zwischen sozialen Positionen, bei denen es etwas zu gewinnen oder zu verlieren gibt. Nur wenige Statuspassagen kann das Individuum allein für sich vollziehen (...). In allen anderen Fällen begegnet es Gatekeepern, also Menschen, die Statuszugänge kontrollieren, Ereignisse in den Interpretationsrahmen von Statusübergängen stellen oder Krisen als vorübergehende überbrücken" (ebenda: 130). Partner werden so zu Gatekeepern in der Primärgruppe Familie: „Alltagstheoretisch kann und muss nicht unterstellt werden, dass Statuspassanten Gatekeeper verstehen oder dass Gatekeeper untereinander die gleiche Sprache sprechen (...). Es genügt, dass einer die Bedingungen des anderen zu erfüllen scheint. Abhängigkeiten und Machtverhältnisse lassen es den Statuspassanten angeraten sein, nach den Kriterien der Gatekeeper zu spielen und die eigene Lebensgeschichte in den abverlangten Kategorien darzustellen" (ebenda: 119). Auch Born/Krüger/Lorenz-Meyer (1996) ziehen aus ihrer Studie zu den Lebensverläufen von 60-jährigen Frauen und ihren Ehepartnern die Schlussfolgerung der Perspektivenerweiterung von Frauenforschung auf Paarbeziehungen und die Bedeutung und Verschränkung von männlichen und weiblichen Lebenslaufmustern. Und Dausien (1996) meint genau dies, wenn sie von „interwoven biografies" spricht.

Werden Beziehungen als Relation verstanden, kann es keinen neutralen Beschreibungsstandort von Frauen (und Männern) geben; nur in der Relation zwischen beiden kann das Zusammenspiel in Paarbeziehungen jeweils angemessen beschrieben werden (vergleiche Dietzen 1993: 62f.). Es wird jedoch immer noch häufiger aufgrund der Aussagen eines der beiden Partner oder auf der aggregierten Ebene (Behnke/Liebold 2000; Matthias-Bleck 1997) rekonstruiert. Die Wahrnehmungen und Einschätzungen eines Partners können zu Verzerrungen und damit zu Fehleinschätzungen bei der Interpretation führen, indem sie immer nur eine Perspektive eröffnen. Höpflinger (1986) zeigte für quantitative Erhebungen, dass Wahrnehmungsunterschiede zum Teil auf geschlechtsspezifische Divergenzen, zum Teil auf individuelle Unterschiede zurückzuführen sind; die Mitbefragung des Partners oder der Partnerin kann einen Ausgleich vermitteln, ohne dass allerdings jemals eine „objektive" Realität vorliegen wird. Der isolierte Blick auf die partnerschafts- und familienbezogenen Projekte und Biografien junger Frauen ist jedenfalls zu erweitern um die Perspektive ihrer Partner und der konkreten Paarbeziehung als Aggregat von zwei Individuen und ihren Sinnhorizonten. Entsprechend sind nicht nur die Projekte der jungen Frauen als biografische Sinndeutungen zu untersuchen, sondern auch die Sinndeutungen und Perspektiven ihrer Partner, um dann das Zusammenspiel paarbezogen zu analysieren. Forschungsbedarf sehen Fend/Berger (2001) hier vor allem im Bereich von theoretisch fundierten und gleichzeitig längerfristig angelegten Analysen von Paarbeziehungsverläufen.

Berger/Kellner wiesen bereits 1965 darauf hin, dass „ungleich früheren Zeiten, in denen die Gründung einer neuen Ehe nur einen Zuwachs an Differenzierung und Komplexität zu einer bereits bestehenden sozialen Welt bedeutete, (...) sich die Ehepartner heute vor der oftmals schwierigen Aufgabe (finden; Ergänzung der Autorin), sich ihre eigene private Welt, in der sie leben werden, selbst zu schaffen" (ebenda: 225). Sie beschreiben die Ehe als einen „dramatischen Vorgang, bei dem zwei Fremde aufeinander treffen und sich neu definieren" (ebenda: 222), als eigene Wirklichkeit mit spezifischen, gemeinsam entwickelten Deutungen und Interpretationen von Welt. Fremdheit bedeutet, dass beide Partner aus unterschiedlichen Kontexten und Familiensystemen mit unterschiedlichen Kindheiten und biografischen Verläufen kommen und keine gemeinsame Vergangenheit haben. Partner sind füreinander zunächst „Fremde" (vergleiche Berger/Kellner 1965). „Man sagt Ja zu einem Partner, dessen Biografie man gleichwohl nur rudimentär kennt" (Eckert/Hahn/Wolf 1989: 43). Im Orientierungs- und Verortungsprozess eines Paares entstünden dann normative Regeln für das Zusammenleben.

Diese Auffassung wird auch in psychologischen sowie paar- und familientherapeutischen Ansätzen vertreten. Nach Willi (1991/ 1996) formulieren die Partner „ein partnerschaftliches Konstruktsystem, welches die Leitprinzipien und Übereinkünfte über die Beziehung beinhaltet, die verbindlichen Vorstellungen über die Spielregeln der Beziehung, über das Verteilen von Aufgaben, Privilegien und Funktionen, über das Wohnen, die Finanzen, die Kindererziehung, die Sexualität und so weiter" (Willi 1991: 67). Die Verständigung hierüber macht nach Willi (ebenda: 85) den Hauptteil der Beziehungsarbeit aus. Wahrscheinlich komme diesem Konstruktionsprozess einer „gemeinsamen Welt" angesichts von Individualisierung und der Infragestellung traditioneller Bezugsgrößen ein zunehmender Stellenwert zu. Erst durch den Entwurf einer gemeinsamen Lebensperspektive werde ein dyadisches Konstruktsystem geschaffen, das mehr sei als die individuelle Konstruktion auf der persönlichen Ebene (Willi 1991; vergleiche Cuyvers 2000).[57] Dieser Prozess der „Koevolution" (Willi 1991) wird durch gegenseitiges Unterstützen, Herausfordern und Begrenzen, Aushandeln, Modifikationen der individuellen Lebensvorstellungen und eventuelle Anpassungsprozesse getragen. Das Zusammenleben in einer Paarbeziehung setzt als Basis eine gemeinsam interpretierte und konstruierte Welt voraus, die die Welten beider Partner, seien es Modi der individuellen Lebensführung, Projekte, Lebensläufe oder Biografien, integriert und in der die individuellen Perspektiven von Frau und Mann[58] zusammenspielen, also Gemeinsamkeit hergestellt wird.

---

57 Im Bereich der Psychologie bemüht sich die Partnerschaftsforschung seit drei Jahrzehnten um die Erforschung der Verläufe von Paarbeziehungen, die ihr als „eine der wichtigsten interpersonalen Ressourcen" (zusammenfassend Bodenmann/Cina 1999) gelten. Hier wurde vor allem die Bedeutung von Kommunikation, sozialen Kompetenzen und Copingfertigkeiten in Stresssituationen in zahlreichen, auch internationalen Studien für den Aufbau und die Festigung des „Wir-Gefühls" nachgewiesen (ebenda). Wichtig sei, dass eine Beziehung gepflegt und lebendig erhalten wird, denn das Potential einer Paarbeziehung verändere sich und werde generell im Verlauf der Zeit eher schlechter.

58 In dieser Arbeit wird das Augenmerk auf heterosexuelle Beziehungen gerichtet, da sich auf diese der öffentliche Diskurs zu Frauenleben bezieht. Im Rahmen der Arbeit wird nicht auf homosexuelle Beziehungen eingegangen, was aber nicht bedeutet, dass deren Realität nicht für untersuchenswert erachtet wird. Dieser Bereich stellt vor allem im deutschsprachigen Raum eine Forschungslücke dar.

Die Vorstellungen und Perspektiven eines Paares für die gemeinsame Lebensgestaltung orientieren sich an kollektiven sowie an individuellen Projekten, biografischen Ressourcen, Gelegenheitsstrukturen und gesellschaftlichen Definitionen und Diskursen zum Zusammenleben von Frauen und Männern, die durch widersprüchliche „traditionelle" und „moderne" Weiblichkeits- und Männlichkeitsbilder, aber auch Kodes von „romantischer Liebe" und „Partnerschaft" gekennzeichnet sind (vergleiche Kapitel 1.3). Nach Beck-Gernsheim (1992) ist das soziale Skript für Ehen – und ich erweitere für Paarbeziehungen – in individualisierten Gesellschaften ein „Doppelskript" mit Erwartungen an Gefühle und Erwartungen an Gleichheit. Die Perspektive für die aktuelle Paarbeziehung muss von jedem einzelnen Paar entwickelt und im Alltag umgesetzt werden. Dabei treffen differierende individuelle Lebenskonstruktionen aufeinander, die die (Weiter)Entwicklung und Verwirklichung von individuellen Projekten wechselseitig anregen, unterstützen oder behindern. Koppetsch/Burkart (1999) gehen davon aus, dass auch Milieus bei der Gestaltung von Paarbeziehungen maßgeblich sind. Diese folgen unterschiedlichen Konzepten von Weiblichkeit und Männlichkeit, denen auch unterschiedliche Sichten, die Welt zu definieren, unterschiedliche Vermittlungsinstanzen und Kommunikationskanäle zugrunde liegen. Die AutorInnen unterscheiden ein „individualistisches" Milieu mit einer Kommunikation, die sich auf Diskurs stützt, ein „familistisches Milieu", das auf Gefühle als Medium der Atmosphäre setzt und inneres Erleben normiert, und ein „traditionales Milieu", das sich auf ritualisierte Kommunikationsformen und äußere Konformität stützt. Diese Leitmedien seien dann jeweils die primären Mittel zur Konstruktion von Wirklichkeit.

Doch nicht alles kann durch Kommunikation ausgehandelt werden, auch wenn das derzeit bestehende Paradigma des Aushandelns (vergleiche Beck/Beck-Gernsheim 1994) dies nahe legt; es wird wohl tendentiell eher überschätzt. Behnke/Liebold (2000) haben Männer in Führungspositionen befragt und zumindestens für diese Personengruppe modernisierungstheoretische Annahmen modifiziert: „Die Familie ist keinesfalls zu einem Ort des Aushandelns geworden; typisch für Führungskräfte beider Generationen ist gerade die Nichtverhandelbarkeit des partnerschaftlichen Arrangements" (ebenda: 75). Bei der Generation der untersuchten jüngeren Manager besteht die Leistung darin, die prinzipielle Verhandelbarkeit im Paararrangement systematisch auszublenden und im Gegensatz zur

Generation der älteren Manager bestehende Ungleichheiten im Geschlechterverhältnis zu verwischen. „Auch bei jungen Paaren findet
der Dialog – so scheint es – vor allem über die alltagspraktischen
Regelungen und über gegenseitige Befindlichkeiten und Unstimmigkeiten statt, weniger über weitreichende Lebensentwürfe, Interpretationen und wichtige Lebensbereiche – was natürlich weniger
problematisch ist, wenn sich beide sowieso einig sind" (Seidenspin-
ner/Keddi 1994a: 80). Ebenso wichtig wie Kommunikation, Per-
sönlichkeitsmerkmale der Partner sowie gesellschaftliche, milieuspezifische und ökonomische Rahmenbedingungen scheint die
„Passung", also die Homogenität der Partner. So korreliert die
Ähnlichkeit der Partner in wichtigen Einstellungen, Normen und
Wünschen mit der Partnerschaftszufriedenheit (zusammenfassend
Bodenmann 1999). Es zeigt sich, „dass eine hohe Einstellungsähn-
lichkeit zwischen den Partnern, eine möglichst hohe Kongruenz bezüglich der Rollenerwartungen und ein hoher Konsens hinsichtlich
der Werthaltungen der Partner die Wahrscheinlichkeit von Konflikten in der Paarbeziehung herabsetzt" (ebenda: 10). Paare mit
größeren Unterschieden weisen dagegen nach Bodenmann eine höhere Scheidungsrate auf. Auch Berger/Kellner (1965: 233) vertreten
die Ansicht, dass „Gemeinsamkeiten im biografisch angehäuften
Erfahrungsschatz" den wirklichkeitsschaffenden Prozess in Paarbeziehungen fördern. Jellouschek (1998) zieht aus seinen Erfahrungen
in Paartherapien den Schluss, dass Ähnlichkeiten (wie Nationalität,
soziales Milieu, Bildungsstand, Alter, Weltanschauung, Geschmack,
Lebensstil) für eine Beziehung eine stabile Basis bedeuten können.
Die Diskrepanz von Einstellungen und habitualisierter Handlungspraxis in Paarbeziehungen wird häufig durch „Konsensfiktionen"
(Hahn 1983) verdeckt, die von beiden Partnern getragen werden
und deutlich machen, dass auch die Paare selbst der Gemeinsamkeit zentraler Welt- und Lebensauffassungen eine wichtige Rolle
beimessen.[59] Entscheidend ist also auch, ob die individuellen Welten, die unterschiedlichen Wirklichkeitskonstrukte und biografischen Konstruktionen beider Partner miteinander kompatibel sind,
auch wenn zwei Menschen die Wirklichkeit immer unterschiedlich
konstruieren.

---

59   Schneewind (2001) macht in seiner Längsschnittuntersuchung bei Ehepaaren auf einen
     interessanten Zusammenhang aufmerksam; über 16 Jahre zeigte sich keine Annähe-
     rung der Persönlichkeitsstruktur bei Ehepartnern, ihre individuellen Besonderheiten
     blieben also erhalten, ein weiterer Hinweis auf die Bedeutung von subjektbezogenen
     Gemeinsamkeiten.

Nach Willi (1991) liegen in Beziehungen immer auch Unvereinbarkeiten, Konflikte und Fremdheiten vor, und zwar sowohl bewusste als auch unbewusste, die auch durch Kommunikation nicht ausgeräumt werden können. Er bezeichnet diese Tatsache, dass ein und dasselbe Ereignis von den Partnern aus unterschiedlichen Blickwinkeln betrachtet und interpretiert wird, als „Konstruktdifferenzierung". Deshalb sei ein gemeinsames „Partnerschaftskonstrukt" zum Teil auch nicht möglich. Konflikte auf der Paarebene (vergleiche Beck-Gernsheim 1992/1994) können also auch auf unterschiedliche Sinnhorizonte der jungen Frauen und ihrer Partner zurückgeführt werden. Dann sind Interessenkollisionen zwischen Frau und Mann, individuellen Vorstellungen und der Paarperspektive zu erwarten und Konflikte vorprogrammiert. Beck-Gernsheim (1992) benennt unterschiedliche Strategien der Konfliktreduktion in Paarbeziehungen, eine davon ist das „Vermeiden" als „objektive Konflikt- und Präventivstrategie", beispielsweise durch die passende Partnerwahl: „Wer gezielt einen Partner sucht, dessen Auffassungen, was Hausarbeit, Beruf, Geschlechtsrollen angeht, mit den eigenen übereinstimmen, der/die läuft nicht Gefahr, an diesem Punkt dauernde Konflikte zu bekommen" (ebenda: 280).[60]

Aus einer strukturfunktionalistischen Perspektive sieht Luhmann (1994: 18) als Bedingung für die Ausdifferenzierung einer gemeinsamen Privatwelt, „dass jeder die Welt des anderen mittragen kann (obwohl er selbst höchst individuell erlebt), weil ihm selber darin eine Sonderstellung zugewiesen ist". Das heißt, er geht im Unterschied zu den oben dargestellten Ansätzen davon aus, dass es nicht eine gemeinsame Paarwelt gibt, sondern die Individualwelten immer getrennte Welten bleiben. Damit befindet sich die Person des anderen in der Beziehung in der „Komplementärrolle des Weltbestätigers", wie es Luhmann (ebenda: 25) ausdrückt, mit dem beständigen Widerspruch, dass der individuelle Weltentwurf je einzigartig ist und in seiner Gesamtheit letztlich nie konsensfähig sein kann. Unbewusst gehe jedoch jede/jeder davon aus, dass besonders der Mensch, der einem nahe ist, die Welt so erlebt wie man selbst. Das bedeutet letztlich, dass in Paarbeziehungen immer zwei Wirklichkeiten existieren, die nicht ineinander aufgehen. Dies erscheint auch der Vorstellung von biografischen Sinnkonstruktionen folgend plausibel.

---

60 Beck-Gernsheim (1992) vermutet, dass solche Motive implizit eine Rolle spielen.

Entgegen den Vorstellungen von einheitlichen Frauen- und Männerwelten, in denen Paare sich bewegen und die vor allem durch das Geschlechterverhältnis definiert werden sowie einer ausgehandelten Paarwelt, sind Paarrealität und damit auch die Prozesse der Paarbildung, so meine weitere Folgerung, komplexer. Es überlagern sich Gelegenheitsstrukturen, Geschlechterdifferenzen und -verhältnisse, ‚doing-gender'-Prozesse und Milieus, gesellschaftliche Leitbilder und Deutungsmuster mit biografischem Wissen und individuellen Sinnhorizonten und Wirklichkeiten. Deren Zusammenspiel prägt die Paarwelt und das Selbst- und Fremdverständnis der Partner und beeinflusst die Konstruktion eines Handlungsrahmens, der tagtäglich (inter)aktiv konstruiert und rekonstruiert wird. Eine Beziehung ist „ein subtiles Arrangement, (...) eine Vereinbarung auf der Beziehungsebene (unter Umständen ganz unbewusst), wodurch man sich vom anderen als die Person bestätigen und ratifizieren lässt, als die man sich selbst sieht (...). Erst durch den Partner, der die notwendige Rolle uns gegenüber spielt, werden wir ‚wirklich'; ohne ihn sind wir auf unsere Träume angewiesen" (Watzlawick 1993: 109). „Die Rolle, die er spielen *muss*, um mich ‚wirklich' zu machen, ist die Rolle, die er selbst spielen *will*, um seine eigene ‚Wirklichkeit' herzustellen" (ebenda: 110).

3.5 Fazit: Biografische Konstruktionen und Paarwelt

Paarbeziehung und Familie sind im Verhältnis von biografischem Handeln, Geschlecht, Differenz und Individualität von Frauenleben von besonderem Interesse, denn hier zeigen sich reformresistente Beharrungstendenzen gegenüber Modernisierungsprozessen. Zahlreiche Forschungsarbeiten verweisen auf die „Illusion der Emanzipation" (Koppetsch/Burkart 1999) und belegen, dass unabhängig von „neuen" Konstellationen im privaten Lebensbereich und generellen Individualisierungstendenzen im Leben von Frauen kaum Anhaltspunkte für einen grundlegenden Wandel im Geschlechterverhältnis bestehen und Paarbeziehungen trotz des vor allem bei jungen Paaren weit verbreiteten Leitbilds der verständigungsorientierten Paarbeziehung Ausdruck von traditionellen, assymetrischen Geschlechterstrukturen und geschlechtsgebundener Definitionsmacht bleiben. Mit der Mutterschaft verstärken sich diese Zusammenhänge. Ich gehe in Abgrenzung zu diesen Forschungsergebnissen davon aus, dass Geschlechterunterschiede nicht immer und automatisch auf Assymmetrien im Geschlechterverhältnis verweisen, dass Geschlecht nicht in jedem Handeln junger Frauen und ihrer Partner in Paarbeziehungen und Familiengründungen relevant ist, sondern dass solche Annahmen es erschweren, die Besonderheit von biografischen Handlungsmustern in Paarbeziehungen zu verstehen.

Vorliegende Studien lassen klar erkennen, dass die Projekte junger Frauen bezogen auf Paarbeziehungen und Familiengründung in biografische Konstellationen, Projekte und Sinnhorizonte eingebunden sind und es nicht nur um Kosten-Nutzen-Abwägungen und um die Frage „Kind ja oder nein" geht, sondern um umfassende biografische Konzeptionen der Frauen sowie ihrer Partner (vergleiche Beck-Gernsheim 1992). *Paar- und familienbezogene Vorstellungen sind eingebettet in gesamtbiografische „Projekte" auf der individuellen und Paarebene,* die spezifische biografische Muster und Abläufe erzeugen. Gleichzeitig sind auch kollektive und milieuspezifische Projekte, Diskurse und Gelegenheitsstrukturen zu berücksichtigen.

Der neueren Geschlechterforschung und Familiensoziologie folgend sind an der Konstruktion von Paarwelt immer zwei Seiten, beide Partner, beteiligt. Um diese Konstruktionsprozesse zu erfassen und das Verständnis für Paarwelten zu erweitern, sind empirisch in einer *relationalen Paaranalyse* auch die Partner einzubeziehen. Denn Konflikte auf der Paarebene können unter dieser Perspektive auch auf unterschiedliche und sich widersprechende Sinndeutungen und Konstruktionen der jungen Frauen und ihrer Partner zurückzuführen sein (vergleiche auch Beck-Gernsheim 1992/1994).

Dabei werden Paarbeziehungen nicht als Norm gesehen, sondern als eine Möglichkeit der Lebensführung, die in unterschiedlichsten Facetten immer noch von der Mehrheit der Frauen (und Männer) gelebt wird. Doch das hierauf bezogene biografische Handeln ist noch in vielen Punkten unklar. Hier gilt es den Blick für eine mögliche Vielfalt nicht nur der individuellen Lebenskonzepte, sondern auch der Geschlechterkonstruktionen zu öffnen. Frauen und Männer machen aufgrund ihrer Position im Geschlechterverhältnis alltäglich unterschiedliche Erfahrungen, doch ist unklar, ob und wie sie Prozesse der Paarbildung, Lebenskonstruktionen und Projekte beeinflussen.

Empirisch und methodisch gibt es bisher nur wenige Studien (vergleiche Gather 1996b, Koppetsch/Burkhart 1999, Pfeil 1995), die diesem Gesichtspunkt Rechnung tragen. Die vorliegende Arbeit möchte einen Beitrag dazu liefern:

- Stehen der erwarteten Vielfalt der Projekte der jungen Frauen auch vielfältige und womöglich sogar ähnliche Projekte ihrer Partner gegenüber oder ist bei ihnen eher von biografischen Projekten auszugehen, in denen der Beruf eine zentrale Bedeutung besitzt?
- Wie nehmen beide, die jungen Frauen und ihre Partner, die gegenseitigen Projekte wahr? Beziehen sie sich in ihrem Handeln aufeinander?
- Entspricht das theoretische Modell der Konstruktion einer gemeinsamen Welt der Realität von Paarbeziehungen?
- Werden Familiengründungsprozesse unter diesem Fokus plausibel?

Ausgehend vom Leitbild der „verständigungsorientierten Partnerschaft" sind auch die Abstimmungs-, Auseinandersetzungs- und Aushandlungsprozesse zwischen den jungen Frauen und ihren Partnern von Interesse:

- Wie verlaufen sie konkret, sind sie eher einseitig und besteht entsprechend den Befunden zur geschlechtstypischen Arbeitsteilung eine geschlechtsgebundene Definitionsmacht, die den gemeinsamen Nenner in der Beziehung vorgibt?
- Oder präsentieren sie lediglich gesellschaftliche Deutungsmuster und Kodes?
- Und wie hängen Krisen und Trennungen mit diesen Konstruktionen zusammen?

4. Zusammenfassung: inhaltlich-methodologische Überlegungen

Triffst du einen Buddha – töte Buddha...
Zen-Text zitiert nach Kopp 1990: 161

Wie konstruieren junge Frauen ihre Biografie und gewinnen in der Lebensphase zwischen 18 und 35 Jahren Orientierung in Paarbeziehungen und Familiengründungsprozessen? Mit einer theoretisch-methodologischen Interpretationsfolie, teils in Übereinstimmung und Fortführung, teils in Abgrenzung, teils im Herausarbeiten der „weißen Flecken" bestehender Ansätze der Frauen- und Geschlechterforschung, der Biografieforschung und der Familienforschung (vergleiche die Kapitel 1, 2 und 3), möchte ich mich dem biografischen Handeln junger Frauen annähern. Diese Folie wird im Folgenden skizziert, um in Teil B dieser Arbeit empirisch über einen „Realitätsausschnitt"[61] im Leben junger Frauen gelegt zu werden.

Der theoretische Ausgangspunkt meiner Arbeit ist nicht als festes Hypothesengebäude zu verstehen, sondern als theoretisch plausible Zusammenfassung der vorliegenden Forschungsergebnisse im Sinne eines theoretischen Vorverständnisses (König 1997). So bleibt es möglich, kritisch gegenüber reduktionistischen Deutungen und interpretativen Routinen sowie offen gegenüber der „Eigenlogik" der Daten zu sein, sodass „uns neue Einsichten ‚wie ein Blitz' überfallen" (ebenda: 230) können.

Erstens ist der in Öffentlichkeit und Sozialwissenschaften formulierte „doppelte" Lebensentwurf als generelles Strukturprinzip für das biografische Handeln junger Frauen infrage zu stellen. Es ist nicht nur die „doppelte Vergesellschaftung" als grundlegendes Strukturprinzip, die in der Lebensgestaltung junger Frauen wirksam wird. Vielmehr ist die Gleichzeitigkeit der empirischen *Vielfalt weiblicher Lebenszusammenhänge und biografischer Projekte mit Strukturen des Geschlechterverhältnisses* zu berücksichtigen.

---

61 Empirie ist immer selektiv.

Zweitens ist *Geschlecht* als Kategorie sozialer Ordnung zu verstehen, die im Leben junger Frauen *kontextabhängig und damit differenziell* wirkt, also nicht omnirelevant ist. Zudem ist davon auszugehen, dass es nicht nur ein Geschlechterverhältnis gibt, sondern spezifische, je nach Situation, Rahmen, Region und Milieu, und sich Frauen darauf individuell beziehen. Deshalb ist Geschlecht auch nicht zum Ausgangspunkt der Analyse zu machen, um nicht Stereotype zu verfestigen, soziale Skripte und kollektive Leitbilder zu erfassen oder abgelagerte Annahmen zu bestätigen. Methodische Vorgehensweisen, die Geschlecht als invariant behandelt und es mit anderen Variablen korrelieren, setzen Geschlechterunterschiede immer schon voraus, statt sie selbst zum empirischen Gegenstand zu machen. Erfolgversprechender scheint mir, das tatsächliche *Handeln junger Frauen und ihrer Partner in seiner Verflochtenheit mit biografischen Sinnhorizonten und Erfahrungsaufschichtungen* zu untersuchen.

Um zu verstehen, was hinter dem Handeln der jungen Frauen steht, bietet sich **drittens** ein *biografischer Zugang* an, nicht um biografische Verläufe nachzuzeichnen, sondern um die latenten Sinnstrukturen zu verstehen, die, bewusst oder unbewusst, handlungsleitend sind. In Abgrenzung zur „Objektiven Hermeneutik" geht es mir hier nicht um die im Handeln von Menschen sich objektivierenden, latenten Strukturen oder Deutungsmuster (Lüders/Meuser 1997). Deren Überlagerung individueller Lebensentwürfe ist jedoch ein wichtiger Aspekt, um wie beim Deutungsmusters „Mutterliebe" zu zeigen, wie sie strukturell im subjektiven Handeln wirken. Auch die soziologische Biografieforschung rückt empirisch die autobiografische Perspektive der Subjekte und ihre wissenschaftliche Rekonstruktion in den Vordergrund. Der zunehmende Einfluss konstruktivistischer Ansätze in den Sozialwissenschaften hat nicht nur die Kostruktuktivität von Geschlecht, sondern auch die Konstruktivität von Methoden zum Thema gemacht. Wichtig ist die subjektive Vorstellungswelt beispielsweise bei der Erklärung unterschiedlichen Handelns in ähnlichen Situationen, unter spezifischen Gelegenheitsstrukturen oder bei biografischen Projekten. In Anlehnung an die Ergebnisse der Biografieforschung werden biografische Konstruktionen als veränderbar, nie abgeschlossen und nicht linear angenommen: Das bedeutet auch, dass die Vorstellung, dass am Ende der Adoleszenz als fertiges Endprodukt ein Lebensentwurf vorliegt, an dem sich junge Frauen orientieren, so nicht zutrifft. Vielmehr ist davon auszugehen, dass die jungen Frauen in unterschiedlichen Situationen, Zusammenhängen, Rahmen[62] und Lebens-Phasen, in denen sie sich bewegen, unterschiedliche, sich möglicherweise widersprechende Projekte verfolgen. Damit könnte ein Teil ihrer „Unentschlossenheit" zu erklären sein: Frauen, die zunächst Beruf und Familie vereinbaren wollen, stellen beispielsweise fest, dass ihnen eine eigene Familie wichtiger ist, und verändern ihr Projekt in Richtung Hausfrau und Mutter. Frauen, die ungebunden leben wollen, finden einen Partner, mit dem sich ihre Lebensgestaltung und -vorstellungen grundlegend verändern. Frauen, die eine Berufstätigkeit als wesentlich für ihr Leben definieren, bekommen „plötzlich" Kinder. Ich gehe gleichzeitig davon aus, dass es *sinnstiftende Folien* gibt, auf die sich die jungen Frauen längerfristig beziehen und dass Präferenzen ihres Handelns biografische Sinnkonstruktionen verdeutlichen.

Ich gebe **viertens** dem Begriff des *„biografischen Handelns"* Vorrang vor dem Begriff der „biografischen Entscheidungen". Handeln verweist darauf, dass junge Frauen in Strukturen und Geschlechterverhältnisse eingebunden sind, die sie als Akteurinnen täglich und lebensgeschichtlich reproduzieren, neutralisieren, aussetzen, modifizieren oder transformieren. Biografisch bedeutet, dass Handeln sich auf biografische Erfahrungsräume und Erwartungshorizonte, die immer auch konstruiert und diskursiv sind, bezieht und verflochten ist mit biografischen Konstruktionen. Diese lassen sich durch die Kategorien *biografischer Sinn, Prozesshaftigkeit sowie Perspektivität* genauer fassen. Erfahrungen werden dabei erst durch die Deutungen der jungen Frauen zugänglich. Perspektivität und Erwartungshorizont berücksichtigen neben rationalen Anteilen auch Routinen, Fantasien, irrationale und emotionale Anteile und die Tatsache, dass biografische Projekte kein Ergebnis ausschließlich rationaler Abwägungen sind. Handeln ist unter dieser biografisch-subjektiven Perspektive immer vernünftig und konsistent[63]. Ich verwende in Anlehnung an Burkarts (1994) Kritik von rationalen Entscheidungsbegriffen bewusst nicht den Begriff „biografische Entscheidung" oder Lebensplanung, denn diese Begriffe implizieren, dass biografisches Handeln immer das Ergebnis von Entscheidungen ist.

---

62 Rahmen wird hier im Sinn von Kelle (2001) verstanden, die damit die Rahmenanalyse nach Goffman für die Geschlechterforschung fruchtbar machen möchte.

63 Dies meint Vaillant (2000), wenn er von Adaptationsprozessen ausgeht, die für die Subjekte selbst sinnvoll sind, jedoch aus gesellschaftlicher, moralischer oder kultureller Sicht durchaus für nicht sinnvoll gehalten werden können.

Fünftens ist unter Bezug auf das Konzept der *„biografischen Akteurin"* oder *„des biografischen Akteurs"* die individuelle Lebensgeschichte und Lebensperspektive mit wahrgenommenen und vorhandenen Optionen und Kontexten verbunden. Hier wird das Zusammenspiel von objektiven Bedingungen und subjektiver Verarbeitung deutlich. Subjekte finden immer historisch und sozial entwickelte Orientierungsrahmen vor, müssen sie sich aneignen und gleichzeitig neu ausdeuten und damit neu erfinden (Schröer 1997). Biografisches Handeln ist damit nicht nur Ausdruck von subjektiven Sinnkonstruktionen und Erfahrungen, sondern auch abhängig von *Gelegenheitsstrukturen* wie Geschlecht, Region und Milieu im kulturellen und sozialen Kontext, allerdings nicht in einem deterministischen Sinn. Der kulturelle Kontext bezieht sich auf Leitbilder und kollektive Projekte sowie die entsprechenden Diskurse, der soziale Kontext auf Gelegenheitsstrukturen und soziale Ressourcen. Wichtig ist ferner, dass junge Frauen als Bezugspunkte für ihr Handeln unterschiedliche Rahmungen in ihrem Leben vorfinden und diese situativ und lebensphasenspezifisch wechseln können (vergleiche Kelle 2001).

Sechstens ist das *paar- und familienbezogene Handeln junger Frauen eingebettet in gesamtbiografische Zusammenhänge und Konstruktionen*, die spezifische biografische Muster und Abläufe erzeugen. Es wäre deshalb zu kurz gegriffen, sie auf Kosten-Nutzen-Abwägungen oder auf die Frage „Kind ja – nein" zu beschränken.

Siebtens lassen es die Überlegungen zu interaktiv konstruierten Paarwelten als sinnvoll erscheinen, *Paaranalysen im Zeitverlauf* durchzuführen. Dazu sind die Perspektiven der Partner zu berücksichtigen, getrennt zu erheben und in einer relationen Paaranalyse auf die Konstruktionen der jeweiligen Partnerin zu beziehen. Dabei geht es nicht um Vergleiche von Frauen und Männern als Reifizierung von Geschlechterdifferenzierungen, sondern um ihre soziale Konstruktionen. Besonders wichtig erscheint die Einbeziehung der Sinnstrukturen der Partner, um die gemeinsame Konstruktion von Paarwelt zu erheben, denn Zusammenleben wird interaktiv ständig neu konstruiert.

Diese Überlegungen zum biografischen Handeln junger Frauen räumen **achtens** *theoretisch und methodisch hermeneutischen Verfahren*[64] grundlegende Bedeutung ein, die die „Sinnsetzungsprozesse

---

64 In diesem Zusammenhang sei auf den Reader von Hitzler/Honer (1997a) zur sozialwissenschaftlichen Hermeneutik verwiesen.

der Handelnden" und den „dafür relevanten Bezugsrahmen" (Schröer 1997: 109; vergleiche auch Hitzler/Honer 1997b) nachzeichnen können. Das Ziel besteht in der Rekonstruktion des typischen subjektiv gemeinten Sinn (Soeffner 1980), der im biografischen Handeln latent ist und nicht direkt abgefragt werden kann. Das heißt auch, dass Besonderes und Allgemeines miteinander verschränkt sind und die Analyse sich nicht nur auf eine Seite beschränken darf, beispielsweise nur die individuellen Projekte oder nur die Ebene allgemeiner Deutungsmuster (Dausien 2001). Dabei erweisen sich Typisierungen als hilfreich; auch wenn sie nicht dem Anspruch adäquater Kausalerklärung genügen, erfüllen sie den Anspruch adäquaten Sinnverstehens (Heinz 2000). Sie dienen dazu, konkrete, empirisch auffindbare Phänomene zu erklären und Handlungssinn zu rekonstruieren (Soeffner/Hitzler 1994). Sie sind jedoch nie mehr als eine Annäherung an den subjektiv gemeinten Sinn.

Schröer (1997: 117) verweist darauf, dass es dabei immer auch darum geht, „die ‚alten' Überzeugungen auf die Probe zu stellen und ‚neue', tragfähigere Überzeugungen zu bilden (...) Die Daten müssen die Eigenschaften eines Wetzsteines besitzen". Im Gegensatz zu eher schematischen qualitativen Analysekonzepten (Inhaltsanalyse), die häufig (zu) schnell kategorisieren und sortieren, gehen hermeneutisch orientierte Analyseverfahren „text-immanent", „dumm" und „langsam" vor (ebenda). Dabei sei nicht ausschlaggebend, wie oft eine Variante oder ein Typus auftritt, sondern welche es gibt und wie sie im Kontrast zueinander stehen. Subjektive Sinndaten, Deutungsmuster und Eigentheorien, Begründungen und Bewertungen, wie sie aus Interviews gewonnen werden, generieren sich aus dem Selbst- und Fremdverstehen im biografischen Einzelfall, sie ermöglichen, die Vielschichtigkeit standardisierter Ereignisse zu verstehen und bleiben mehrdeutig. Im Zentrum stehen subjektiv als relevant erlebte Perspektiven und Ereignisse. Da die (Re-) Interpretation der Vergangenheit und die konkretisierende Ausfüllung der Zukunft wesentlich für die Konstituierung biografischer Perspektiven sind, sind die biografischen Prozesse und Deutungen in Vergangenheit und Zukunft zu verlängern. Sie sind für eine „Variablensoziologie unsichtbar" (Scheid/Gildemeister/Maiwald/Seyfarth-Konau 2001: 35).

Sowohl die Frauen- und Geschlechterforschung als auch die Biografieforschung gehen überwiegend qualitativ vor. Sie versuchen durch Analysen von Interviews und Narrationen, das „Ersatzmaterial" für Sozialforscher (Fuchs-Heinritz 1998), die subjektiv-biografische Sinngebung des Handelns von Individuen zu rekon-struieren. In der Narration, im Erzählen entsteht die Realität des Subjekts (Kraus 1996: 241). Die Interpretation erfolgt im Rahmen von Einzelfallanalysen. Wichtig ist es, nicht nur den manifesten Sinn von biografischem Handeln zu erfassen, sondern das, was dar-unter liegt (König 1997).[65] Das Argument, dass Daten subjektiver Art lückenhaft und einseitig seien, gilt auch für variablensoziologi-sche Vorgehensweisen, denn auch diese beruhen auf Selektion und lassen der Deutung oft weniger Spielraum durch vorgegebene Kate-gorien. Ein weiterer Einwand gegen qualitative Interviews ist häu-fig, dass sie durch Zwänge während der Befragung Erzählungen produzieren. Hierauf müssen sich Erhebung und Auswertung sen-sibel beziehen. Hirschauer (1993) problematisiert, dass es in der Geschlechterforschung vielfach zu einer „bedenklichen Nacherzäh-lung als Genre" gekommen sei, das heißt, dass die Deutungen der Befragten selbst übernommen werden. Auch in der Biografiefor-schung zeigt sich diese Tendenz zur interessanten und illustrieren-den Darstellung qualitativer Daten (Fuchs-Heinritz 1998). Aussa-gen der Befragten sind jedoch methodisch auf Distanz zu bringen und „theoretisch zu übersetzen". Hier ist ein sorgfältiges Auswerten wichtig, es geht ja gerade nicht um das direkt Erzählte, sondern um die Sinnstrukturen, die dahinter liegen. Sonst besteht die Gefahr, tiefsitzende Alltagsunterstellungen und Deutungsmuster zu repro-duzieren (vergleiche Kapitel 1).

Wichtig erscheint mir ferner die theoretische Repräsentativität einer qualitativen Studie durch ein „theoretisches Sampling" (Prein/Kluge/Kelle 1993; vergleiche auch Glaser/Strauss 1967). Ge-rade bei kleinen Fallzahlen ist eine ausgewiesene Samplekonstrukti-on notwendig. Hier ist nicht auf theoretisches Vorwissen zu ver-zichten, doch es soll als „tacit knowledge" im Hintergrund bleiben.

---

65   Interessant ist der Bezug Königs zu einer Studie über die Langzeitarbeitslosigkeit bei Frauen und Männern. „Verallgemeinerungsfähige Aussagen darüber, wie Langzeitar-beitslosigkeit verarbeitet wird, (werden, Ergänzung der Autorin) gerade dadurch mög-lich (...), dass die tiefenhermeneutische Fallanalyse es nicht bei der Analyse des manife-sten Sinns der Interviewprotokolle beläßt, auf der Männer und Frauen ihren psychi-schen und sozialen Unterschieden entsprechend verschieden auftreten und differieren-de Inhalte thematisieren; vielmehr wird auch fassbar, ‚was darunter liegt' (Adorno 1969b: 544), wie diese divergierenden Selbstdarstellungen und Meinungen nämlich im Dienste der Abwehr des anhand der Texte auch rekonstruierbaren latenten Sinns wirk-sam sind, der durch das Leiden unter einem die eigene Identität fragilisierenden ge-meinsamen sozialen Schicksal bestimmt wird" (König 1997: 226-227).

Da auch „äußere" Merkmale bestimmenden Einfluss auf die Biografie haben, sind bei Entscheidungen für das Design auch die sich in der biografischen, Familien- und Geschlechterforschung abzeichnenden potenziellen Gelegenheitsstrukturen wie Geschlecht, Region, Milieu und Bildung zu berücksichtigen, die – so ist zu vermuten – zu typischen Biografiestrukturen führen, ohne jedoch die Auswertung von vornherein zu strukturieren.

Um biografisches Handeln in Paarbeziehungen und in Prozessen der Familiengründung zu verstehen, ist bei der Erhebung auch ihr Prozesscharakter zu berücksichtigen. Denn auch nach der Pubertät bleiben Erklärungsansätze über biografische Entwicklungen relativ und folgen keiner vollständig vorhersehbaren Bahn (Heinz 2000; Vaillant 2000). In Abgrenzung zu Ansätzen der Biografieforschung und der hermeneutischen Soziologie gehe ich davon aus, dass biografische Aussagen zu einem Zeitpunkt, gekoppelt mit retrospektiven und prospektiven Elementen, immer nur einen biografischen Ausschnitt mit spezifischer inhaltlicher Einschränkung wiedergeben, nicht jedoch für die gesamte Biografie stehen. Nur die wiederholte Befragung derselben Personen über einen längeren Zeitraum, die Längsschnittstudie, erlaubt die Analyse von Prozessen und Handeln. Veränderungen in individuellen Lebenssituationen und Projekten sowie Prozesse der Entstehung und Veränderung von Zukunftsvorstellungen, ihrer Konkretisierung und Umsetzung können so detailliert nachgezeichnet und auf Wendepunkte im privaten und familialen Bereich (beispielsweise feste Partnerbeziehung, Partnerwechsel, Lebensform, Familiengründung) bezogen werden. Retrospektive Daten können als aktuelle Rekonstruktion vergangener Erfahrungen und nicht als „objektive" Wiedergabe von Ereignissen und Erlebnisweisen Längsschnittdaten einer Erhebung sinnvoll ergänzen.

Teil B
Biografisches Handeln in Paarbeziehungen und Familiengründungsprozessen – eine empirische Annäherung

5. Die empirische Studie

Erzähl mir
deine Träume
Ich möchte sie deuten
dir sagen
wie tief du vergangen bist
im Weltraum
wie sich auftun wird
deine Zukunft
an der alle Sterne
teilhaben

...

Rose Ausländer

Bevor ich auf die empirische Annäherung an das biografische Handeln der befragten jungen Frauen und ihrer Partner in Paarbeziehungen und Familiengründungsprozessen eingehe, möchte ich die methodische Anlage und Vorgehensweise der Studie, die ich mit KollegInnen am Deutschen Jugendinstitut durchgeführt habe,[1] sowie die jungen Frauen, die interviewt wurden, vorstellen. Diese Studie, die ich reanalysiere, entspricht meinen inhaltlich-methodischen Überlegungen weitgehend (vergleiche Kapitel 4). Bezüglich der Größe des Samples (sie arbeitete mit einer höheren Fallzahl, als in qualitativen Studien üblich) ist sie als Zwitter anzusehen.

Da die Studie nicht repräsentativ im üblichen Sinn sein konnte, versuchte sie, eine Balance zu finden zwischen dem radikalen Prinzip der Einzelfallstudie und der Notwendigkeit, Strukturmerkmale zu berücksichtigen. Die Stichprobenkonstruktion der Studie war nach Regionen und Bildungsabschlüssen stratifiziert. Um die Bedeutung unterschiedlicher Lebensbedingungen und Gelegenheitsstrukturen herausarbeiten zu können, befragten wir junge Frauen aus Bayern und Sachsen jeweils in einer Großstadt, einer Kleinstadt

---

1   Ausführlich in Keddi/Pfeil/Strehmel/Wittmann 1999; Seidenspinner/Keddi/Wittmann/Groß/Hildebrandt/Strehmel 1996.

und einer ländlichen Region (siehe Tabelle 1: Regionale Verteilung der jungen Frauen), sodass die regionalen Gelegenheitsstrukturen als potenzielle Strukturmarker sowohl in Ost- und Westdeutschland als auch in kleinräumlichen Regionen innerhalb der ausgewählten Bundesländer in die Analyse einbezogen waren. Innerhalb der ausgewählten Bundesländer in Ost und West – Bayern und Sachsen – wurden jeweils kleinräumliche Regionen ausgewählt, die eine weitere Ausdifferenzierung der Lebensbedingungen und Gelegenheitsstrukturen in jeweils einer Großstadt, einer Kleinstadt und einer ländlichen Region ermöglichten. Diese sollten möglichst wenige Besonderheiten aufweisen und in möglichst vielen Merkmalen im Durchschnitt des jeweiligen Bundeslandes liegen, z.B. kein Übergewicht einzelner Branchen auf dem regionalen Arbeitsmarkt (etwa Tourismus in Oberbayern) aufweisen. Bei der Auswahl der Regionen wurde auf die Regionaldatenbank des Deutschen Jugendinstituts (vergleiche Bertram/Bayer/Bauereiß 1993) und auf Informationen zu siedlungsstrukturellen Gebietstypen der Bundesforschungsanstalt für Landeskunde und Raumordnung (BfLR) zurückgegriffen. Die Wahl fiel in Bayern auf die Großstadt Nürnberg, die Kleinstadt Weißenburg und die ländliche Region Neuburg-Schrobenhausen. In Sachsen wurden als Großstadt Leipzig, als Kleinstadt Eilenburg und als ländliche Region Torgau ausgewählt.

Über die Gelegenheitsstrukturen in diesen Regionen wurden zusätzlich Informationen gesammelt und als Interpretationsfolie für das qualitative Material aufbereitet. Um einen Mittelschichtbias zu verhindern und die „Normalität" und Breite von Frauenleben zu berücksichtigen, in vielen Untersuchungen geht es überwiegend um eine spezifische (Problem)gruppe, befragten wir junge Frauen mit Haupt- oder Realschulabschluss oder (Fach)Abitur (siehe Tabelle 2: Bildungsabschluss der jungen Frauen nach Bundesland). Dass dies ungewöhnlich war, zeigte sich auch in der Reaktion vieler der befragten Frauen; sie waren erstaunt, dass wir sie interviewen wollten, sie seien doch nichts „Besonderes". Ein weiteres Auswahlkriterium war, dass die jungen Frauen zum ersten Erhebungszeitpunkt eine Berufsausbildung abgeschlossen[2] und noch keine Kinder hatten. Unsere Annahme war, dass für diese jungen Frauen wichtige biografische Weichenstellungen anstanden.

---

2   Junge Frauen vollziehen heute die Familiengründung überwiegend erst, wenn sie sich beruflich etabliert haben (vergleiche auch Nave-Herz 1994).

Insgesamt wurden 125 junge Frauen (Jahrgang 1963 – 1972) viermal zwischen 1991 und 1996/97 interviewt. Die jungen Frauen waren bei der ersten Erhebung der Längsschnittstudie zwischen 18 und 27 Jahren alt. Wir fanden sie durch Inserate in regionalen Medien, aber auch – besonders im ländlichen Bereich und in Sachsen – durch die Vermittlung von LehrerInnen und AusbilderInnen oder im Schneeballsystem. Durch eine sorgfältige „Pflege" der Befragten über den Untersuchungszeitraum versuchten wir, den Stichprobenschwund so gering wie möglich zu halten. Die Interviews sollten einer natürlichen Gesprächssituation nahekommen, waren meist für die jungen Frauen selbst interessant und motivierten sie, weiter an der Untersuchung teilzunehmen. Zudem erhielten sie für jedes Interview ein Anerkennungshonorar. Weitere Maßnahmen der Panelpflege waren kleine Geschenke zu Weihnachten, Briefe mit Informationen über den Fortgang der Untersuchung und über Publikationen zu ersten Ergebnissen. Die Frauen wurden in regelmäßigen Abständen befragt, oftmals von der gleichen Interviewerin. Die Interviews waren überwiegend länger als ein Stunde, teils auch bis zu drei Stunden, und wurden vollständig aufgezeichnet – mit Zustimmung der Interviewpartnerinnen. Was uns immer wieder auffiel, war die Herzlichkeit, mit der uns die jungen Frauen aufnahmen, denn die Interviews fanden überwiegend bei ihnen zu Hause statt. Wir wurden mit Kaffee, Kuchen und Getränken verwöhnt, obwohl wir es doch waren, die etwas von ihnen wollten.

Abbildung 2: Projektverlauf

	1. Welle 1991	2. Welle 1992/93	3. Welle 1995	4. Welle 1996/97
Bayern	90 Frauen	86 Frauen	84 Frauen	80 Frauen
	29 Partner	-	20 Partner	-
Sachsen	71 Frauen	57 Frauen	47 Frauen	45 Frauen
	25 Partner		20 Partner	

Mit dieser Stichprobenkonstruktion ging eine gewisse Selektivität der Stichprobe einher, die bei der Interpretation der Daten berücksichtigt werden muss: Insbesondere aus Sachsen waren viele junge Frauen vor unserer Befragung, die ein gutes Jahr nach der Wende begann, abgewandert. Abwanderungen junger Leute insbesondere vom Land sind im Osten wie im Westen nicht selten. Viele verlassen ihre Geburtsregion, um bessere Ausbildungsmöglichkeiten in städtischen Regionen zu nutzen. Junge Frauen, die keinen Schul- oder Berufsabschluss hatten oder sehr früh ihr erstes Kind bekommen hatten, waren ebenfalls aus der Stichprobe ausgeschlossen. Die befragten Frauen verfügten so durch ihre Ausbildung über vergleichsweise günstige Ausgangsbedingungen und Handlungsspielräume für ihre Lebensgestaltung. Sie repräsentieren im statistischen Vergleich den größten Teil der jungen Frauen in dieser Altersgruppe.

Der Bedeutung der Sinnstrukturen der jungen Frauen (biografischer Sinn und Relevanz, Prozesshaftigkeit, Perspektivität) entsprach die qualitative Vorgehensweise der Studie mit halbstrukturierten, leitfadengestützten Interviews (siehe Anhang Leitfaden). Die Leitfäden enthielten teils sehr konkrete, aber auch allgemeine Fragen und Erzählimpulse. Wir interviewten die jungen Frauen selbst und begannen die Interviews in der Regel mit einer offenen Frage nach der derzeitigen Lebenssituation bzw. Veränderungen seit dem letzten Interview. Auf die Frage nach Veränderungen seit der letzten Befragung kam häufig die Antwort, dass sich das Interview gar nicht lohnen würde, weil ja nichts Gravierendes passiert sei. Es war den Frauen selbst wichtig, dass sich in ihrem Leben „etwas getan hatte". Im Kontext der vorliegenden Fragestellung ging es um die Eigenperspektive der Befragten; das bedeutete, dass es nicht zu einer Blockierung der Informationen kommen sollte durch das Abschneiden von Interviewsträngen als „Leitfadenbürokratie" (Hopf 1978: 101f.). Die jungen Frauen konnten deshalb den Gesprächsablauf weitgehend selbst strukturieren; auch die Reihenfolge der thematischen Blöcke entsprach ihren Prioritäten. Dadurch konnten im Verlauf der Längsschnittuntersuchung diejenigen Orientierungen und Themen vertieft herausgearbeitet werden, die jeweils subjektiv bedeutsam waren. Mit dieser „zurückhaltenden" Gesprächsführung war gewährleistet, dass den befragten Frauen ein Maximum an Selbstthematisierung möglich war für die Formulierung von Themen und Deutungsmustern und die Schilderung von Ereignissen und Erfahrungen gemäß ihrem subjektiven Erleben. Die Interviews waren für die jungen Frauen, von Erhebung zu Erhebung mehr, eine Gelegenheit, über ihre Lebenssituation, ihre Wünsche und Pläne, Belastungen und Bewältigungsversuche in einer Situation zu sprechen, die einer natürlichen Gesprächssituation nahe kam und bei der sie eine aufmerksame Zuhörerin hatten. Eine ganze Reihe der jungen Frauen bedauerte es sehr, als wir sie zum letzten Mal interviewt hatten, war das Interview doch eine Gelegenheit gewesen, „mal über das eigene Leben nachzudenken und Bilanz zu ziehen". Wir waren für sie Forscherin und auch Vertraute, der sie ihre Gedanken und Gefühle anvertrauten. Ich bedauerte nicht selten, dass meine Rolle als Forscherin meinen Kontakt zu ihnen formal und einseitig gestaltete.

Die Themen selbst waren durch Leitfäden vorgegeben, die Frageformulierungen wurden jedoch erst aus dem Interviewverlauf heraus entwickelt und Nachfragen individuell formuliert. Zu jedem Erhebungszeitpunkt stellten wir Fragen nach der aktuellen Situation, nach momentanen Prioritäten und akuten Problemen, nach Lebensentwürfen und Strategien in den Bereichen Beruf, Partnerschaft und Familie sowie nach Kinderwünschen und Vereinbarkeitsvorstellungen hinsichtlich Familie und Beruf, aber auch allem, was den Frauen selbst wichtig erschien. Zusätzlich wurden Fragen nach retrospektiven Einschätzungen wichtiger Erfahrungen bei der Umsetzung von Projekten seit dem Beginn der Untersuchung gestellt. Hinzu kamen Themenschwerpunkte zu einzelnen Erhebungszeitpunkten: Erfahrungen in der Herkunftsfamilie und die Beziehung zu den eigenen Eltern; allgemeine Vorstellungen und Werte der jungen Frauen und damit verbundene Hoffnungen und Befürchtungen für die eigene Lebensplanung; die Einschätzung von Autonomie und Bindung im weiblichen Lebenszusammenhang, z.B. mit Fragen nach Bildern von einer „guten Mutter" und einer „selbstständigen Frau"; wahrgenommene Ressourcen und Barrieren hinsichtlich der Umsetzung von Projekten wurden besonders ausführlich erfragt. In der letzten Erhebungswelle standen Bilanzierungen sowie Fragen nach den langfristigen, zukunftsorientierten Vorstellungen über das eigene Leben im Mittelpunkt. In der ersten Welle wurden die Interviews durch einen schriftlichen Fragebogen zu sozialstatistischen Angaben ergänzt. Wir bereiteten uns auf die Folgeinterviews vor, indem wir die früheren Interviews und die Auswertungshinweise lasen. Durch diese individuelle Vorbereitung konnten im Einzelfall Unklarheiten nachgefragt, spezifische Veränderungen in der Situation der jungen Frauen angesprochen und einzelne Themen vertieft werden.

Zusätzlich zu den jungen Frauen wurde in der ersten und dritten Welle auch ein Teil ihrer Partner befragt (insbesondere aus Beziehungen mit einer Dauer von mehr als einem Jahr, meist ging die Dauer weit über fünf Jahre hinaus). So liegen im Zeitverlauf Interviews von 36 Paaren vor: einerseits die Interviews der jungen Frauen aus vier Wellen sowie Interviews mit ihren Partnern aus der ersten und dritten Welle. In einigen Fällen wurden nach einem Partnerwechsel auch die neuen Partner befragt.[3] Alle Partnerinterviews wurden wie die Interviews mit den jungen Frauen von uns selbst geführt, waren ebenfalls leitfadengestützt und in der ersten Welle durch einen schriftlichen Fragebogen ergänzt. Die Befragungen der Frauen und ihrer Partner wurden getrennt durchgeführt. Die Interviews mit den Frauen waren insgesamt ausführlicher und gingen vor allem bei biografischen Werdegängen sowie hinsichtlich der Herkunftsfamilie stärker ins Detail. Bezogen auf die thematischen Schwerpunkte der Untersuchung, nämlich Partnerschaft, Kinderwunsch, Familie, Beruf und die Vereinbarkeit von Beruf und Familie wurden die Partner der jungen Frauen in gleicher Weise zu ihren Vorstellungen, Wünschen und Plänen und deren Umsetzung befragt, sodass hier vergleichbares Material vorliegt.

Die Aufbereitung der Interviews erfolgte in mehreren Stufen: Direkt nach den Interviews notierten wir aus dem Gedächtnis die wichtigsten Merkmale der Lebenssituation der jungen Frau. Die Interviews wurden im Anschluss vollständig transkribiert. Zusätzlich wurden Kurzprofile erstellt, die – in Paraphrase und mit Zitaten – Lebenssituation und Lebensentwürfe der jungen Frauen wiedergaben. Zentrale sozialstatistische Merkmale wie z.B. Schulausbildung, Arbeitssituation und Lebensform wurden auf der aggregierten Ebene statistisch erfasst und ausgewertet.

---

3   Daneben gibt es Partnerinterviews (22) aus nur einer Welle, also entweder der ersten oder der dritten Welle. Im Sample befinden sich auch zwei lesbische Frauen, die nicht über den gesamten Erhebungszeitraum eine Partnerin hatten und aus diesem Grund nicht in die Paaranalyse einbezogen wurden.

6. Lebensthemen – der biografische Faden in den Paarbeziehungen und Familiengründungsprozessen junger Frauen

In diesem Kapitel wird herausgearbeitet, wie die befragten jungen Frauen in Paarbeziehungen und in Familiengründungsprozessen biografisch handeln. Ich beziehe mich auf das Material der im letzten Kapitel dargestellten Studie und baue bei der Reanalyse zur Bedeutung biografischer Konstruktionen für das Handeln junger Frauen auf bestehenden Auswertungen auf. Nach einem kurzen Blick auf die Verteilung der Lebens-, Beziehungs- und Familienformen der jungen Frauen (Kapitel 6.1) gehe ich in Kapitel 6.2 auf ihre biografischen Konstruktionen, die *Lebensthemen*, ein. Anhand von drei ausgewählten Lebensthemen versuche ich in den Kapiteln 6.3, 6.4 und 6.5 *exemplarisch* zu verdeutlichen, wie das Handeln der jungen Frauen sich biografisch entfaltet und ausdrückt, wo Gemeinsamkeiten und auch Differenzen innerhalb des jeweiligen Typs vorliegen, aber auch wie unterschiedlich die Lebensthemen in ihren Sinnkonstruktionen sind. Das Augenmerk der Darstellung liegt weniger in der Deskription und im Nachzeichnen von Paarbeziehungs- oder Familiengründungsprozessen, sondern verweist auf die Zusammenhänge zwischen biografischen Kategorien (biografischer Sinn und Relevanz, Prozesshaftigkeit, Perspektivität) und dem Handeln der jungen Frauen.

6.1 Wie die jungen Frauen leben möchten und leben – ein aggregierter Blick

Paarbeziehungen waren für die befragten jungen Frauen neben dem Aufbau eines eigenständigen Lebens und einer beruflichen Existenz in dieser Lebensphase von zentraler Bedeutung. Auf die Frage, wie sie am liebsten leben wollen, nannten fast alle – unabhängig davon, ob sie gegenwärtig einen Partner hatten oder nicht, unabhängig von der Region, unabhängig davon, ob sie in Bayern oder Sachsen lebten, und unabhängig vom Bildungsniveau – das langfristige Zusammenleben in einer Paarbeziehung als gewünschte Lebensform. Fast ausnahmlos gingen die jungen Frauen dabei von einer heterosexuellen Beziehung aus. Auch die Vorstellungen darüber, was ihnen wichtig ist, ähnelten sich sehr: Unverzichtbar waren gegenseitiges Vertrauen, Akzeptanz und Offenheit sowie Verständnis und Treue. Während die bayerischen Frauen zusätzlich vor allem die Bedeutung von Aushandlungsprozessen und Freiräumen entsprechend dem partnerschaftlichen Leitbild „Gleichberechtigung durch Aushandeln und Autonomie" betonten, rückten die sächsischen Frauen Geborgenheit, gegenseitige Hilfe und Unterstützung, Liebe und das Gefühl, sich aufeinander verlassen zu können, stärker in den Vordergrund. Diese Unterschiede auf der Ebene von Leitbildern und Idealen können als Ausdruck unterschiedlicher Wertsysteme und Sozialisationserfahrungen interpretiert werden.

Im Lebensalltag der jungen Frauen und im biografischen Verlauf zeigte sich, dass sie sich eine Paarbeziehung nicht nur wünschen, sondern auch leben (siehe Tabelle 3: Paarbeziehungen der jungen Frauen nach Bundesland und Wellen). Zum größten Teil hatten sie über den gesamten Erhebungszeitraum einen Partner, die Hälfte der Frauen – in Bayern und Sachsen gleichermaßen – den gleichen Partner, einige wenige eine Partnerin[4]. Teils handelte es sich um langfristige Beziehungen, die schon seit der Jugendzeit, also seit einem Alter von 15 bis 17 Jahren, bestanden – oft sogar die erste feste Paarbeziehung. Dies muss besonders betont werden, wird doch häufig das Bild einer jungen Generation ohne Bindungsfähigkeit und -willen gezeichnet. Häufige und kurzfristige Partnerwechsel waren selten. Ein Fünftel der Frauen in Bayern und Sachsen lebte über den gesamten Erhebungszeitraum von sieben Jahren konstant in einer Ehe oder nichtehelichen Lebensgemeinschaft. Ein weiteres Viertel der Frauen wechselte zwar die Lebensform, hatte jedoch über den Erhebungszeitraum den gleichen Partner, beispielsweise Frauen, die zunächst noch bei den Eltern wohnten und einen Partner haben, dann mit ihm zusammenzogen und ihn schließlich hei-

---

4   Zwei Frauen, je eine aus Bayern und Sachsen, hatten über alle Erhebungen hinweg eine Partnerin. Sie berichteten über die Schwierigkeiten, diese Lebensform selbstverständlich und offen leben zu können, da sie sich in ihrem gewohnten sozialen und vor allem beruflichen Umfeld meist nicht akzeptiert und anerkannt fühlen. Sie würden gerne heiraten, nicht weil die Ehe für sie einen hohen Stellenwert hat, sondern um ihre Beziehung nach außen zu legitimieren.

rateten oder die zunächst alleine wohnten und dann mit dem Partner zusammenzogen. Die Lebensformen alleinwohnend mit und ohne Partner, aber auch die nichteheliche Lebensgemeinschaft waren für die jungen Frauen eher kurz- bis mittelfristige Lebensstationen. Häufige Wechsel fanden seltener statt, als die These, dass junge Frauen die Möglichkeiten zum Ausprobieren unterschiedlichster Lebensformen und Partner wahrnehmen, erwarten lässt (vergleiche Marbach/Bien/Bender 1996).

Nur ein kleiner Teil der jungen Frauen lebte alleine und hatte konstant keine Paarbeziehung; von diesen „Dauer-Singles" hatten einige Frauen noch nie einen Partner gehabt. Die jungen Frauen ohne Partner litten häufig darunter, dass es ihnen nicht gelang, eine feste Partnerschaft einzugehen. Sie maßen sich an der sozialen Norm und dem sozialen Identitätszwang zur Zweisamkeit und hatten das Gefühl, normative Vorgaben nicht zu erfüllen. Sie erhielten auch von der Umgebung häufig das Feedback, dass etwas mit ihnen nicht stimmen könne. Einige der jungen Single-Frauen entwickelten das Selbstbewusstsein, zu ihrer Partnerlosigkeit zu stehen, und begannen, sich im Alleinleben einzurichten und wohl zu fühlen. Single-Sein ist jedoch, jedenfalls in dieser Lebensphase, keine freie Entscheidung. Von den sächsischen jungen Frauen wurde diese Lebensform noch weniger akzeptiert.[5] Eine Reihe der jungen Frauen lebte bis weit in das zweite Lebensjahrzehnt noch im Elternhaus, überwiegend im ländlichen Bayern. Erst zum Zeitpunkt der dritten Befragungswelle nahm diese Lebensform deutlich ab, zum Zeitpunkt der vierten Befragungswelle nach sieben Jahren lebte nur noch eine der befragten bayerischen Frauen bei den Eltern.

Der Großteil der befragten jungen Frauen wollte Kinder haben und Familie leben. Während ein Teil schon sehr konkrete Kinderwünsche hatte, reichten bei anderen die Vorstellungen von „in ein paar Jahren" über „vielleicht später" bis „irgendwann einmal". Einen konkreten Kinderwunsch formulierten die Frauen in der Regel erst dann, wenn sie sich beruflich etabliert und einen Partner gefunden hatten, mit dem sie sich eine Familiengründung vorstellen

---

5   Dieser Eindruck, dass in Bayern die jungen Frauen häufiger alleine wohnen als in Sachsen, unabhängig davon, ob sie einen Partner haben oder nicht, wird auch durch einen Vergleich mit der amtlichen Statistik bestätigt: In den neuen Ländern lebten beispielsweise 1996 elf Prozent der Frauen im Alter zwischen 25 und 29 Jahren allein, im früheren Bundesgebiet waren es mit 21 Prozent fast doppelt soviele (Bundesministerium für Familie, Senioren, Frauen und Jugend 1998: 67).

konnten sowie die materielle Basis für eine Familiengründung geschaffen war. Die sächsischen Frauen machten bei der Prüfung der Voraussetzungen häufiger Abstriche als die bayerischen Frauen.

Wie sahen nun die konkreten Familiengründungsprozesse aus? Der generelle, statistisch belegte Trend zur Verlängerung der weiblichen Adoleszenz und zum Aufschieben der Familiengründung bestätigte sich sehr eindrucksvoll. Der größere Teil der jungen Frauen hatte bis zum Ende der Untersuchung, mit 27 bis 35 Jahren, keine Familie gegründet (siehe Tabelle 5: Schwangerschaften und Kinder nach Bundesland und Wellen). Frauen mit deutlichem und konkretem Kinderwunsch hatten diesen zum überwiegenden Teil auch verwirklicht oder planten das Projekt Familie sehr konkret. Die Tendenz zu einer früheren Familiengründung in den neuen Ländern spiegelt sich auch in dieser Stichprobe.[6] Die befragten sächsischen Frauen betonten immer wieder, dass sie es grundsätzlich besser finden, in einem früheren Alter – vor oder um die 25 – ein Kind zu bekommen. Der Geburt eines Kindes ging in Sachsen und Bayern meist eine längere Partnerschaft voraus. Dies deutet darauf hin, dass die Familiengründung überwiegend langfristig erfolgt und gilt trotz unterschiedlicher Gelegenheitsstrukturen in gleichem Maß für Bayern und Sachsen. In Sachsen war bei den befragten Frauen ein leichter Trend zur nichtinstitutionalisierten Lebensform mit Kind zu erkennen: dort lebten mehr Mütter in nichtehelichen Lebensgemeinschaften oder waren allein erziehend.[7] Insgesamt bestätigen sich Aussagen zur Polarisierung von Lebensformen: eine große Vielfalt von Lebensformen und biografischen Verläufen bei jungen Frauen ohne Kind und die zentrale Lebensform Ehe bei Frauen mit Kind. Im Lauf der vier Erhebungswellen und mit zunehmendem Alter der befragten Frauen lässt sich ein deutlicher Trend zur Ehe erkennen. In der vierten Welle lebte knapp die Hälfte der Frauen in der Lebensform Ehe. Dies gilt für Bayern und Sachsen gleichermaßen und entspricht auch bundesweiten Statisti-

---

6   1996 hatten 47 Prozent der 25- bis 29-jährigen Ostdeutschen Kinder im Haushalt, gegenüber 30 Prozent der Westdeutschen (Bundesministerium für Familie, Senioren, Frauen und Jugend 1998). Das Alter der ostdeutschen Frauen bei der Geburt des ersten Kindes schob sich zwar deutlich nach hinten, liegt jedoch immer noch unter dem westdeutschen Durchschnittsalter.

7   Der Amtsstatistik zufolge sind junge Frauen mit Kind in den alten Bundesländern meist vor der Familienbildung in die eheliche Lebensform übergegangen, während in Ostdeutschland fast die Hälfte aller Paare eine Phase der nicht- oder vorehelichen Elternschaft lebt, bis sie schließlich überwiegend doch heiraten (Bundesministerium für Familie, Senioren, Frauen und Jugend 1998: 58).

ken.[8] Heirat war überwiegend auf eine Familiengründung bezogen und hatte für die meisten jungen Frauen eine hohe Bedeutung. Es waren jedoch auch Frauen verheiratet, die keine Familiengründung anstrebten oder einer Familiengründung unentschieden oder ambivalent gegenüberstanden. In nichtehelichen Lebensgemeinschaften lebte in der vierten Befragungswelle je ein knappes Drittel der bayerischen und sächsischen Frauen.

Die Tatsache, dass die meisten Frauen mit Kind verheiratet waren, sagt nichts darüber aus, wie sie bis zur Familiengründung lebten und wie ihr Privatleben bis dahin konkret verlaufen war. Die Familiengründung beginnt häufig nicht erst mit der Heirat oder dem Zusammenziehen eines Paares, sondern kann ein langfristiger Prozess sein, der teilweise bereits im Elternhaus eingeleitet wird. Auf der Aggregatsebene zeigten sich unterschiedliche Muster in den Prozessen der Familiengründung der befragten Frauen zwischen 18 und 35 Jahren. Bei den meisten jungen Frauen in Bayern und in Sachsen erfolgte die Familiengründung nach einer langfristigen Partnerschaft und war von *langer Hand und detailliert geplant*. Klar definierte Umsetzungsschritte waren typisch. Der Kinderwunsch wurde erst verwirklicht, wenn der materielle und existenzielle Rahmen für die Familiengründung geschaffen war. Bis zur Geburt des ersten Kindes war eine lange Partnerschafts- oder Ehedauer charakteristisch. Aufgrund der ungünstigen Arbeitsmarktsituation in Sachsen gelang es den jungen Frauen und ihren Partnern nicht immer, die gewünschte Existenzgrundlage für eine Familie zu erreichen. Sie sahen die nicht gesicherte Erwerbssituation als ungünstige Voraussetzung für eine Familiengründung, entschieden sich aber dennoch – weit vor dem 30. Lebensjahr – dafür.

Ein kleinerer Teil der Frauen mit langjährigen Paarbeziehungen zeigte ein eher *kurzfristiges* Familiengründungsmuster. Sie lebten zunächst in ganz unterschiedlichen Lebensformen, gekoppelt mit langfristigen Partnerschaften. Die Lebensform direkt vor der Familiengründung war die nichteheliche Lebensgemeinschaft. Für die Familiengründung waren materielle und rationale Bedingungen von geringer Bedeutung. Als Voraussetzung für die Familiengründung wurden neben dem Aufbau der beruflichen Existenz überwiegend emotionale Gründe genannt, die auch mit Unsicherheiten und Ambivalenzen hinsichtlich des Mutterseins verbunden waren.

---

8 Im Bundesdurchschnitt sind 47 Prozent der 25- bis 29-jährigen Frauen verheiratet (Bundesministerium für Familie, Senioren, Frauen und Jugend 1998).

Die Umsetzung des Kinderwunsches erfolgte entweder geplant oder die Frauen ließen es darauf ankommen. Die jungen Frauen wollten erst das Gefühl haben, dass ein Kind auch „angesagt" ist. Dies wurde dann kurzfristig geplant und umgesetzt. Familiengründung und Heirat erfolgten entweder gleichzeitig oder eine Heirat wurde nicht in Betracht gezogen. Dies Muster kam in Bayern und Sachsen vor und zeigte keine regionalen oder auf das Bildungsniveau bezogenen Häufungen.

Ein kleiner Teil der Frauen, die im Untersuchungszeitraum Mutter geworden sind, lebte in kuzfristigen Partnerschaften von maximal drei Jahren. Verglichen mit den anderen Frauen gingen sie die Partnerschaft in einem späteren Alter ein. *Die Familiengründung erfolgte schnell und eher ungeplant,* meist verbunden mit einer Heirat. Dieses Familiengründungsmuster fand sich in Bayern und Sachsen gleichermaßen mit einer Tendenz zur Großstadt. Von der Bildung her zeigten sich keine Unterschiede.

Insgesamt deutet sich eine Polarisierung in kontinuierliche Entwicklungen einerseits sowie in wechselnde Paarbeziehungen und Lebensformen andererseits an. Während bei einem Teil der jungen Frauen zahlreiche (Such-)Bewegungen im Ablauf der Lebensformen statfanden, lebte die Hälfte der jungen Frauen in der Lebensphase ab 20 bereits in stabilen Lebensformen oder stabilen Beziehungen. Die Polarisierung in den Lebensformen und -verläufen der jungen Frauen in Bayern und in Sachsen zeigte sich bereits in der Phase des jungen Erwachsenenalters und begann nicht erst mit der Familiengründung: Eine Gruppe der jungen Frauen folgte vom Auszug aus dem Elternhaus bis zur geplanten oder erfolgten Familiengründung standardisierten Mustern, die typisch sind für bestimmte Regionen, Bildungsgruppen, Bundesländer und spezifische Lebensentwürfe. Andere Frauen lebten im biografischen Verlauf unterschiedlichste Kombinationen von Lebensformen, die nicht auf einen Nenner zu bringen sind, sodass bei ihnen von destandardisierten und individualisierten Lebensmustern und -verläufen auszugehen ist.

Dies Ergebnis modifiziert die Annahme, dass der Lebenslauf heutzutage eine zum Teil zufällige, zum Teil geplante Aneinanderreihung von Phasen ist (Schneider 1994). Vielmehr gilt für einen Teil der befragten jungen Frauen eine „geordnete" Abfolge aufeinander bezogener Phasen, während für den anderen Teil von einer Destandardisierung in den Lebensphasen auszugehen ist. Doch warum die „stabilen" Frauen sich zu einem recht frühen Zeitpunkt auf eine „Ordnung" einlassen, während die „Wechslerinnen" unterschiedliche Lebensformen ausprobieren, lässt sich auf der aggregierten Ebene nicht klären. Die unterschiedlichen Verläufe bilden teilweise sicherlich regionale und bildungsspezifische Muster ab. Die Logik, die den unterschiedlichen Mustern in Entwicklungen und Prozessen der Lebensgestaltung zugrunde liegt, wird jedoch erst durch die Einbeziehung der biografischen Sinnhorizonte der jungen Frauen, ihrer Lebensthemen, verständlich. Das Konzept der Lebensthemen modifiziert auch die familiensoziologisch weit verbreitete Annahme, dass der Lebenslauf eine oft zufällige Aneinanderreihung von Lebensformen ist (vergleiche Schneider 2000).

6.2 Konzept und konstituierende Merkmale der Lebensthemen

Bei der qualitativen Auswertung des Interviewmaterials war das Prinzip der Fallrekonstruktion leitend. Das Auswertungsverfahren orientierte sich an inhaltsanalytischen Methoden der sozialwissenschaftlichen Hermeneutik (vergleiche Hitzler/Honer 1997a). Es erschloss in Anlehnung an die Methode der „Grounded Theory" (Strauss 1991) die aus vor-theoretischen Kategorien entwickelten Interviews, indem es aus dem empirischen Material heraus relevanten Kategorien entwickelte und sie schrittweise und systematisch überprüfte und erweiterte. In der empirischen Rekonstruktion und Identifizierung der Lebenskonstruktionen wurden die Bestandteile und Ausprägungen der individuellen Lebensgestaltung, also der Projekte, und der dahinter liegenden Sinnstrukturen der jungen Frauen im Zeitverlauf als Einzelfälle Gegenstand der Analyse. Das Auswertungskonzept erfasste die subjektive Bedeutung, die Zukunftsvorstellungen, die Planung und die Umsetzung der Projekte der jungen Frauen über alle vier Erhebungszeitpunkte. Die Kategorien hierfür wurden einerseits theoriegeleitet konstruiert und andererseits aus dem Material heraus entwickelt. Dies führte zu einer Eingrenzung des umfangreichen Materials (an die 700 Interviews) nach inhaltlichen Gesichtspunkten durch ein permanentes Wechselspiel aus Lesen der Interviews, Identifikation und Diskussion möglicher zentraler Aspekte, Präzisierung der Begriffe, Benennen und Eingrenzen der Kategorien. Dazu wurden relevante Textstellen aufgenommen oder paraphrasiert und zugeordnet. Sie dienten einer Überprüfung und gegebenenfalls Erweiterung des Kategoriensystems. So bedeutete eine Erweiterung oder Veränderung des Kategorienschemas immer die Relevanz zusätzlicher Aspekte und forderte die Rückkehr zum bereits bearbeiteten Material.

Das biografische Handeln der jungen Frauen und ihrer Partner zu verstehen, also einen roten Faden zu finden, gelang nicht auf Anhieb, auch nicht, als vier bzw. zwei Interviews als Momentaufnahmen aus sieben Jahren vorlagen. Die Überführung der Querschnittsbefunde in eine Verlaufsperspektive ermöglichte es schließlich festzustellen, ob in den Projekten der jungen Frauen ein oder mehrere Lebensbereiche dominierten, ob diese Dominanz Bestand hatte oder ob die einzelnen Lebensbereiche zeit- und situationsabhängig eine unterschiedliche Gewichtung erfuhren. Durch dieses Vorgehen konnte schließlich die strukturierende Komponente im Leben der Frauen herausgearbeitet und aus dem Vergleich der Einzelfallanalysen in einem Prozess der „Reduktion von Wirklichkeit" eine Typisierung entwickelt werden. Für die relationale Paaranalyse wurden die Partnerinterviews aus der ersten und dritten Welle getrennt zunächst in gleicher Weise wie die Interviews der jungen Frauen über die vier Wellen ausgewertet. Daraus ergab sich die strukturierende Komponente des je individuellen Projekts der Partner. In einem weiteren Schritt wurden die biografischen Konstruktionen, Deutungen und Versionen des Paargeschehens der jungen Frauen und ihrer Partner relational aufeinander bezogen (siehe Kapitel 7).

Auf der Suche nach den subjektiven Sinnzusammenhängen im biografischen Handeln kristallisierte sich in der empirischen Rekonstruktion der Lebensgestaltung und Projekte der jungen Frauen eine *Typologie von sieben Lebensthemen* heraus. Diese Lebensthemen sind den jungen Frauen nicht immer bewusst, sondern entsprechen latent vorhandenen biografischen Sinnhorizonten. Sie lassen sich anhand der individuellen Projekte und der Lebensgestaltung der jungen Frauen entschlüsseln. Jeweils ein Lebensthema findet sich als „biografischer Faden" im untersuchten Lebensabschnitt der jungen Frauen aus Bayern und Sachsen wieder. Es lässt die innere Logik ihrer biografischen Handlungen nachvollziehen. Diese war als roter Faden handlungsleitend und strukturierend, dominierte ihr biografisches Handeln und blieb über den gesamten Erhebungszeitraum von sieben Jahren unverändert, auch wenn sich die Situation der jungen Frauen veränderte, etwa durch eine neue Partnerschaft, eine Familiengründung oder Arbeitslosigkeit. Entgegen der häufig vertretenen Annahme vom doppelten Lebensentwurf als dem zentralen weiblichen Lebensentwurf waren Beruf und Familie in der untersuchten Lebensphase zwischen 18 und 35 nicht für alle befragten jungen Frauen von zentraler Bedeutung und wurden nicht zwingend aufgegriffen. Ihre Projekte wiesen vielmehr eine große Bandbreite an Vorstellungen über die aktuelle und künftige Lebensgestaltung auf; im Unterschied zu den Lebensthemen veränderten sie sich im Verlauf der vier Erhebungswellen immer wieder. Während die individuellen Projekte modifiziert oder nicht weiter aufgegriffen wurden und dementsprechend Veränderungsprozessen unterlagen, traf dies für die Lebensthemen nicht zu. Sie nahmen Einfluss auf die individuellen Projekte und wurden in der Lebensgestaltung wirksam; von den auf der Ebene der Projekte häufig notwendigen Veränderungen blieben sie umgekehrt jedoch unangetastet. Diese Konstanz ist ein zentrales Merkmal der Lebensthemen. Lebensthemen werden nicht wie individuelle Projekte einer Korrektur unterzogen, wenn subjektive Vorstellungen und objektive Bedingungen nicht übereinstimmen. Damit zeigen sich Lebensthemen als biografische Ordnungskategorie. Sie bieten die Folie, vor der sich individuelle Projekte in ihrer Unterschiedlichkeit entwickeln können. Mit dem Konzept der Lebensthemen ließ sich so ein Bogen spannen zwischen dem Leitbild des doppelten Lebensentwurfs und der scheinbar unbegrenzten Vielfalt weiblicher Projekte oder gar der „Unentschiedenheit des weiblichen Individualisierungsprozesses" (Beck 1986), aber auch der Vorstellung von der postmodernen Zerstückelung biografischer Selbstkonzepte. Das Lebensthema ist der „biografische Faden", um den sich die individuellen Projekte gruppieren.

Ein wichtiges Merkmal der Lebensthemen ist ihre handlungsleitende Funktion bei biografischen Handlungen. Diese Annäherung war vor allem durch den qualitativen Längsschnitt-Ansatz der Untersuchung möglich, denn er ermöglichte auf die individuellen Sinnstrukturen einzugehen und das Problem retrospektiver „Glättungen" zu vermeiden. Lebensthemen sind eine Rekonstruktion empirisch auffindbarer Muster biografischen Handelns. Sie stehen als abstraktes Konstrukt hinter den empirisch direkt zugänglichen individuellen Projekten, bündeln die Auseinandersetzung mit kollektiven Projekten und eigenen Vorstellungen und stellen die Verbindung her zu biografischen Übergängen und der Ausgestaltung der Projekte. Sie repräsentieren die von Heinz (2000) so genannten „moving baselines" auf einer empirischen Ebene. Die rekonstruierten Lebensthemen machen Projekte, Prioritätensetzungen, Entscheidungen für oder gegen bestimmte Optionen und konkretes

Handeln sowei fallengelassene Projekte begreifbar. Lebensthemen implizieren eine Richtung, die Folge und Ergebnis im Prozess der Auseinandersetzung mit kollektiven Projekten, gesellschaftlichen Diskursen und Gelegenheitsstrukturen ist. Die Lebensthemen stellen so ein Scharnier zwischen kollektiven und individuellen Projekten dar.

Die herausgefilterten Lebensthemen sind für den gesamten Lebenszusammenhang der jungen Frauen von hoher Relevanz. Es ist möglich, dass ein Projekt in dieser Lebensphase wenig konkret wird, da die verschiedenen Optionen der Lebensgestaltung und der Auswahl und Anordnung der einzelnen „Bausteine" noch unklar sind. Priorität kann beispielsweise eine Familiengründung haben, der Wunsch nach beruflichem Erfolg oder das Ziel, sich Freiheit und Unabhängigkeit zu bewahren. Die Umsetzung solcher biografischer Schwerpunktsetzungen ist individuell sehr unterschiedlich und kann sich in vielfältiger Weise gestalten. Im Alltag können innerhalb verschiedener biografischer Abschnitte durchaus unterschiedliche Aspekte im Vordergrund stehen, Probleme in verschiedenen Bereichen gelöst und Prioritäten gesetzt werden, ohne im Widerspruch zum längerfristigen Lebensthema zu stehen.

Im Auswertungsprozess wurde deutlich, dass eine Reihe von jungen Frauen zu unterschiedlichen Zeitpunkten mit ihren Projekten unterschiedliche Schwerpunkte setzte, andere verzichteten völlig darauf. Suchbewegungen, Schwankungen und wechselnde Muster in der Vorstellungs-, Umsetzungs- und Handlungsstruktur ließen, bezog man diese nur auf einzelne Lebensbereiche, zunächst kein stringentes Projekt sichtbar werden. Auch andere Lebensbereiche – wie Freunde, Freizeit, Herkunftsfamilie etc. – schienen nicht von entscheidender und handlungsleitender Bedeutung. Diese Frauen wirkten auf den ersten Blick wenig begreifbar, sprunghaft, chaotisch oder auch blass. Es wäre möglich gewesen, eine Restkategorie einzuführen, die mit „individualisierter", „modernisierter" oder „Patchwork-Biografie" hinreichend definiert gewesen wäre. Die Qualität des Materials und die bislang erfolgten Auswertungsschritte legten jedoch eine andere Differenzierung nahe. Veränderungen, Wechsel und Fehlen zentraler Lebensbereiche in den Äußerungen der jungen Frauen waren systematisch und spiegelten sich in ihren subjektiven Relevanzstrukturen. Durch die Berücksichtigung von Planungs- und Handlungsprozessen im Längsschnitt, die nicht auf bestimmte Lebensbereiche bezogen waren, ließ sich ihr biografisches Handeln neu interpretieren. Die unterschiedlichen

Orientierungen, Suchbewegungen und Schwankungen konnten als Ausdruck von Lebensthemen erfasst werden, die quer oder außerhalb zu den Lebensbereichen stehen. Auch diese jungen Frauen handelten stringent und ihrem Lebensthema entsprechend. Biografisches Handeln macht immer Sinn.

Die zunächst nach bayerischen und sächsischen Frauen getrennt vorgenommene Einzelfallauswertung sollte die unterschiedlichen kollektiven kulturellen Deutungsmuster und strukturell geprägten Erfahrungshorizonte und ihre Relevanz für die Gestaltung und Entwicklung eines individuellen Lebenszusammenhangs berücksichtigen. Zunächst schien sich die These der starken Berufsorientierung und Erwerbsneigung von jungen Frauen in Ostdeutschland zu bestätigen. Für fast alle befragten sächsischen Frauen nahm der Beruf eine exponierte Stellung in ihrem individuellen Lebensentwurf ein. Im Verlauf der Analyse zeigte sich, dass die Frauen in Sachsen zwar durchgängig versuchten, sich auf dem Arbeitsmarkt zu platzieren, ohne aber immer eine starke Berufsorientierung aufzuweisen. Berufsarbeit hatte für die ostdeutschen – wie auch für die westdeutschen Frauen – vorrangig einen existenzsichernden Charakter und war weniger ein Hinweis auf starkes Interesse am Beruf selbst (Gysi/Meyer 1993).[9] Befunde wie dieser führten dazu, die Differenzierung nach Ost und West aufzugeben.[10]

Für jede Frau wurde auf Basis der Analyse entschieden, was ihr Leben zu jedem Zeitpunkt und im Zeitverlauf als Sinnzusammenhang ausmachte und lenkte. Die herausgearbeitete Typologie abstrahiert von den subjektiven Interpretationen der Befragten. Die Einschätzung zwischen Befragter und Forscherin kann übereinstimmen – muss aber nicht. Teilweise fanden sich in den Interviews explizite Hinweise auf das Lebensthema, meist aber war es das Ergebnis der Analyse impliziter Aussagen und latenter Zusammenhänge, die sich auch nicht direkt im Interview erschließen. So wird kaum eine Frau mit Kind/ern sagen, dass der Beruf zentral in ihrem Leben ist. An ihren Deutungen, Prioritäten und Handlungen im

---

9 Der Beruf hatte nicht nur die Aufgabe der Selbstbestätigung, sondern sicherte Unabhängigkeit gegenüber dem Partner. Es ging also nicht immer um die „Arbeit an sich".

10 Die Untersuchung wurde von westdeutschen Wissenschaftlerinnen aus einer westdeutschen Sichtweise heraus initiiert. Im Forschungsteam war die „Ostperspektive" ebenfalls vertreten. In den Diskussionen wurden unterschiedliche Einschätzungen deutlich, die Auseinandersetzungen waren jedoch notwendig, um die typische Westperspektive auf den „Gegenstand Ost" als auch umgekehrt zu vermeiden. Gleichzeitig konnte im Sinne einer ethnographischen Herangehensweise das Fremde in der eigenen Kultur rekonstruiert werden.

Zeitverlauf lässt sich aber ablesen, dass dem so ist und nicht die – gesellschaftlich zugeschriebene – Vereinbarkeit von Beruf und Familie ihr Leben strukturiert. Entscheidend für die Einschätzung ist, welches Projekt die höchste subjektive Bedeutung erfuhr und zu welchen Projekten ausgeprägte Vorstellungen und Pläne formuliert und mit Handlungen besetzt waren. Als strukturierend konnte ein Lebensthema dann definiert werden, wenn es biografischen Sinn, Prozesse und Perspektivität im biografischen Handeln erklärte.

Die unterschiedlichen Typen von Lebensthemen, die bei der Gestaltung des eigenen Lebens, im biografischen Handeln der jungen Frauen, bedeutsam wurden, unterscheiden sich nach dem Inhalt des Lebensthemas – bereichsbezogene Projekte, prozessbezogene Projekte und „Negativ-Projekte". Es konnten *sieben Lebensthemen-Typen* identifiziert werden, denen je ihre handlungsleitende und sinnstiftende Funktion über den gesamten Untersuchungszeitraum gemeinsam ist.

Abbildung 3: Lebensthemen junger Frauen

Familie
Doppelorientierung auf Familie und Beruf
Beruf
Eigener Weg
Gemeinsamer Weg
Aufrechterhalten des Status quo
Suche nach Orientierung

Bei einem Teil der jungen Frauen standen Projekte wie Familie, Beruf oder die Balance von Familie und Beruf explizit im Vordergrund und strukturierten ihr Leben, ihr Handeln und ihre Vorstellungen, andere Lebensbereiche waren nachgeordnet. Ein klassisches Lebensthema ist die Balance zwischen Beruf und Familie, die dem normativen Modell des doppelten Lebensentwurfs entspricht. Junge Frauen mit diesem Lebensthema beziehen ihren individuellen Lebensentwurf auf die Konkretisierung und Vereinbarung beider Lebensbereiche: „Sich im Beruf wohlfühlen und in der Familie und sich keine Gedanken machen müssen, dass Beruf und Familie vernachlässigt werden." Weitere bereichsbezogene Lebensthemen sind *Familie* oder *Beruf.* Ersteres spiegelt klassisch weibliche Zuständigkeiten und Leitbilder – „Mann mit gutem Einkommen, zwei Kinder, Häuschen, das würde mich ausfüllen" –, Letzteres greift ein immer noch als männlich attribuiertes Projekt auf: „Ich könnte niemals Hausfrau sein". Beruf, Familie oder beides standen bei biografischen Entscheidungen und Handlungen im Vordergrund und zeigten Wirkung auf die Bedeutung anderer Lebensbereiche; auch andere Lebensbereiche waren für diese Frauen im Alltag relevant, jedoch weder sinnstiftend noch vorrangig handlungsleitend.

Bei anderen befragten jungen Frauen spielten weniger bereichsbezogene Projekte eine sinngebende und strukturierende Rolle als Projekte, die sich auf die jungen Frauen selbst bezogen. Diese jungen Frauen versuchten ihrem Bedürfnis nach Autonomie und Eigenständigkeit nachzugehen und einen *eigenen Weg* zu verfolgen: „Träume muss man auch verwirklichen". Oder sie versuchten dauerhafte Verbundenheit und Nähe über einen *gemeinsamen Weg* mit einem Partner herzustellen: „Wenn ich jemanden kennen gelernt hätte, der nicht studiert hätte, hätte ich vielleicht nicht studiert, so einfach ist das." Andere folgten dem Wunsch nach Beständigkeit ihres Lebenszusammenhangs auf einem zufrieden stellenden Niveau und wollten sich vor allem diesen *Status quo* erhalten: „Ich habe alles, was ich will." Eine weitere Gruppe junger Frauen war auf der *Suche nach Orientierung*, sie befand sich über den gesamten Zeitraum der Untersuchung in Auseinandersetzung mit dem widersprüchlichen Angebot an kollektiven Projekten und Leitbildern, wodurch ihr biografisches Handeln über einen längeren Zeitraum inkonsistent bleibt: „Irgendwann einmal zufrieden sein." Die Ebenen der Lebensthemen sind also sehr unterschiedlich, als gemeinsames Kennzeichen steht aber immer die sinnstiftende und handlungsleitende Funktion für biografisches Handeln im Vordergrund. Relevant sind die Funktion und die Wirksamkeit der Lebensthemen, das Handeln der jungen Frauen zu strukturieren.

Unterschiedliche Gelegenheitsstrukturen in Bayern und Sachsen und auch in den Regionen – Großstadt, Kleinstadt und Land – schlagen sich wider Erwarten nicht direkt in den Lebensthemen nieder. Das Gleiche gilt für den Bildungsabschluss oder die Berufsausbildung. Ausnahme ist das Lebensthema Familie; es zeigt sich überwiegend bei Frauen aus der ländlichen und kleinstädtischen Region mit Hauptschulabschluss. Dies bedeutet im Umkehrschluss aber nicht, dass alle jungen Frauen auf dem Land immer das Lebensthema „Familie" haben. Die Gelegenheitsstrukturen werden in unterschiedlicher Weise wirksam; vor allem regionale Vergleiche zeigen, dass das biografische Handeln der jungen Frauen in erster Linie ihrem Lebensthema folgt und weniger strukturellen Bedingungen, allerdings ist die Art der Umsetzung, also das Wie durch die Gelegenheitsstrukturen beeinflusst. Geschlecht hat je nach Lebensthema eine geringe bis hohe Strukturierungsfunktion.

Anhand der drei Lebensthemen *Familie, eigener Weg* und *Suche nach Orientierung* soll im Folgenden *exemplarisch* nachgezeichnet werden, wie das Handeln der jungen Frauen sich entlang der Lebensthemen biografisch entfaltet und ausdrückt, wo Gemeinsamkeiten und auch Differenzen innerhalb des jeweiligen Typs vorliegen, aber auch wie unterschiedlich die Lebensthemen in ihren jeweiligen Sinnkonstruktionen sind. Das Augenmerk der Darstellung verweist auf die Zusammenhänge zwischen biografischen Kategorien (Sinn und Relevanz, Prozesshaftigkeit, Perspektivität) und dem Handeln der jungen Frauen. Die Quantitäten der einzelnen Typen sind im Rahmen der hermeneneutisch orientierten Auswertung nicht aussagekräftig (siehe Tabelle 6: Verteilung der Lebensthemen der jungen Frauen nach Bundesland).

6.3 Lebensthema „Familie"

Die Familiengründung ist für die jungen Frauen mit Lebensthema „Familie" *das* Lebensprojekt, selbstverständlich und unhinterfragt; diese Priorität gilt sowohl für die befragten jungen Frauen in Sachsen als auch in Bayern.[11] Das Projekt Familie und dessen Realisierung stecken den biografischen Rahmen ab. Die klare und eindeutige Relevanz, Perspektivität und Planung von Familie und die Nachrangigkeit anderer Lebensbereiche gelten für den gesamten Erhebungszeitraum und sind unabhängig davon, ob schon Kinder vorhanden sind oder nicht. Ganz bewusst ordnen die jungen Frauen dem Ziel Familiengründung alles andere unter, auch den beruflichen Bereich. Die jungen Frauen mit dem Lebensthema „Familie" haben sehr klare, konkrete und ins Detail gehende Vorstellungen und Fantasien von ihrem Leben bis zur Familiengründung und dem späteren Leben mit Familie. Das Zusammenleben mit einem Partner und Kindern ist für sie wichtig, um sich wohlzufühlen. Kinder sind für

---

11 Die Lebenskonzepte junger ostdeutscher Frauen schließen unterschiedlichsten Studien zufolge (vergleiche Schröter 1997) neben einer eigenen Familie gleichermaßen den Beruf ein. Für die befragten jungen Frauen in Sachsen stellte sich deshalb zunächst die Frage, ob bei ihnen das Lebensthema Familie überhaupt vorkommt: Die befragten sächsischen Frauen sehen auf der Ebene der kollektiven Projekte eine hohe Berufs- und Familienorientierung und die Vereinbarkeit beider Lebensbereiche als selbstverständlich an. Auf der individuellen Ebene gibt es jedoch auch bei ihnen Frauen, die einer eigenen Familie eine eindeutige Priorität einräumen.

diese Frauen ein Ziel der Partnerbeziehung und Ausdruck der gegenseitigen Liebe. Ein Leben als Single ist für sie weder vorstellbar noch erstrebenswert, und zwar unabhängig von der Lebensform, in der sie gerade leben, einige haben nämlich phasenweise keinen Partner. Die meisten leben in langfristigen Beziehungen, zum Teil schon seit der Jugendzeit. In der Zeit vor der Familiengründung leben die jungen Frauen entweder mit ihrem Ehemann zusammen, den sie meist lange vor ihrem 25. Lebensjahr geheiratet haben, oder sie leben bis zur Heirat und gleichzeitigen Familiengründung noch bei den Eltern, ein Muster, das besonders typisch ist für die ländliche Region in Bayern.

Ihre Paarbeziehung sehen die Frauen vor allem eingebunden in die zu gründende Familie; sie hat insofern keinen eigenen Stellenwert, sondern erhält ihre Bedeutung durch ihre Relevanz und Funktion für das Projekt Familie. In einer Paarbeziehung zu leben, ist eine biografische Selbstverständlichkeit für diese jungen Frauen. Den Partner definieren sie vor allem als künftigen Vater der gemeinsamen Kinder und als Ernährer der Familie. Als eigenständiger und abgegrenzter Lebensbereich hat die Partnerschaft verglichen mit ihrer hohen Bedeutung bei anderen Lebensthemen und auch in gesellschaftlichen Deutungsmustern eine eher „marginale" Bedeutung. Nur wenige Frauen betonen, wie wichtig es ihnen ist, auch mit Kindern noch Zeit für die Partnerbeziehung zu haben und sich nicht nur über Elternschaft zu definieren. In den Interviews zeigt sich die geringe eigenständige Bedeutung von Partnerschaft auch darin, dass über die Partner nicht viel berichtet wird und in der Fantasie der jungen Frauen der Partner nicht in Szene gesetzt wird. Vor allem im Zusammenhang mit den Voraussetzungen für die Familiengründung, wie der beruflichen Existenz und dem Bau oder Erwerb eines eigenen Hauses, werden die Partner ins Spiel gebracht. Es geht dabei mehr um zu erfüllende Rollen und Aufgaben als um Gefühle. Das Verhältnis zum Partner stellen die Frauen vor allem unter sachlichen Gesichtspunkten und Erwägungen dar. Die Familiengründungsprozesse laufen mit der Partnerwahl an, die unter dem Blickpunkt der späteren Elternschaft erfolgt. Dies bedeutet nicht, dass emotionale Aspekte nicht wichtig wären – zum Teil setzen die Frauen den Partner gegen die Eltern durch. Eher handelt es sich um eine pragmatische Sicht und Interpretation von Paarbeziehung. Hier zeigt sich eine Parallele zur Elternbeziehung; auch diese ist zugeschnitten auf gegenseitige Unterstützung; Distanzierungen vom oder Konflikte mit dem Elternhaus äußern die jungen Frauen selten.

Wie der „richtige" Partner beschaffen sein soll, wissen die Frauen ganz genau: Liebe, Vertrauen, vor allem aber die gemeinsame Zukunftsplanung, gemeinsame Interessen und Vorstellungen sowie die Bereitschaft des Partners, eine Familie zu gründen und sie zu ernähren, sind wichtige Gesichtspunkte. Auch wenn sich die meisten Frauen einen Partner wünschen, der sich an Haushalt und Familienarbeit partnerschaftlich beteiligt, ist dies etwas, das sie nicht einfordern und das deshalb auch kein wichtiges Kriterium für sie darstellt. Zur Rollenteilung in Partnerschaft und Familie haben sie traditionelle Vorstellungen. Die Heirat und damit die Institutionalisierung der Paarbeziehung stellt für alle Frauen mit dem Lebensthema „Familie", in Bayern und Sachsen gleichermaßen, eine wichtige Grundlage des Zusammenlebens mit dem Partner dar und ist eine der Voraussetzungen für die Familiengründung.

> „Aber ich möchte ja irgendwann mal ein Kind haben, und dann muss ich ganz ehrlich sagen, da ist meine Meinung, da möchte es auch einen richtigen Vater, sagen wir mal namentlich und alles haben, so ist meine Auffassung, vielleicht ist das bisschen altmodisch oder was, aber so ist das meine Auffassung, dass man schon heiraten sollte, wenn man ein Kind kriegt oder wenn man schon ein Kind gekriegt hat." (1. Welle Sachsen, Kleinstadt S263)

Eine Heirat ist für die Frauen ein wichtiger Schritt in das Erwachsenenleben und erfolgt nicht nur kindorientiert, sondern stellt auch einen eigenen Wert dar. Sie empfinden eine Ehe als verbindlichere Form des Zusammenlebens und sind oft stolz auf den Status „verheiratete Frau".

Ebenso unvorstellbar wie ein Leben ohne Partner ist ein Leben ohne Kinder: Es wäre „schlimm", wie die Frauen sagen. Kinder gehören einfach dazu, sind selbstverständlich und sinnstiftend. Begründungen dafür können die Frauen in der Regel nicht geben, allenfalls Aspekte nennen wie die Freude, Kinder heranwachsen zu sehen; für die Kinder etwas zu schaffen; das Leben mit Kindern zu genießen; das Gefühl der Zusammengehörigkeit zu empfinden und im Alter noch jemanden zu haben. Die positive Haltung gegenüber Kindern und Familie haben sie nach ihren Erzählungen immer gehabt und behalten sie, auch wenn die Familiengründung – wie bei den meisten Frauen dieser Gruppe – im Lauf der Erhebungswellen erfolgt ist. Die jungen Mütter äußern dann, dass sie sich ausgefüllt fühlen und diese Lebensphase mit Kindern bewusst genießen. Dabei orientieren sie sich häufig an ihren eigenen Müttern. Sie wollen, so wie diese es für sie waren, für ihre Kinder voll da sein und sich viel Zeit nehmen (können); unter anderem wollen sie deshalb auch aufhören zu arbeiten; übrigens waren auch bei einigen sächsischen Frauen dieser Gruppe die Mütter in der Kleinkindphase zu Hause, was zu DDR-Zeiten eher ungewöhnlich war.

> „Und ich glaube auch, meine Mutti jetzt, die hat das mit mir auch gemacht, die hat mich also zu Hause behalten, ich bin weder in Kinderkrippe noch in den Kindergarten gegangen, und ich glaube, ich habe da schon viel mehr Wärme erfahren als manch' andere." (1. Welle Sachsen, Kleinstadt S263)

Vor allem die bayerischen Frauen distanzieren sich deutlich von ihren Müttern bezogen auf deren „reines" Hausfrauendasein und deren Abhängigkeit vom Ehemann. Ein „Heimchen am Herd" ohne weitere Interessen, das dem Partner nichts Eigenes entgegensetzt und sich „unterbuttern" lässt, wollen sie auf keinen Fall werden. Von sich selbst haben vor allem die bayerischen Frauen die Vorstellung, dass sie Familie und Partnerschaft moderner leben werden bzw. leben als ihre Mütter. Beispielsweise gönnen sie sich selbst mehr und gehen stärker auf ihre eigenen Bedürfnisse ein, wie sie häufig betonen. Hier spiegeln sich kollektive Projekte. Insgesamt orientiert sich das Familienmodell, das diese bayerischen und sächsischen Frauen leben wollen, an der Versorgerehe und der Antizipation von einem Leben als Ehefrau, Mutter und Hausfrau. Ein eigenes Haus wird von den meisten Frauen in Bayern wie Sachsen oft im gleichen Atemzug mit der Familiengründung genannt. Es symbolisiert für sie den gemeinsamen „Nestbau" und vermittelt ihnen das Gefühl von Sicherheit sowie Selbstständigkeit gegenüber der Herkunftsfamilie.

Die jungen Frauen sehen das spätere Familienleben nicht nur durch eine „rosarote" Brille. Ganz deutlich benennen sie strukturelle Einschränkungen und individuelle Belastungen, die mit der Konzentration auf den familialen Bereich verbunden sind, beispielsweise weniger soziale Kontakte, ihre fast ausschließliche Verantwortlichkeit für Hausarbeit und Kind(er) sowie das Zurückstecken im beruflichen Bereich und in den Finanzen. Ihrer Einschätzung nach müssen für Kinder „Opfer" gebracht werden. Dies akzeptieren sie als unvermeidlich und selbstverständlich, denn insgesamt überwiegen die positiven Aspekte von Familie, sodass sie die „Opfer" bewusst in Kauf nehmen. In diesem Zusammenhang stellen sie häufig fest – unabhängig davon, ob sie schon ein Kind haben oder nicht –, dass sie ihr bisheriges Leben ja genossen hätten und es ihnen deshalb in der Familienphase auch nichts ausmachen würde, kürzer zu treten und auf Freizeit und Urlaub zu verzichten. Die Zeit bis zur Familiengründung sehen sie als eine Art „Moratorium", in dem sie das Leben genießen und ausgehen, FreundInnen treffen, Urlaub machen und sich Hobbies widmen. Danach beginnt der Ernst des Lebens. Bei den jungen Frauen im ländlichen Bayern, die im Vergleich zu allen anderen jungen Frauen länger im Elternhaus leben und erst zur konkreten Familiengründung ausziehen, zeigen sich besonders deutlich Aspekte des „Austobens" und der „wilden" Jahre, wie einige Frauen selbst sagen. Sie gehen oft alleine aus und fordern von ihren Partnern in dieser Zeit Freiräume. Für die Zeit nach der Familienphase, wenn die Kinder größer sind und wieder mehr Zeit (und Geld) vorhanden sein wird, wird häufig eine weite Urlaubsreise als Wunschtraum genannt.

Aus der Priorität von Familie und der Tatsache, dass in der persönlichen Wertehierarchie der Beruf lange nach Familie kommt, folgt nicht, dass sich die Frauen ausschließlich auf den familialen Bereich konzentrieren. Lebensbereiche und Projekte wie Beruf, Berufsausbildung, Freunde, Freizeit, Hobbies oder die Auseinandersetzung mit dem eigenen Leben sind in unterschiedlichsten, auch individuell sehr vielfältigen Differenzierungen und sich über die Erhebungswellen verändernden Ausprägungen und Kombinationen durchaus wichtig für sie. Diese zusätzlichen Projekte sind jedoch nicht handlungsleitend und strukturierend, sondern in ihrer Bedeutung und Ausgestaltung abhängig von familialen Notwendigkeiten. Charakteristisch ist die Einteilung in drei Lebensphasen – vor, während und nach der Familienphase:

> „Ich muss sagen, die ersten drei Jahre möchte ich eigentlich nicht berufstätig sein. Weil ich glaube, die ersten drei Jahre sind eigentlich mit die wichtigsten und die schönsten Jahre eines Kindes. Weil man da merkt, wie es ranwächst, und weil man eigentlich das Kind dann auch so formen kann, wie man es persönlich als Familie möchte (...) dass ich dann auch eine Weile lang nicht arbeiten muss, dass ich mich voll und ganz um mein Kind kümmern kann, das ist natürlich schön (...) Wenn die Kinder aus dem Haus sind, in dem Alter, wo sie ihre eigenen Erfahrungen sammeln sollen, wo sie jetzt sehen sollen, wie sie im Leben am besten selber klarkommen (...) würde ich schon gern arbeiten gehen wieder. Na ja, wie gesagt, wenn es das Finanzielle erlaubt, dass ich jetzt nicht arbeiten brauche, würde ich schon ganz gerne die ganze Zeit auch zu Hause bleiben. Aber wenn mein Freund nicht das verdient oder mein zukünftiger Mann nicht das verdient, dass wir jetzt sagen, wir können jetzt weiterhin so gut leben, wie wir davor gelebt haben, vielleicht in dem, sagen wir mal, Wohlstand, dann möchte ich schon davor, bevor die Kinder aus dem Haus sind, arbeiten gehen." (1. Welle, Sachsen, Kleinstadt S263)

Dass der Großteil dieser jungen Frauen den beruflichen Bereich als für das eigene Leben wichtig ansieht, kann gar nicht genug herausgestellt werden, wird ihnen doch häufig eine ausschließliche Familienzentriertheit unterstellt. Für die *bayerischen* Frauen ist er wichtig unter dem Aspekt der materiellen Existenzsicherung, sie sind vor der Familiengründung durchweg auf gesicherten Arbeitsplätzen erwerbstätig (teils sind die Partner noch in Ausbildung oder studieren, und die Frauen finanzieren das gemeinsame Leben), sowie unter dem Gesichtspunkt sozialer Kontakte und des eigenen Geldes. Trotz dieser wenig berufsorientiert erscheinenden Einstellungen stellen die überwiegend in Frauenberufen tätigen jungen bayerischen Frauen (Bürogehilfin, Damenschneiderin, Erzieherin, Friseurin, Postbotin, Steuerfachgehilfin, Verkäuferin, Verwaltungsangestellte, Zahnarzthelferin) in der vorfamilialen Phase inhaltliche Ansprüche an ihren Arbeitsplatz, der diesen jedoch selten genügt. Erfolg zu haben im Rahmen der Tätigkeit sowie zum gemeinsamen Lebensunterhalt beizutragen, macht die Frauen stolz und bereitet ihnen Spaß. Häufig sind sie jedoch mit der Arbeitsplatzsituation unzufrieden, empfinden sie als monoton, belastend, nicht fordernd oder ohne Anerkennung. Es wird auch deutlich, dass die Frauen durchaus klare Vorstellungen von einem interessanten Beruf haben bzw. hatten. Eindeutig ist, dass die jungen Frauen mit Lebensthema Familie nicht in die Familie „flüchten", weil sie beruflich frustriert sind, sondern dass sie von vornherein Familie als wichtigsten Lebensbereich sehen. Berufstätig zu sein, bedeutet für sie vor allem, den Arbeitsplatz zu sichern und einen Zuerwerb zum Familieneinkommen zu leisten. Inwieweit den bayerischen Frauen bei einem interessanteren Arbeitsplatz mit entsprechenden Perspektiven oder bei günstigeren strukturellen Bedingungen zur Vereinbarkeit von Beruf und Kindern der berufliche Bereich wichtiger wäre, kann nicht geklärt werden.

Die *sächsischen* Frauen (Facharbeiter für Schreibtechnik, Köchin, Verkäuferin) haben häufig das Ziel der beruflichen Etablierung bis zur Familienphase noch nicht erreicht. Ganz konsequent behalten sie dieses Ziel im Blick und versuchen mit aller Kraft, einen festen Arbeitsplatz zu bekommen. Auch in der Familienphase werden von ihnen Umschulungsmaßnahmen initiiert und wahrgenommen. Auf den ersten Blick scheinen sie demzufolge eine hohe, seit der Wende unveränderte Berufsorientierung aufzuweisen, die in deutlichem Unterschied zur geringeren Bedeutung von Beruf bei den Frauen in Bayern zu stehen scheint. Die Erwerbsarbeit ist für sie – dies wird in den Interviews immer wieder deutlich – zudem ein selbstverständlicher Bestandteil ihres Lebens. Doch dient ihr Bemühen vor allem der Existenzsicherung und materiellen Absicherung ihres eigentlichen Projekts Familie. Sie distanzieren sich ausdrücklich von der zu DDR-Zeiten üblichen, staatlich verordneten Parallelität von Mutterschaft und Beruf in den ersten Lebensjahren der Kinder. Dieses Arrangement empfinden sie als Stress. Sie stellen es sich vielmehr sehr schön vor, Zeit für ihr Kind zu haben und zu erleben, wie es sich entwickelt.

Es ist auffällig, dass die jungen Frauen in dieser Gruppe mit Lebensthema „Familie", in Bayern und Sachsen gleichermaßen, ihren schulischen oder beruflichen Abschluss häufig als nicht optimal oder sogar als Fehlentscheidung bewerten. Sie haben überwiegend niedrige bis mittlere Bildungsabschlüsse und hätten nachträglich gerne einen höheren Schulabschluss erworben oder etwas anderes gelernt. Trotzdem ziehen sie aus ihrer beruflichen Unzufriedenheit selten Konsequenzen oder suchen nach einer Alternative. Eine Veränderung der beruflichen Situation, ein Stellenwechsel, womöglich eine Zusatzqualifikation oder neue Ausbildung, kommt für sie, wenn sie einen festen Arbeitsplatz haben, nur in wenigen Fällen infrage. Da sie später doch zu Hause bleiben, lohne es nicht, ist eine häufige Argumentation. An einem beruflichen Aufstieg haben sie wegen der geplanten Familiengründung ebenfalls kein Interesse. Auch eine Frau mit Kind, die früher als geplant wieder in den Beruf einsteigen muss, weil der Partner krankheitsbedingt als Ernährer der Familie ausfällt, hält an ihrer „Familienidentität" fest und interpretiert ihre Erwerbstätigkeit, mit der sie faktisch die Familie ernährt, als Notlösung und sich selbst vor allem als Mutter. Eine gleichzeitige Erfüllung in Beruf und Familie schließen auch die jungen Frauen in Sachsen entschieden aus, ebenso wie analog zu den bayerischen Frauen eine gute Mutter und eine selbstständige Frau für sie einen nicht zu lösenden Widerspruch darstellen.

Die Vereinbarkeit von Beruf und Familie wird insgesamt von den bayerischen und sächsischen Frauen mit Lebensthema „Familie" kaum thematisiert. Mit Kind ist eine Karriere, so ihre Meinung, nicht möglich. „Und wozu auch ein Kind, wenn die Mutter nicht zu Hause ist", wie es eine Frau auf den Punkt bringt. Ihren Beruf sehen sie ganz explizit im Muttersein: „Zu Hause ist jetzt meine Arbeit". Berufliche Karriere soll der Partner machen, so die sächsischen und bayerischen Frauen gleichermaßen, den sie entsprechend dem Modell „Versorgerehe" als Haupternährer sehen.

Sie haben klare Leitbilder im Kopf, die das traditionelle Geschlechterverhältnis aufgreifen:

„Wenn ich Mann wäre, hätte ich Karriere. Aber da ich Frau bin und Kinder habe, habe ich keine. Ich unterstütze meinen Mann." (3. Welle Bayern, Land B117)

Wie sehr sich in dieser Gruppe Beruf und Familie ausschließen, zeigt sich auch darin, dass sie durchaus berufliche Um- und Weiterqualifikationen für sich in Erwägung ziehen, falls es mit dem Kinderkriegen langfristig nicht klappen sollte. Für diese Eventualität entwickeln sie gedanklich berufliche Alternativen, auch Umschulungen oder Weiterbildungen kommen infrage, denn bis zum Rentenalter wollen sie nicht im derzeitigen, eher ungeliebten Beruf bleiben. Einige Frauen wollen nach der Familienphase eventuell eine zusätzliche Ausbildung machen.

Das Projekt Familie wird von den Frauen detailliert und von langer Hand geplant. Es beginnt lange vor der realen Familiengründung, meist schon mit dem Eingehen einer verbindlichen Paarbeziehung. Sie formulieren klare „Projektschritte" und überprüfen sie im Sinne eines zielorientierten Projektmanagements. Hierzu gehören neben dem Abschluss der eigenen Berufsausbildung, die die jungen Frauen für unabdingbar halten, vor allem der geeignete Partner, dessen abgeschlossene Berufsausbildung und berufliche Etablierung als Haupternährer der Familie, die finanzielle und materielle Absicherung für die spätere Familie, die Heirat und möglichst ein eigenes Haus. Es bestehen konkrete Vorstellungen über die Abfolge dieser einzelnen Schritte bis zur Familiengründung sowie das sichere Gefühl, zu wissen, worauf es dabei ankommt, und Ziele auch zu erreichen. Wenn die äußeren Bedingungen nicht stimmen, wird auch die ursprüngliche Planung verschoben, wie in einem Fall, in dem der Ehemann noch eine zusätzliche, zunächst nicht geplante Ausbildung macht, und die schon konkret geplante Familiengründung nochmals um zwei Jahre verschoben wird. Für das Leben nach der Familiengründung bestehen keine weiteren Pläne. Dieses Planungsvakuum steht in deutlichem Gegensatz zum detaillierten Planungsverhalten in der vorfamilialen Phase.

Die biografische Bedeutung des Lebensthemas zeigt sich nicht nur hinsichtlich Sinnhaftigkeit und Relevanz, Prozesshaftigkeit und Perspektivität, sondern auch im Handeln der jungen Frauen. Dieses ist in allen Wellen konsequent und zielgerichtet, um die erforderlichen Rahmenbedingungen für die geplante Familiengründung herzustellen. Der Großteil hat bis zum 30. Lebensjahr eine Familie gegründet. Fast alle befragten Frauen, die in der ersten Welle noch nicht verheiratet sind, heiraten im Verlauf der Erhebung, alle Frauen mit Kind sind entsprechend ihrer geäußerten Vorstellungen und Plänen verheiratet, auch die sächsischen Frauen. Die meisten Frauen haben zusammen mit dem Partner ein eigenes Haus erworben oder gebaut. Die eigenen Vorstellungen und die des Partners sind aufeinander abgestimmt und durch traditionelle Rollenvorstellungen und Arbeitsteilungsmuster geprägt. Die Bereitschaft des Partners, das Ideal der intakten und harmonischen Familie und die Vorstellungen und Planungen der Partnerin mitzutragen, ist für die jungen Frauen die Voraussetzung für die Partnerschaft. Dieser Aspekt scheint übrigens bei Frauen mit anders gewichteten Lebensthemen nicht so wichtig zu sein, hier bestehen zum Teil deutliche Differenzen mit dem Partner hinsichtlich des Ablaufs der Familiengründung. Die berufliche Etablierung der Frauen und ihrer Partner ist in Bayern bei allen Frauen und vor jeder Familiengründung erfolgt; in Sachsen ist es eher die Ausnahme, dass beide Partner sich beruflich etablieren konnten. Entsprechend halten die sächsischen Frauen an der Suche nach einem Arbeitsplatz oder einer zusätzlichen Erfolg versprechenden Ausbildung für sich selbst auch in der Familienphase fest.

Suchbewegungen im privaten und beruflichen Bereich oder Unsicherheiten in Bezug auf die eigenen Ziele sind insgesamt sehr selten. Die Biografie erscheint klar und geordnet und entspricht den eigenen Vorstellungen und Plänen der Frauen. Kinder kommen nur, wenn sie auch geplant und die Voraussetzungen erfüllt sind. In Ausnahmefällen erfolgt die Familiengründung etwas früher als geplant, weil die Frauen trotz der gegenteiligen Prognose ihres Arztes sofort schwanger werden. Auch bei diesen Frauen sind die Voraussetzungen für die Familiengründung aber fast erreicht. Bei einigen Frauen ließ die Realisierung des Kinderwunsches aus medizinischen Gründen zunächst auf sich warten. In diesen Fällen zeigt sich eine starke Fixierung auf den Kinderwunsch, die sie und die Paarbeziehung sehr belastet. Sie erwägen auch über einen längeren Zeitraum keine Veränderung ihres Projekts Familie, sondern verfolgen es hartnäckig, nehmen auch aufwendige und unangenehme medizinische Maßnahmen in Kauf und fassen auch eine Adoption ins Auge.

Die Längsschnittanlage der Studie über sieben Jahre ermöglichte es, auch Frauen mit dem Lebensthema „Familie" zu begleiten, die in einer Welle keinen Partner hatten oder in einer konflikthaften Beziehung lebten. Es stellt sich gerade bei diesen Frauen, bei denen der Familienbildungsprozess nicht so „glatt" und ohne Umweg verlief wie beim überwiegenden Teil der Frauen mit Lebensthema „Familie", die Frage, ob sie an ihren Vorstellungen und Planungen festhalten. Für die befragten Frauen kann dies eindeutig bejaht werden. Das Lebensthema Familie zieht sich als roter Faden durch alle Wellen, zeigt sich auf der Sinn- und Konstruktionsebene. Die Frauen verfolgen bei allen Schwierigkeiten ihr Ziel, den für ihre Familiengründungspläne „richtigen" Partner zu finden, konsequent und zielstrebig.

Insgesamt handelt es sich bei den Frauen mit Lebensthema „Familie" um eine sehr homogene Gruppe. Sowohl bei den bayerischen als auch bei den sächsischen jungen Frauen strukturiert in dieser Lebensphase auf allen Analyseebenen und konstant über die vier Erhebungswellen das Lebensthema „Familie" die Lebensgestaltung und die anstehenden Entscheidungen. Am häufigsten und vor allem bei den sächsischen Frauen bestehen im beruflichen Bereich Vorstellungen und Planungen, jedoch immer in Abhängigkeit von den Erfordernissen im familialen Bereich und bezogen auf die berufliche Etablierung, aber doch mit mehr Selbstverständlichkeit als bei den bayerischen Frauen. Ansonsten ähneln sich die Vorstellungen und Familiengründungsprozesse in beiden Bundesländern bis ins Detail. Dieses Lebensthema entspricht dem von Koppetsch/Burkart (1999: 29) herausgearbeiteten Lebenszuschnitt im traditionellem Milieu. Die Konzentration der Frauen mit Lebensthema „Familie" auf ländliche und kleinstädtische Regionen und auf niedrige bis mittlere Bildungsabschlüsse – dies gilt für Bayern und Sachsen gleichermaßen – kann als Hinweis darauf gewertet werden, dass Gelegenheitsstrukturen wie ein traditionelles soziokulturelles Milieu und eingeschränkte Bildungschancen und Arbeitsmarktstrukturen die Entwicklung dieses Lebensthemas fördern. Allerdings ist dies nicht so zu deuten, dass alle Frauen mit kleinstädtischen oder ländlichen Gelegenheitsstrukturen sowie niedrigen und mittleren Bildungsabschlüssen „automatisch" das Lebensthema „Familie" entwickeln. Frauen mit dem Lebensthema „Beruf" weisen beispielsweise häufig auch niedrige Bildungsabschlüsse auf und leben in Bayern überwiegend in kleinstädtischen oder ländlichen Regionen.

Wie zielgerichtet und konsequent die jungen Frauen in Bayern und Sachsen ihre Vorstellungen und Pläne umsetzen, dürfte deutlich geworden sein, soll jedoch nochmals hervorgehoben werden, wird doch Frauen mit „traditionellen" Lebensmustern eher eine passive als eine aktive Rolle zugeschrieben, da sie häufig nur kollektive Projekte übernähmen. Jedoch zeigt sich, dass gerade für die Umsetzung des Lebensthemas „Familie" Handlungskompetenzen und aktive Strategien erforderlich sind. Familie „passiert" nicht einfach so. Die jungen Frauen mit Lebensthema „Familie" entscheiden sich bewusst für einen familienbezogenen Lebensentwurf, der nicht dem gesellschaftlich angeseheneren doppelten Lebensentwurf entspricht, und gegen andere Projekte, die sie jedoch deutlich wahrnehmen. Das Lebensthema Familie engt, so lässt sich resümieren, die Optionen junger Frauen in anderen Lebensbereichen ein, weil es die Ausschließlichkeit eines Lebensbereiches bedeutet. Dies ist den jungen Frauen bewusst und wird von ihnen so auch akzeptiert.

6.4 Lebensthema „eigener Weg"

Junge Frauen mit dem Lebensthema „eigener Weg" unterscheiden sich deutlich von allen anderen befragten Frauen: Wie keine andere Gruppe stellen sie sich selbst in das Zentrum ihres Lebens und sehen es als *ihr* Projekt an, ihren Weg zu finden und zu gehen entsprechend der idealtypischen Vorstellung vom postmodernen „Projekt Identität" (Kraus 1996). Der „eigene Weg" ist nicht auf berufliche oder familiale Ziele bezogen, sondern auf das gesamte Leben. Es dominieren Elemente wie Unabhängigkeit, eigener Weg, bloß nicht unterordnen und kein langweiliges Leben führen. Eigener Weg bedeutet auch, vorgegebene Wege für sich infrage zu stellen. Da es letztlich kein konkretes Ziel ist, das die jungen Frauen erreichen wollen, vielmehr der Weg das Ziel ist, lässt sich dieses Lebensthema als stärker auf den Prozess der Zielfindung gerichtet kennzeichnen als auf das Ziel selbst. Einzelne Lebensbereiche besitzen für die jungen Frauen keine eindeutige Priorität, denn die Verwirklichung des Lebensthemas „eigener Weg" ist in jedem Lebensbereich und Projekt möglich. Entsprechend kann in einer Welle der berufliche Bereich im Vordergrund stehen, in der nächsten Welle die Familiengründung, dann der Freundeskreis. Dies bedeutet jedoch nicht, dass die grundsätzliche Ausrichtung auf den eigenen Weg abhanden kommt. Die Schwierigkeit, die die Frauen benennen, besteht darin, diesen Weg zu identifizieren:

„Also ich mache das, was ich für richtig finde, aber ich bin eben noch nicht so weit, dass ich meinen Weg ganz erkenne. Also ich bin eigentlich im Moment noch so, dass ich frage, also dass ich mir ständig überlege: wo ist mein Weg? (…) da kann dann auch keiner irgendwo Ratschläge geben und ich glaube, ich muss wirklich lernen, für mich alleine und in mir selber. Und das kann ich auch nur damit erreichen, wenn ich mich auch mit mir beschäftige und wenn ich mich auch frage: was willst du eigentlich? und da bin ich im Moment eigentlich dran." (1. Welle Bayern, Großstadt B130)

So explizit wie diese junge Frau die Suche nach dem eigenen Weg erfährt, empfinden nicht alle Frauen, aber dass sie auf der Suche sind nach einem Leben, das „ihr" Leben ist, wird bei allen, in Bayern wie in Sachsen, in Großstadt, Kleinstadt und in Bayern auf dem Land deutlich. Ost-West-Unterschiede sind auch im „Wie" der Lebensgestaltung bei den befragten Frauen kaum vorhanden, im Gegenteil; die Übereinstimmung in Relevanz und Perspektivität des Lebensthemas in Bayern und Sachsen ist erstaunlich. Interessant ist, dass sich bei den sächsischen Frauen bereits vor der Wende Anzeichen für das Lebensthema „eigener Weg" andeuten. Dies zeigt sich beispielsweise deutlich in ihrer beruflichen Biografie und ist nicht auf retrospektive Umdeutungen zurückzuführen. Auch zu DDR-Zeiten waren also durchaus individualisierte Gestaltungsmöglichkeiten und Biografien vorhanden (vergleiche Kapitel 1.2). Im Regionenvergleich zeigen sich ebenfalls keine deutlichen Unterschiede, aber Hinweise, dass auf dem Land der „eigene Weg" leichter ohne Partner zu realisieren ist. Die Situationen der jungen Frauen im beruflichen und privaten Bereich sind sehr unterschiedlich, was ein wichtiger Hinweis dafür ist, dass die Verteilung und Abfolge von Lebensformen oder beruflichen Situationen kein zuverlässiger Indikator für das Lebensthema „eigener Weg" ist.

Die jungen Frauen sehen sich selbst oft als Spätzünderinnen, die mehr Zeit für ihre Entwicklung brauchen als andere. Im Nachhinein werten sie frühere biografische Entscheidungen wie Bildungsabschluss oder Berufswahl eher negativ. Wichtig ist ihnen, sich nun Zeit zu lassen bei ihrer Entwicklung. Ein Ende des Entwicklungsweges ist, auch in der vierten Welle, bei keiner Frau in Sicht. Teils haben sich die Frauen stabilisiert und fühlen sich auf dem richtigen Weg, teils haben sie von ihrem Gefühl her einen Abschnitt ihres Weges verwirklicht. Vorherrschend ist ein Gefühl der Zufriedenheit und der eigenen Stärke. Sie sehen neue Lebensabschnitte auf sich zu kommen und wünschen sich, dass diese sie in ihrer Entwicklung weiterbringen.

Beruf, Partnerschaft, Familie, FreundInnen oder Freizeit als eigene Zeit können eine hohe Bedeutung für die Frauen haben. Dies stellt keinen Widerspruch zur Priorität der eigenen Person dar, sondern ist Ausdruck davon, dass sie an vielem interessiert sind und sich mit vielen Lebensbereichen aktiv auseinander setzen. Das Motiv, den eigenen Vorstellungen entsprechend zu handeln und sich nicht in traditionelle Muster pressen zu lassen, steht im Vordergrund.

Die Paarbeziehung ist für die jungen Frauen ein sehr wichtiger Lebensbereich, vor allem für diejenigen, die in einer festen Beziehung leben. Zu Partnerschaft und Lebensform äußern sie sich ausführlich und differenziert und zwar in allen Wellen. Sie sind jedoch nicht um jeden Preis bereit, Partnerschaft zu leben, wie sie – ob gerade mit oder ohne Partner – betonen.

> „Liebe ist wichtig für mich, aber ich möchte meine Identität als Person behalten." (1. Welle Bayern, Großstadt B102).

Die Partnerschaft muss gleichzeitig Nähe und Freiräume sowie Unterstützung für die eigene Entwicklung gewähren. Ist dies gegeben, lassen die jungen Frauen sich auf langfristige Beziehungen ein, hinter denen sie voll und ganz stehen. Sie betonen vor allem Unabhängigkeit, Freiräume sowie Gleichberechtigung. Auf keinen Fall wollen sie sich dem Partner unterordnen. Falls Familie einmal infrage kommen sollte, was nur einige Frauen bewusst anstreben, wollen sie sich nicht für Mann und Kinder „aufopfern". Zudem pflegen sie ganz bewusst einen eigenen Freundeskreis, eigene Hobbies und eigene Interessen. Wichtig ist ihnen, dass keine gegenseitigen Besitzansprüche bestehen und sie sich in der Beziehung nicht eingesperrt fühlen. Die Partner sollen sich gegenseitig in ihrer Entwicklung nicht behindern. Beide sollen wachsen können. Für dieses Beziehungsmodell ist gegenseitiges Vertrauen wesentlich. „Jeder kann machen, was er will, beide wissen aber, dass sie zusammengehören" (2. Welle Bayern, Großstadt B102), wie es eine der jungen Frauen auf den Punkt bringt.

> „Weil ich finde es nicht gut, wenn man so aufeinander fixiert ist. Ich meine, das hat ja nichts mit der Beziehung an sich zu tun, das hat auch nichts mit Liebe zu tun, wenn ich den anderen irgendwo einenge. Gerade andersherum, wenn ich jemanden liebe und ich finde, ich liebe jemanden viel mehr, wenn ich sage: mache das, wie du das denkst." (1. Welle Bayern, Großstadt B130)

Die jungen Frauen haben meist einen großen Freundes- und Bekanntenkreis und nehmen sich viel Zeit für ihre Interessen. Sie leben die Vorstellungen, die sie äußern. Die Partner in den meist langfristigen Paarbeziehungen unterstützen die Frauen dabei, den eigenen Weg zu verwirklichen. Sie regen die Frauen beispielsweise dazu an, einen höheren Bildungsabschluss anzustreben und auch abzuschließen, sich in die Selbstständigkeit zu wagen oder einen anderen Lebensstil zu leben, als er beispielsweise in der Herkunftsfamilie üblich war; oft kommen von den Partnern wichtige Impulse. Die Frauen sprechen sehr liebevoll von ihren Partnern. Eine Frau hebt beispielsweise hervor, dass die Beziehung nach sechs Jahren Zusammenleben „immer noch wachse" (3. Welle Bayern, Großstadt B102). Fühlen sich die Frauen von ihren Partnern nicht mehr unterstützt, beenden sie die Beziehung, weniger bewusst als unbewusst. Dies gilt in Bayern vor allem für die Frauen in der ländlichen Region; hier scheint es aufgrund der Zähigkeit traditioneller Vorstellungen schwieriger als in großstädtischen Regionen zu sein, Paarbeziehungen mit Unabhängigkeit und Autonomie zu verbinden. Häufig trennen sich die Frauen auf dem Land deshalb nach kurzer Zeit wieder von den Partnern, sobald diese ganz explizit Vorstellungen von einer gemeinsamen Familiengründung äußern.

Einer Heirat stehen die Frauen unterschiedlich gegenüber, von ablehnend über indifferent bis aufgeschlossen ist alles vertreten. Die Lebensform „Living apart together", also getrennt wohnen, gemeinsam leben, wird von den Frauen favorisiert, zumindest für eine gewisse Zeit. Damit sehen sie auch das Problem der Arbeitsteilung im Haushalt gut gelöst. In diesem Zusammenhang ist für die Frauen die finanzielle Unabhängigkeit vom Partner von großer Bedeutung. Der eigene Weg ist nicht an eine bestimmte Lebensform gekoppelt, sondern lässt sich in jeder Lebensform verwirklichen. Hier zeigt sich auch, dass die Lebensform, wie sie statistisch erhoben wird, nicht unbedingt etwas über biografisches Handeln aussagt. Auch im Bereich von Partnerschaft und Lebensformen sind die Frauen auf der Suche nach ihrem Lebensstil. Dies gilt selbst bei langjährigen und guten Partnerschaften (über zehn Jahre Dauer), die immer wieder infrage gestellt werden. Es entsteht der Eindruck, dass die Frauen, fast wie in einem Ritual, die prinzipielle Offenheit ihrer Lebensform beschwören. Andererseits bezeichnen sie sich als treu und sehen selbst ihre Partnerschaften als stabil. Frauen ohne Partner wünschen sich zwar eine Beziehung, aber nicht um jeden Preis, und fühlen sich auch in ihrem Singlesein wohl. Es bestätigt ihr Selbstvertrauen, alleine zurecht zu kommen bzw. einen guten Freundeskreis zu haben, der sie notfalls auch mal auffängt. Diejenigen, die stabil über die Wellen keinen Partner oder wechselnde Beziehungen haben, zweifeln zunehmend daran, ob sie überhaupt noch einen geeigneten Partner finden werden, der in ihr Leben passt. Teils haben sie auch schlechte Erfahrungen gemacht; fühlten sich nicht ernst genommen und abwertend behandelt.

Kinder und eine eigene Familie besitzen für diese jungen Frauen zwischen 18 und 35 überwiegend keinen großen Stellenwert, werden aber nicht ausgeschlossen. Von den Aussagen „Kinder später auf alle Fälle" über „nicht unbedingt" bis „eher nicht" und „nein" ist alles vertreten. Deutlich ist, dass die Frauen, die keine Kinder wollen, davon ausgehen, dass Kinder ihr Leben eher behindern könnten. Die Verschränkung von Beruf und Kindern oder die Vereinbarkeitsproblematik sind kein Thema. Bis zur vierten Welle haben einige der Frauen ein Kind bekommen. Sie gestalten ihr gemeinsames Leben mit Kind so, dass es ihrem Weg entspricht. Andere Frauen sind der Meinung, dass sich eigener Weg und Kind nicht vereinbaren lassen, wieder andere sehen in einer bewussten Mutterschaft einen großen Reiz. Sie sehen Kinder dann als wichtigen Teil ihres Weges an, wie beispielsweise eine junge Frau aus Sachsen, die sich in der Waldorfbewegung engagiert und eine ganzheitliche Lebensform als Möglichkeit sieht, selbstbestimmt und ihren Vorstellungen gemäß zu leben. Insgesamt vertrauen die Frauen darauf, sollten sie ein Kind haben, sowohl dem Kind wie auch ihren eigenen Interessen gerecht zu werden. Kinder werden unter dem Aspekt gesehen, ob sie zum eigenen Weg passen oder ob dieser gefährdet ist. Besteht ein Kinderwunsch, wird er auch verwirklicht. Für eine der Frauen mit Kinder- und eventuellem Heiratswunsch muss erst der Prozess der Selbstverwirklichung abgeschlossen sein, bevor eine Familiengründung ansteht. Explizit betonen alle Frauen, dass sie keine „Familienidylle" wollen. Häufiger als in anderen Gruppen können sie sich vorstellen, Kinder auch alleine, ohne Partner aufzuziehen. Im Längsschnitt werden sich einige Frauen sicherer, dass sie keine Kinder wollen, jedoch mit schlechtem Gewissen gegenüber dem kollektiven Projekt Familie, andere bleiben dabei, dass sie Kinder haben wollen, jedoch erst jenseits der 30, 35.

Der Stellenwert von Freizeit wird von den Frauen mit Lebensthema „eigener Weg" betont. Sie ist ein wichtiges Element in ihrem Leben und bietet den Raum, eigenen Interessen nachzugehen und Neues auszuprobieren. Die Frauen belegen häufig Kurse und beschäftigen sich mit kreativen Dingen. In diesem Zusammenhang sind auch die Beziehungen zu anderen von großer Bedeutung. Sie besitzen ein hohes Anregungspotenzial, gewähren Nähe und Freundschaft.

Der Beruf ist insgesamt sehr wichtig für die Frauen, aber nicht per se oder um Karriere zu machen, sondern als Mittel, um den eigenen Weg zu verwirklichen und die eigenen Fähigkeiten auszutesten. Es dominieren Vorstellungen von interessanten und abwechslungsreichen, auch fordernden Tätigkeiten sowie selbstständigem Arbeiten und Gestalten. Der Beruf soll Spaß machen und eine Möglichkeit zur Selbstverwirklichung bieten, das fordern die Frauen immer wieder über den gesamten Erhebungszeitraum. Sind diese Voraussetzungen erfüllt, arbeiten sie gerne. Auf keinen Fall dürfen sich Routine oder Langeweile einschleichen. Viele sind auch beruflich immer wieder auf der Suche.

„Also im Moment ist für mich das Wichtigste, dass ich meinen beruflichen Weg finde." (1. Welle Bayern, Großstadt B130)

Ihre beruflichen Tätigkeiten stellen sie, sogar wenn diese ihren Ansprüchen nahe kommen, immer wieder infrage und sind offen für Anregungen. Einen „endgültigen" Beruf gibt es für sie nicht. Sie entwickeln immer wieder neue Ideen. Das zeigt sich sehr deutlich über die vier Wellen, bedeutet aber nicht, dass sie ständig unzufrieden wären. Im Gegenteil, oft sind sie erfolgreich – entweder als Selbstständige oder Angestellte – und stolz auf das Erreichte. Trotzdem lockt sie das Neue. Die Frauen wollen sich mit ihrem Beruf identifizieren können und suchen häufig danach, „sich beruflich irgendwie nochmal anders zu verwirklichen" (2. Welle Sachsen, Kleinstadt S214).

„Ja, da habe ich dann ein Jahr gearbeitet, und da war eigentlich nur mein Ziel, dass ich gesagt habe, ja, ich mache jetzt meine Arbeit gut und so, das habe ich dann auch erreicht, bin mit meinem Chef und der Chefin gut ausgekommen, wir haben ein schönes Verhältnis gehabt miteinander. Aber irgendwann habe ich den Drang gehabt, ich will weg, ich will einfach weg. Ich weiß nicht, warum. Ich habe mir gedacht, ich bin noch jung, ich bin noch ungebunden, habe keine Verpflichtungen. Und dann habe ich mich erkundigt, wie man weg kann, also wie das geht (Anm.: Aupair-Tätigkeit). Und dann ist es bei mir wieder aufwärts gegangen, weil ich wieder ein Ziel gehabt habe, weil ich wieder Abwechslung hatte." (3. Welle Bayern, Land B359)

Sind ihre Ansprüche im Berufsbereich nicht erfüllbar, wird vor allem die Bedeutung der Berufstätigkeit zur Finanzierung des eigenen

Lebens in den Vordergrund gerückt. Die Frauen betonen jedoch unabhängig davon, ob sie im Beruf zufrieden oder unzufrieden sind, dass sie sich auch ohne ihren Beruf aufgrund ihrer vielfältigen Interessen gut beschäftigen könnten:

> „Ja, ein notwendiges Übel, würde ich mal sagen. Ich finde es mittlerweile positiv, dass ich mich während meiner Arbeitszeit auf was einlassen kann, das wirklich ein Teil von mir ist. Das habe ich früher so nicht erlebt. Aber das andere ist halt, dass ich in einen unheimlichen Strudel reinkomme, wo ich ständig am Überlegen bin, was ist Arbeit und was ist Freizeit. Das ist so ein ständiger Konflikt, der auszutragen ist. Und – ja, also ich müsste nicht arbeiten (lacht) – ich hätte so viel zu tun den ganzen Tag – ich mache es halt wegen der Selbstständigkeit, und damit ich mir ein bisschen was leisten kann." (4. Welle Bayern, Großstadt B102)

„Karriere" zu machen, wie es für die jungen Frauen mit Lebensthema Beruf wichtig ist, ist eher nicht attraktiv. Dann bliebe zu wenig Zeit für sie selbst, Freizeit, Partnerschaft und Freundeskreis. Teilzeitarbeit wird deshalb von manchen Frauen als optimal angesehen. Dennoch setzen sich alle Frauen, in Bayern wie in Sachsen, mit hohem zeitlichem Engagement ein. Sowohl mit ihrem Bildungsabschluss (in Bayern überwiegend Hauptschulabschluss oder mittlere Reife, in Sachsen Studium) als auch mit dem Erstausbildungsberuf[12] sind die Frauen im Nachhinein häufig unzufrieden. In der Schule wären sie zu faul gewesen und hätten zu wenig Einsatz gezeigt, was sie jetzt bedauern. Sie hätten damals nicht gewusst, worauf es ankomme. Die zunächst erlernten Berufe stellten häufig nur eine Notlösung dar, die auf die schlechte Arbeitsmarktsituation, ihre niedrigen bis mittleren Schulabschlüsse oder den Einfluss der Eltern zurückzuführen gewesen seien. Sie wollen diese ersten Weichenstellungen in ihrem Leben nicht akzeptieren, sondern bemühen sich darum, sie zu revidieren. Hier werden auf der einen Seite Geschlecht und Bildung als einschränkende Gelegenheitsstrukturen deutlich – was für alle jungen Frauen gilt; auf der anderen Seite zeigt sich, dass manche Frauen, eben je nach Lebensthema, diese Grenzen überschreiten, andere aber nicht.

Kaum eine Frau ist noch im erlernten Beruf tätig. Entsprechend ihrer Unzufriedenheit haben die Frauen vor der ersten Erhebungswelle oder im Verlauf der Erhebung den Arbeitsplatz, oft auch die Branche gewechselt, in einigen Fällen eine zweite Ausbildung ge-

---

12 In Bayern beispielsweise Apothekenhelferin, Erzieherin, Hauswirtschafterin oder Industriekauffrau, in Sachsen Facharbeiter für Postverkehr oder Dipl. Sportlehrerin (Univ.).

macht oder über Berufsaufbauschule und Abendschule mit dem Abitur einen höheren Bildungsabschluss erworben. Die Selbstständigkeit ist ein anderer Weg, von dem die Frauen zunächst nur sprechen, den sie abwägen und von dem sie träumen, dann aber auch ganz gezielt aufbauen oder zu dem sie aufgrund von Arbeitslosigkeit gezwungen werden. Die Palette reicht von einem Sportstudio über eine Boutique und ein Sonnenstudio bis zum freiberuflichen Arbeiten in Seminaren. Ein Schritt in die Selbstständigkeit kann auch der Zweitjob sein. Die Frauen engagieren sich insgesamt sehr, zeigen eine hohe Risiko- und Leistungsbereitschaft, und sind beruflich oder mit ihren Geschäftsgründungen häufig erfolgreich.

Die Relevanz des beruflichen Bereichs variiert entsprechend sehr stark und verändert sich über die einzelnen Erhebungswellen in Korrespondenz zu den Projekten, die gerade anstehen. In der Biografie zeigen sich zahlreiche, teils chaotisch und ungerichtet wirkende Veränderungen und selten geradlinige Entwicklungen. Diese sind jedoch weniger Ausdruck von ungünstigen Gelegenheitsstrukturen oder schwierigen familialen Konstellationen, sondern spiegeln die wechselnden Prioritäten, Entwicklungen und Erfahrungen der Frauen wider. Ohne Kenntnis des Lebensthemas könnten diese beruflichen Wege durchaus als chaotisch, ungerichtet und unsystematisch interpretiert werden. In der Analyse zeigt sich jedoch ein roter Faden, der auch in den Abbrüchen von Ausbildungen oder häufigen Veränderungen und Umwegen die Logik „eigener Weg" erkennen lässt.

Bei aller Unterschiedlichkeit der jungen Frauen tauchen in den Interviews immer wieder typische Vorstellungen auf. Dazu gehören Unabhängigkeit, die Forderung nach Offenheit und Abwechslung, Ablehnung von Routine, das Bewusstsein, anders zu sein und auch anders sein zu wollen, um sich abzugrenzen, sowie das Leben zu genießen und Spaß daran zu haben. Diese Prinzipien sind der Schlüssel zum Verständnis der Gruppe und strukturieren Sinnhorizont, Perspektivität und Handlungen – zumindestens in der von uns erhobenen Lebensphase zwischen 18 und 35 Jahren. Den jungen Frauen geht es um das eigenständige Gestalten ihres Lebens. Das heißt, dass sie die Initiative ergreifen wollen, um ihre Situation zu verändern oder etwas Neues zu beginnen, was nicht immer erfolgreich verläuft, was sie aber immer als wichtige Erfahrung interpretieren. Entsprechend formulieren sie Ansprüche und Forderungen an ihr Leben, beispielsweise:

„Ich möchte nicht irgendwann an den Punkt kommen mit 40, 50 Jahren, wo ich dann sage, ‚ach, hätte ich es halt gemacht‘ und ‚es ist eigentlich ziemlich langweilig gewesen‘.“ (1. Welle Bayern, Großstadt B130)

Das „Anderssein“ ist etwas, das sie nicht nur bewusst erleben, sondern auch aktiv „pflegen“, sei es, dass sie betonen, dass sie nicht „normal“ sein wollen, sei es, dass sie gegen den Strom schwimmen für wichtig erachten. Häufig betonen die Frauen in diesem Zusammenhang auch, dass sie ganz anders leben als ihre Eltern. Unter dem Anderssein leiden sie aber auch; es distanziert sie. Eine junge Frau bezeichnet sich selbst als „schwarzes Schaf in der Familie“ (3. Welle Bayern, Großstadt B102), weil sie beruflich mit 30 Jahren immer noch nicht etabliert ist, sondern sich aus inhaltlicher Neugier und Interesse immer weiterqualifiziert. Das Interesse am Reisen, an neuen Situationen und Menschen ist ein weiteres Merkmal im Leben der jungen Frauen. Ihre jeweilige Situation betrachten sie als offen, als Station in einem nicht endgültig definierten Lebensrahmen. Veränderungen und neue Erfahrungen sind erwünscht, endgültige Festlegungen werden vermieden und als „festgefahren“ interpretiert. An diesem „nicht Festgelegt-Sein-Wollen“ halten die Frauen über alle Wellen sehr betont fest. Reisen ist für sie Ausdruck von Offensein und Neugier, „um etwas von der Welt zu sehen“, als Selbsterfahrung und „um Abstand zu bekommen“. Dabei gehen sie keine Kompromisse ein, weder in beruflicher noch in partnerschaftlicher Hinsicht:

„Für mich ist halt diese Reise oder dieses Wegsein oder dieses ‚wirklich mal anders leben eine Zeit lang‘ genauso wichtig wie die Beziehung zu ihm, ja!“ (3. Welle Bayern, Großstadt B130)

Ein Teil der Frauen zieht in Erwägung, zeitweise außerhalb von Deutschland zu leben, „weil man dort freier ist“. Manche liebäugeln damit auszuwandern oder auszusteigen. Ein Auslandsaufenthalt wird als Möglichkeit gesehen, die bisherige Lebensweise infrage zu stellen und sich neu zu orientieren. An dieser Vorstellung halten die jungen Frauen auch fest, wenn sie ein Kind haben. Mögliche Einschränkungen durch ein Kind werden als Zwischenstadium gesehen, das möglichst auf eine kurze Zeit beschränkt sein soll, denn sie „erwarten noch mehr vom Leben“. Typisch sind auch immer wieder geäußerte Zweifel und Ambivalenzen, ob der eingeschlagene Weg der richtige sei und welche anderen Wege sie vielleicht versäumen. Diese Zweifel werden explizit benannt und zur Kenntnis genommen.

Die jungen Frauen planen vor allem bezogen auf das aktuelle Ziel, auf das, „was gerade ansteht". Der Planungshorizont ist dabei kurz bis höchstens mittelfristig. Immer wieder neue Ideen zu entwickeln und dafür offen zu sein, ist ihnen wichtiger, belebt sie und gibt ihnen Auftrieb. Sie folgen einer inneren Logik und sind eher „Umsetzerinnen" als „Planerinnen". Allerdings sind sie, wenn es notwendig ist, durchaus in der Lage, detailliert und konkret zu planen. Dadurch, dass sie ihr Leben als offen definieren und auch die Vorstellung von eigenem Weg und Selbstverwirklichung eher einen Prozess als ein Endziel impliziert, verwundert es nicht, dass sie im Vergleich zu den Frauen, die beispielsweise auf einzelne Bereiche und konkrete Projekte bezogen sind, deutlich weniger planen. Eine langfristige Planung in festen Etappen und Projekten, wie sie beispielsweise die Frauen mit dem Lebensthema „Familie" sehr detailliert äußern, ist im Sinnhorizont ihres Lebensthemas nicht funktional.

Vielfach scheinen die Vorstellungen der jungen Frauen zunächst nur den Charakter von Träumen und Wunschszenarien zu haben, die zwar sehr detailliert sind, deren Verwirklichung jedoch eher unrealistisch erscheint, weil die Perspektiven und Ressourcen unklar sind. Charakteristisch ist, dass die Vorstellungen zum Teil über mehrere Wellen bestehen oder noch langfristiger sind. Im Verlauf des Längsschnitts zeigt sich, dass die Frauen ihre Träume und Fantasien überwiegend verwirklicht haben. Ist der richtige Zeitpunkt gekommen, wird ohne Zögern zielgerichtet umgesetzt. Nach der Devise „Jeder ist seines Glückes Schmied" (1. Welle Bayern, Land B359) sind die jungen Frauen überzeugt, dass sie es in der Hand haben, ihr Leben zu verändern und zu gestalten, und fühlen sich darin auch durch ihre bisherigen Erfahrungen bestätigt. Häufig verwirklichen sie auch Träume vom Reisen oder Leben im Ausland. Sie schaffen die Gelegenheiten dafür. Sei es, dass sie das Reisen über eine Aupair-Tätigkeit umsetzen und von einem dadurch erlebten Entwicklungs- und Verselbstständigungsschub berichten, oder dass sie mehrmonatige Urlaubsreisen – alleine oder mit Freundin – finanzieren, auch wenn andere sie nicht unterstützen oder sogar für „verrückt" erklären.

Die Offenheit im Lebenskonzept zeigt sich auch darin, dass die Frauen sich nicht auf dem Erreichten ausruhen und bereits erfolgreich verwirklichte Projekte längerfristig genießen und ausgestalten, sondern wieder neue Projekte aufgreifen und zu verwirklichen suchen. Dabei verlassen sie immer wieder eingefahrene Pfade und riskieren auch ein Scheitern. Beispielsweise verkauft eine junge Frau (Bayern, Großstadt 130) ihre erfolgreich aufgebaute Boutique, deren Gründung in den Erhebungszeitraum fiel, um eine halbjährige Weltreise zu unternehmen. Davon träumte sie bereits seit der ersten Welle. Ihr Partner hat keine Zeit mitzukommen. Sie ist jedoch der Meinung, dass für sie der günstigste Zeitpunkt für die Weltreise gekommen und ihre Partnerschaft dadurch nicht gefährdet sei. Die Frau möchte den „Break" auch dazu nutzen, sich über ihre weiteren Ziele klar zu werden.

Kennzeichnend für die jungen Frauen mit Lebensthema „eigener Weg" ist insgesamt, dass sie neben dem Motto „Leben als Reise" (Kraus 1996: 1) mehr als alle anderen befragten Frauen den durch kollektive Projekte, sozialisatorische Vorgaben und Gelegenheitsstrukturen abgesteckten Handlungs- und Lebensrahmen erweitern oder verlassen. Ein Leben, das die eigene Person in den Vordergrund stellt, gilt auch heute noch als egoistisch und unweiblich und mit Leitbildern vom Ehefrau- und Muttersein unvereinbar. Selbst und aktiv vorgenommene Veränderungen stellen sich häufig als Umbruchsituationen dar, aber weniger als Krisen, sondern eher als Entfaltungs- und Selbstverwirklichungsprozesse, die die biografische Handlungsfähigkeit nicht grundlegend gefährden. Die Schwierigkeit, dass ihr Leben als un-weiblich und un-normal gilt, ist den jungen Frauen bewusst, lässt sie jedoch nicht ihre Identität als Frau infrage stellen. Frausein interpretieren sie selbstbewusst als Stärke. Der Frage, ob es sich um einen „neuen" weiblichen Lebensthementyp in der Folge von Individualisierungsprozessen handelt oder um einen schon immer existierenden Typus, eine Meinung, die ich eher vertrete, aber nicht belegen kann, soll hier nicht nachgegangen werden. Es sei jedoch darauf hingewiesen, dass es heute für breitere Schichten junger Frauen möglich geworden ist, offen ein Leben jenseits des gesellschaftlich und institutionell abgesteckten weiblichen Handlungsrahmens zu führen. Sheehy (1982) spricht von „Pfadfindern" als Frauen und Männern, die neue Wege wagen. Diese sind, ihrer Untersuchung zufolge, sehr heterogen und kommen aus unterschiedlichsten Milieus und mit unterschiedlichstem Erfahrungshintergrund. Hier zeigt sich eine Parallele zu den jungen Frauen mit dem Lebensthema „eigener Weg", deren Ressourcen und Biografien so heterogen sind, auch bezogen auf die Herkunftsfamilie, dass ihre Gemeinsamkeit das Lebensthema mit seinen biografischen Charakteristika ist.

6.5 Lebensthema „Suche nach Orientierung"

Die jungen Frauen mit dem Lebensthema „Suche nach Orientierung" formulieren keine Projekte, die sie verwirklichen wollen, sondern deuten sie an, um sie im nächsten Moment zurückzunehmen oder infrage zu stellen; ihr biografisches Handeln ist in allen Bereichen inkonsistent. In ihren Schilderungen werden sie vor allem dann anschaulich, wenn sie Scheitern, Nichtgelingen und Leiden ausführen. Kraus (1996) bezeichnet diese Handlungs-Logik als „Negativ-Projekt". Die jungen Frauen haben unterschiedliche, in sich widersprüchliche Vorstellungen davon, wie sie ihr Leben gestalten könnten, können sich nicht für ein Szenario entscheiden bzw. sehen keine Möglichkeit, ihre Vorstellungen umzusetzen. Sie schwanken zwischen Vorstellungen einer Balance zwischen Beruf und Familie und alternativen Projekten, die mit ökonomischer Eigenständigkeit einhergehen. Mit der Abhängigkeit von einem Partner und den Unwägbarkeiten einer Vereinbarkeit zwischen Familie und Beruf sehen sich die jungen Frauen in ihrer Autonomie bedroht. Dies wird zusätzlich durch die in dieser Gruppe häufig problematische Qualität der Partnerbeziehung verstärkt. In anderen Fällen wiederum haben die Frauen keine oder unverbindliche Beziehungen oder aber Partner, die mit ihrem Verdienst den Lebensunterhalt nicht allein decken könnten.

Die jungen Frauen in dieser Gruppe unterscheiden sich kaum von der Gesamtgruppe der befragten jungen Frauen, was die regionalen Gelegenheitsstrukturen, ihre berufliche Situation und die Lebensformen betrifft. Sehr viel häufiger sind jedoch biografische Konstellationen mit schweren und chronischen Krankheiten, Familienkonstellationen mit Todesfall, Alkoholismus oder Scheidung, schwierigen Elternbeziehungen oder beruflichen Schwierigkeiten. Vor allem in Sachsen kommen Unsicherheitsgefühle aufgrund nicht gesicherter Arbeitsverhältnisse seit der Wende hinzu. Häufig kumulieren diese Faktoren. Vor einem solchen Hintergrund mit nur geringen persönlichen, sozialen und materiellen Ressourcen fällt es den Frauen dieser Gruppe schwerer als anderen, Situationen wie Erwerbslosigkeit, Existenzunsicherheit oder Partnerkrisen zu meistern. Ihre Handlungen sind überwiegend reaktiv und bleiben auf aktuelle Anforderungen bezogen. Bei diesen jungen Frauen wird eine permanente und vage Unzufriedenheit deutlich, welche vor allem auf die Diskrepanz zwischen ihrer Lebenssituation und dem, was sie sich abwechselnd wünschen oder vorstellen, zurückzuführen ist. In ihren Aktivitäten und Handlungen kommen sie der Realisierung ihrer biografisch widersprüchlichen Projekte über den gesamten Untersuchungszeitraum nicht näher, diese bleiben in der Regel auf der Ebene von Absichtserklärungen. Die Frauen handeln in Richtung eines bestimmten biografischen Projekts, wenn Gelegenheiten günstig sind oder aber weil Anforderungen sie zwingen zu handeln – etwa bei einer ungewollten Schwangerschaft; meist bewältigen sie kurzfristig entstehende Alltagsanforderungen. Sie erleben ihre Lebenssituation als wenig beeinflussbar und schätzen den Handlungsspielraum zur Gestaltung ihrer Biografie als gering ein. Sie weichen größeren Veränderungen in ihrer Lebenssituation trotz ihrer Unzufriedenheit eher aus, oft leiden sie zwar an der Diskrepanz zwischen Wünschen und Wirklichkeit, unternehmen jedoch nichts, dies zu ändern. Sie wirken in ihren Handlungen zur Umsetzung eines bestimmten Projekts blockiert, weil sie sich nicht festlegen können und wollen, und bleiben auf der Suche nach Orientierung unentschieden. Der Verlust an Lebensperspektivität macht sich in fehlender Handlungsfähigkeit bemerkbar. Diese Unfähigkeit zur aktiven Lebensgestaltung führt bei den jungen Frauen zu einem Gefühl der Ausweglosigkeit.

Die Frauen in dieser Gruppe haben meist einen qualifizierten Hauptschulabschluss bzw. den Schulabschluss nach dem 10. Schuljahr in Sachsen. Sie arbeiten über alle vier Wellen qualifiziert in ihrem Beruf oder in einem berufsverwandten Feld, keine übt eine ungelernte Tätigkeit aus. Die Berufstätigkeit wird in Bayern selten unterbrochen und wenn, dann meistens für eine Weiterqualifizierung. Im Osten ist häufig Erwerbslosigkeit der Grund für eine diskontinuierliche Erwerbsbiografie, die Frauen sind zum Teil wiederholt arbeitslos oder von Arbeitslosigkeit bedroht. Der Beruf ist für die jungen Frauen sehr wichtig, weil er die Sicherung ihrer Existenz und ihre ökonomische Eigenständigkeit gewährleistet, sie legen Wert auf eine qualifizierte Tätigkeit und gute oder zumindest erträgliche Arbeitsbedingungen. Häufig sind die jungen Frauen mit ihrer beruflichen Situation unzufrieden, sie unternehmen im Unterschied zu den Frauen mit dem Lebensthema „eigener Weg" von sich aus jedoch wenig, dies zu ändern. So schildert eine junge Meisterin, die im elterlichen Betrieb arbeitet:

> „Nein! Ich glaube Spaß im Beruf habe ich noch nie gehabt. Unter der ganzen Woche gibt es nichts anderes als wie nur, dass ich pünktlich ins Bett gehe, dass ich meine Arbeit gescheit mache, und dass ich das einfach hervorragend mache. Und was anderes gibt es da nicht. Und die hohen Ansprüche an mich selber,

das weiß ich genau, sowas hält man auf Dauer nicht aus. Und weil eben mein ganzes Privatleben darunter leidet." (3. Welle Bayern, Land B321)

Veränderungen ergeben sich durch Anforderungen, z.B. Umstrukturierungen im Betrieb oder beim Verlust des Arbeitsplatzes, jedoch in der Regel nicht durch die Initiative der Frauen selbst, sie greifen allenfalls Gelegenheiten auf. Eine junge Frau, die nach einer Umstrukturierung einen neuen Aufgabenbereich bekommen hat, beschreibt dies folgendermaßen:

„Es ist einerseits ganz schön, weil es abwechlungsreich ist und andererseits hat man auch viel Ärger mit den Leuten. (...) also es war nicht so gedacht, aber es hat sich so ergeben. Und wenn man sich gewehrt hat und gesagt hat das war nicht so gedacht, dann hieß es, es hat sich halt nicht anders ergeben. (...) und dann haben sie versucht, etwas anderes zu finden, aber es fand sich nichts (...) – also es war einfach nichts zu machen und da haben wir jetzt sozusagen einen faulen Kompromiss geschlossen." (4. Welle Bayern, Großstadt B119)

„Mein Chef überträgt mir immer mehr Aufgaben. Im Prinzip hat er mich eingestellt, weil ich den Studienabschluss hatte, we ‚Keine Kinder, die macht dann immer länger'. Das denk' ich mir schon. Und jetzt könnte das Arbeitsgebiet wohl auch umfangreicher werden (...), das würde mir gefallen von der Vielseitigkeit her, aber sonst, wenn man dann immer bis um 9 Uhr sitzt und die vielen Überstunden." (3. Welle Sachsen, Großstadt S136)

Inhaltlich identifizieren sich die jungen Frauen wenig mit ihrer Tätigkeit und streben auch in ihren Fantasien keine weiteren Erfolge an. Wenn sie sich weiterqualifizieren, so deshalb, weil dies notwendig erscheint, um bessere Arbeitsbedingungen zu erhalten oder die berufliche Situation langfristig zu stabilisieren. So erklärt eine Erzieherin zu Beginn ihres Fachhochschulstudiums:

„Das Studium ist eher eine Notlösung (...). Ich habe mir überlegt, in welchen Bereich würde ich gerne gehen, so von den Rahmenbedingungen her, mit den Kindern und auch von der Arbeitszeit her (...). Ich bin jetzt 30 und so für die Zukunft, ich denk' mir einfach, ich werde jemand sein, der sein Leben lang arbeiten wird und irgendwann hoffe ich halt, eine Stelle zu bekommen, wo es etwas geruhsamer zugeht, wo ich nicht so viel Energie investieren muss und wo ich vielleicht auch mal mehr organisatorisch arbeiten kann." (3. Welle Bayern, Großstadt B156)

Bei den Lebensformen sind Singles und Living-apart-together-Beziehungen ebenso vertreten wie nichteheliche Lebensgemeinschaften und Ehen. Keine der Frauen hat bis zur vierten Welle ein Kind, eine wird ungewollt schwanger. Die Qualität der Partnerschaften hat für die meisten jungen Frauen einen hohen Stellenwert, Trennungen finden häufig statt, langjährige Partnerschaften erweisen sich oft als problematisch. Junge Frauen ohne Partner sehnen sich nach einer Beziehung, äußern andererseits aber Zweifel, sich auf eine feste Partnerschaft einlassen zu können.

> Vielleicht wird es auch immer schwieriger, je älter man wird. Ich bin jetzt schon 28. (...). Man wird vielleicht irgendwo zum Eigenbrötler oder man hat halt so seine Vorstellungen (...) hat sein Leben irgendwie organisiert und dann ist es halt schwer, da jemanden in Vollzeit zu integrieren." (3. Welle Bayern, Großstadt 156)[13]

Wenn die jungen Frauen in einer Beziehung leben, so verstärken die Partner fast immer die Unentschiedenheit der jungen Frauen: Die Paare kommunizieren wenig, die Gespräche gehen kaum um gemeinsame Lebensziele und die Frauen fühlen sich nicht in der Realisierung von Projekten unterstützt, sondern eher in der Umsetzung verunsichert und gebremst:

> „Zwei Jahre möchte ich erst mal dort arbeiten und dann vielleicht auch mal ein Kind anschaffen, und das schieb' ich immer weg, weil er ja im Prinzip auch nicht überzeugt davon ist. (...) Da sind wir uns eigentlich gar nicht so einig drüber. Er verdrängt das immer, wenn ich ihn darauf anspreche. Ich spreche ihn auch kaum noch darauf an, weil ich ja seine Meinung kenne eigentlich. Und von der Seite her sind wir uns nicht einig, wo wir stehen." (3. Welle Sachsen, Großstadt S136)

Oft liegen die Probleme auch in der Beziehung selbst: Die Frauen sind unzufrieden und kritisieren die Unentschlossenheit ihrer Partner, ihre fehlende Bereitschaft, gemeinsame Pläne zu schmieden, sowie ihre Haltungen und Verhaltensweisen im Alltag. Dennoch verharren sie in ihrer Partnerschaft und wollen den Partner nicht verlieren, da sie sich trotz aller Probleme auf dem Weg zu einer Realisierung eines möglichen Projekts Familie wähnen oder eine Trennung aus Angst vor dem Alleinsein nicht vollziehen.

> „Also momentan fühle ich irgendwo Zuneigung und irgendwie ist einem der Mensch vertraut, aber Liebe glaube ich, ist das auf keinen Fall. Aber ich frag mich immer, ob man da drauf warten sollte, ob es das dann wirklich auch für jeden gibt.(...) Ich denke, mir ist das momentan nimmer so wichtig. Ich glaube eher, dass das wichtig ist, sich zu arrangieren und einen Partner zu finden, mit dem man ganz gut durchkommt durchs Leben." (3. Welle Bayern, Großstadt B119)

---

13 Diese Äußerung könnte aus dem biografischen Zusammenhang gerissen übrigens auch als Projekt Beruf oder Selbstverwirklichung interpretiert werden.

Bei keiner Frau scheint ein Partner dazu beizutragen, dass die Frauen sich für ein Projekt entscheiden können. Ob diese Konstellationen vor allem Ausdruck des Geschlechterverhältnisses sind, möchte ich bezweifeln. Hingegen potenzieren sich ungünstige Gelegenheitsstrukturen, zu denen auch das Geschlecht gehört.

Die meisten jungen Frauen in dieser Gruppe können sich vorstellen, Kinder und Familie zu haben, sie wollen dafür aber keinesfalls die Eigenständigkeit, die ihnen der Beruf sichert, aufgeben. Vorstellungen von einer eigenen Familie bleiben blass und vage und erscheinen in der Regel über den gesamten Erhebungszeitraum aus der Sicht der jungen Frauen weit von jeglicher Realisierbarkeit entfernt.

„Bei der Familienplanung hat sich auch noch nicht viel ergeben. Es könnte sich zwar was ergeben, aber ich muss damit rechnen, dass sich nichts ergibt." (4. Welle Bayern, Großstadt B119)

„Also wenn es so läuft, dass man sich ein Kind anschaffen kann, also ein Zeitplan – man verschiebt immer eins aufs andere. Irgendwie der Wunsch ist schon da, sagen wir mal so, aber bis jetzt waren immer andere Dinge wichtiger. (...) Also ich finde es eigentlich auch gut, wenn man in jungen Jahren ein Kind bekommt, bloß für mich kam das nie infrage, weil ich immer dachte, ich könnte was verpassen, ein Kind wäre eher ein Hindernis gewesen. (...) Ich dachte, ein Kind – bei mir war nie der Drang danach, sagen wir mal so." (3. Welle Sachsen, Land S357)

„Ich müsste nicht unbedingt Kinder haben. Also anscheinend, ich bin kein Kindernarr, bin ich nicht. Ich täte halt Kinder haben, damit ich Erben haben täte." (1. Welle Bayern, Land B321)

Kinder haben in den Vorstellungen der jungen Frauen in dieser Gruppe kaum einen Eigenwert, sie „gehören dazu" oder sind „notwendig". Häufig sind die jungen Frauen in dieser Gruppe in ihren Äußerungen sehr ambivalent und widersprüchlich. Sie sehen mit ihren Wünschen nach Familie und Beruf auch Konflikte auf sich zukommen und fühlen sich nicht bereit und in der Lage, diese zu meistern. Sie fühlen sich hierin auch im Vergleich zu Männern deutlich benachteiligt:

„Schon allein, was man sich durch die Schwangerschaft alles an Problemen aufhalsen kann, das hat ein Mann nicht. Wenn ein Mann ein Kind haben will, dann kann er wirklich die Freuden genießen, indem er sagt, okay, mache ich halt mit einer ein Kind, und wenn es mich nervt, dann werde ich es auch wieder los. Eine Mutter kann das nie sagen, weil ich mir manchmal denke, ein Mann hat es schon schön, wie jetzt er z. B., er kann ein Kind haben, aber die volle Verantwortung muss er nicht übernehmen, wenn er nicht will. Und ich, wenn ich ein Kind haben will, dann muss ich mich voll dafür entscheiden, weil dann ändert sich mein Leben rapide." (4. Welle Bayern, Großstadt B119)

Die Frauen formulieren ihre Wünsche in sehr widersprüchlicher Weise. Manchmal ist dies auch verquickt mit der ökonomischen Situation, in der das Einkommen der Frauen für den Lebensunterhalt unabdingbar erscheint. Typischerweise grenzen die Frauen sich von kollektiven Projekten ab, die sie keinesfalls realisieren wollen, ohne aber ein anderes Projekt zu formulieren.

„Ich könnte mir schon vorstellen, dass ich einmal heirate. (...), dass ich auf alle Fälle in meinem Leben einen Beruf habe oder eine Aufgabe habe, die mich echt ausfüllt. So Nebensächlichkeiten oder mich nur versteifen jetzt auf eine Partnerschaft oder auf Familie und auf Kind oder zwei Kinder kann ich mir nicht vorstellen. Nur Hausfrau – kann ich mir nie vorstellen." (2. Welle Bayern, Land B321)

Vorstellungen werden nicht lebendig geschildert oder fantasievoll ausgemalt, sondern als Wünsche, denen die jungen Frauen beinahe distanziert gegenüberstehen, formuliert. Sie sehen immer zuerst die vielen Hindernisse und nicht das Reizvolle bzw. darin enthaltene Chancen für die persönliche Weiterentwicklung. So können sie sich nicht zu Schritten entschließen, ihre eher vagen Wünsche zu konkretisieren und in die Tat umzusetzen, da sie die Widersprüche in ihren Vorstellungen nicht aufzulösen vermögen, entsprechend auch keine Prioritäten setzen und sich auch nicht auf ein Nacheinander von unvereinbaren Situationen einlassen können.

Im Gefühl, ihre biografische Autonomie verloren zu haben, verzichten die jungen Frauen auf die Gestaltung ihrer Biografie. Damit bleiben sie während der gesamten Untersuchung „in ihren Problemen stecken", sind oft sehr unzufrieden, finden aber keinen Ausweg und weder Orientierung noch Unterstützung bei Partner, Freundinnen, Freunden oder der Herkunftsfamilie. Ihre Vorstellungen bleiben unkonkret, häufig geradezu inhaltsleer, die eigene Passivität erleben sie als belastend:

„Meine Träume ja einfach, dass es so eintrifft wie ich mir das erträume, dass ich zufrieden bin einfach. Ich kann jetzt nicht mal sagen, es muss so und so eintreten, weil ja nicht mal gesagt ist, dass man dann damit zufrieden ist. Es kann ja mal sein, dass ich sage, ich wünsch' mir ein Kind und dann bin ich total unzufrieden damit. Ich möchte halt, dass ich irgendwann zufrieden bin ob jetzt mit oder ohne Kind – und natürlich auch mit der Wohnsituation, mit der Arbeit, dass ich sage, so wie es jetzt ist, gefällt es mir und nicht immer bloß nach der

Zukunft schaue und sage, das muss noch anders werden. Und hoffentlich ändert sich da noch was – immer dieses Abwarten – weil die letzten Jahre muss ich sagen habe ich eigentlich immer so abgewartet." (4. Welle Bayern, Großstadt B119)

Bei einigen Frauen treten im Untersuchungszeitraum ernste psychische Krisen bis hin zu Suizidversuchen auf, die mit therapeutischer Hilfe nur kurzfristig bewältigt werden konnten, andere leiden unter psychosomatischen Erkrankungen, die ihre Probleme noch verstärken. Die jungen Frauen übersetzen ihre Unentschiedenheit in Nicht-Gestaltbarkeit. Durch die Widersprüchlichkeit in ihren Vorstellungen werden oft schon Versuche einer Umsetzung blockiert, sie „treten auf der Stelle":

„Ich hab' das Gefühl, ich muss dringend was ändern in meinem Leben, aber das Gefühl habe ich immer schon gehabt. Aber jetzt, dass ich mir denk', na ich muss endlich, ich muss leben, ich muss jetzt endlich einmal leben. Ich hab' bis jetzt eigentlich nur gearbeitet, also so fühl ich mich, ich muss was für mich tun, für meine Zukunft; auch ich täte furchtbar gerne eine Familie haben, meine eigene und denk mir ja, ich muss jetzt endlich was dafür tun oder mich anderweitig orientieren." (4. Welle Bayern, Land B321)

Größere Aktivitäten, die über Alltagsroutinen hinausgehen, richten sich nicht auf biografische Ziele, sondern auf Veränderungen im Alltag, z.B. Umzüge oder Renovierungen in der Wohnung. Das heißt, die Frauen richten sich einer „Nische" ein und schaffen sich ihr „kleines Glück", wobei aber immer eine latente Unzufriedenheit bleibt.

„So lebe ich lieber den Tag bewusst, als dass ich mir zu viel Ziele stecke und zu viele Zukunftspläne mache. Weil man weiß nie, was passiert." (4. Welle Bayern, Großstadt B188)

Die jungen Frauen handeln, ohne zu planen und ohne ihre Aktivitäten auf Zukunftsvorstellungen und Projekte, also biografische Ziele, auszurichten. Sie lassen sich „treiben", legen sich nicht fest durch Entscheidungen, Planungen und darauf bezogene Handlungen. Sie lassen die Dinge auf sich zukommen und re-agieren auf neue Anforderungen. Ungeplante Ereignisse – wie etwa eine ungeplante Schwangerschaft – bewerten sie entsprechend fatalistisch:

„Aber man macht sich da schon Gedanken drüber, ob das jetzt alles richtig war. Aber wenn es nicht richtig gewesen wäre, ich glaube halt an Gott, dann wäre es auch nicht passiert. Und dann denke ich eigentlich nicht mehr drüber nach." (4. Welle Bayern, Großstadt B188)

Im Unterschied zu Frauen mit dem Lebensthema „Familie" oder „eigener Weg", die ihr Leben bewusst und aktiv angehen, gelingt dies jungen Frauen mit dem Lebensthema „Suche nach Orientierung" nicht. Sie empfinden sich als Spielball von Lebensumständen, ungünstigen biografischen Ausgangsbedingungen und Gelegenheitsstrukturen, und weisen Eigenschaften auf, die Marcia (1993) dem Identitätsstatus „disturbed diffusion" zuschreibt; biografische Verletzungen und der Mangel an Ressourcen scheinen typisch. Die jungen Frauen vermitteln in den Interviews eine tiefe Verunsicherung und Ratlosigkeit, die nicht vorübergehend ist wie bei biografischen Krisen (Hoerning 2000b), sondern über den gesamten Zeitraum der Untersuchung anhält. Ihnen fehlen „soziales Kapital" und Ressourcen aus ihrer Herkunftsfamilie und der sozialen Umgebung. Im Vergleich zu anderen jungen Frauen konnten sie keine biografische Handlungskompetenz entwickeln. Ihr biografisches Wissen scheint nicht ausreichend, um ihr Leben zu bewältigen. Diese Ausgangsbedingungen beeinträchtigen die Persönlichkeitsentwicklung der jungen Frauen, ihre Selbstsicherheit und Selbstachtung nachhaltig und fördern Haltungen im Sinn einer „erlernten Hilflosigkeit" (Seligmann 1995), Inaktivität und das Unvermögen, langfristige biografische Ziele zu verfolgen. Dabei geht es jedoch weniger darum, dass sie keine Ziele verfolgen als dass sie das intuitive Grundgefühl haben, am Gestalten des eigenen Lebens nicht aktiv und autonom beteiligt zu sein, eine Haltung, die typisch für krisenhafte biografische Konstellationen ist. Entsprechend befinden sie sich in einer Dauerkrise. Gerade die Anforderung, das eigene Leben und die biografischen Perspektiven ständig neu aushandeln zu müssen, da Entwicklungssprozesse nie abgeschlossen sind, führt zu Schwierigkeiten, wenn Aushandlungsprozesse nicht gelingen. Im Gegensatz zu den meisten anderen befragten jungen Frauen vermögen diese jungen Frauen auch die strukturellen Konflikte und Widersprüche in den kollektiven weiblichen Projekten nicht zu überwinden. Ihnen fehlen Gelegenheitsstrukturen, um die gesellschaftlichen Erwartungen an junge Frauen für sich „übersetzen" zu können. Es gelingt ihnen nicht, in ihrer eigenen Lebensgestaltung Ansprüche an Autonomie und ökonomische Eigenständigkeit mit Wünschen nach Bindung und Geborgenheit zu verbinden. Diese Unentschiedenheit lähmt sie in der aktiven Gestaltung ihrer Biografie, ein Gefühl, das sie selbst häufig äußern und das nach Hanses (1992) auch typisch bei schweren Erkrankungen ist. Ungewissheit, „larvierte Vezweiflung" und ein Handeln, das

Zukunft nicht plant, sondern die „gewünschten, befürchteten, vermutlichen ‚Zutaten' benennt" (Kraus 1996: 240), beispielsweise Liebe oder Kinder, interpretiere ich bei diesen jungen Frauen nicht als Ausdruck erfolgreicher postmoderner Strategien angesichts von gravierenden Unsicherheiten, sondern als Verlust von biografischer Handlungsfähigkeit.

7. Lebensthemen und Paarwelt

Du bist Rechtshänder ich bin Linkshändin
wie selbstverständlich träumen wir vom Fliegen
du hast einen Flügel auf deiner linken Schulter
und ich natürlich auf meiner rechten
so beim gemeinsamen Schwingen wünschen wir
Schulter an Schulter verwachsen
abzuheben
Auf festem Boden
hier sind wir uns schon lange einig
aber wehe in den Lüften dort könnten wir
uns zerreißen
also halten wir verlässlich die Hände
meine linke in deiner rechten
und kratzen uns allabendlich
gegenseitig die juckenden Schulterblätter
Zehra Çirak, Fremde Flügel auf eigener Schulter

Standen im letzten Kapitel die Lebensthemen der jungen Frauen als roter Faden ihres biografischen Handelns im Vordergrund, so konzentriert sich dieses Kapitel auf das Zusammenspiel der Lebensthemen und biografischen Handlungsmuster der jungen Frauen und ihrer Partner bei der Konstruktion einer gemeinsamen Welt.[14] Die über sieben Jahre hinweg befragten 36 Paare (zur Erhebung und Stichprobe Kapitel 5) sind sehr heterogen sowohl hinsichtlich Lebensform, Gestaltung der Paarbeziehung, Dauer und Familiengründung als auch ihres sozioökonomischen Status und über alle Regionen gestreut. In einem ersten Schritt (Kapitel 7.1) wird untersucht, ob sich auch für die Partner der jungen Frauen spezifische Lebensthemen und Sinnzusammenhänge herausarbeiten lassen, die ihre biografischen Handlungen längerfristig strukturieren. Bei der

---

14 Als *Partner* gelten, über Berger/Kellners Definition von 1965 hinausgehend, grundsätzlich alle Personen, die von den jungen Frauen als feste Partner angesehen werden, unabhängig von der Dauer ihrer Beziehung, von der Lebensform, vom Familienstand und vom Geschlecht.

Auswertung war nicht die Tatsache leitend, ob und inwiefern sich die jungen Männer von den jungen Frauen unterscheiden, sondern die Herausarbeitung der Typen erfolgte in gleicher Weise wie bei den jungen Frauen. In einer relationalen Paaranalyse werden die Lebensthemen beider, der jungen Frauen und ihrer Partner, in Beziehung zueinander gesetzt (Kapitel 7.2).

7.1 Die Lebensthemen der jungen Frauen und ihrer Partner im Vergleich

Wie ich dein Boot bin,
kannst du meines sein.
Spann dein rotes auf mein blaues Segel.
Pflanz den Mond ins Meer
und lache, wenn ich weine.
Sei ein guter Steuermann,
wenn ich langsam sinke,
vor deinen Segeln sinke,
mit meinem Boot
vor deinem.
Peter Härtling

Vorliegende Forschungsergebnisse lassen davon ausgehen, dass die Sinnhorizonte der männlichen Partner vor allem durch die Bezogenheit auf den beruflichen Bereich geprägt und strukturiert sind. Wichtigstes Ergebnis der Analyse[15] ist, dass die Partner von der Schwerpunktsetzung her langfristige Lebensthemen haben, die den Lebensthemen der jungen Frauen direkt vergleichbar sind. Die pauschale Annahme, dass das Leben der jungen Männer zentral durch den Berufsbereich strukturiert wird, muss entsprechend modifiziert werden: Der Beruf hat ähnlich wie bei den jungen Frauen zwar einen wichtigen, jedoch graduell sehr unterschiedlichen Stellenwert. Er determiniert nicht ausschließlich und eindimensional ihr Leben. Die Charakteristika der Lebensthemen werden im Gegenteil über die Geschlechtergrenzen hinweg in gleicher Weise formuliert. Das

---

15　Die Aussagen der befragten Partner in der ersten und dritten Welle wurden zunächst auf der individuellen Ebene ausgewertet und zwar in gleicher Weise wie die Aussagen der jungen Frauen über die vier Wellen. Ausgewertet wurde insbesondere, ob und welche Erfahrungen und Erwartungen, Vorstellungen, Wünsche und Phantasien in einzelnen Lebensbereichen und außerhalb dieser bestehen, ob und welche Pläne gemacht werden und ob diese Pläne auch umgesetzt werden (siehe ausführlich zum methodischen Vorgehen die Auswertung der Lebensthemen in Kapitel 6).

bedeutet beispielsweise, dass junge Frauen mit dem Lebensthema „Beruf" jungen Männern mit dem gleichen Lebensthema in ihren Vorstellungen, Plänen und Umsetzungsschritten ähnlicher sind, als sie es Frauen mit dem Lebensthema „Familie" sind, zum Teil bis in einzelne Formulierungen hinein. Auch für die Partner gilt, dass sich die Lebensthemen im Erhebungszeitraum nicht verändert haben. Die durch das Lebensthema definierte Orientierungs- und Handlungsrichtung wird über den gesamten Erhebungszeitraum beibehalten, auch wenn sich Veränderungen in der individuellen Situation ereignen.

Lebensthema „Familie"

Sinnkonstruktion, Relevanz, Perspektivität und Handlungen sind explizit und auf allen Ebenen durch eine langfristig vorausgedachte und geplante Familiengründung strukturiert, für die sowohl von den jungen Frauen als auch von den jungen Männern ganz bewusst berufliche Möglichkeiten und Pläne aufgegeben werden:

> „Wobei ich ursprünglich vorgehabt habe, dann weiterzumachen. Das nur als Grundlage zu nehmen und dann auf Maskenbildnerin oder Kosmetikerin zu machen. Aber dann habe ich meinen jetzigen Mann kennen gelernt und wir wollten dann auch zusammenziehen, und – dann war es eigentlich unnütz, hat man sich gedacht, ob sich das überhaupt rentiert, weil wenn wir heiraten wollen und Kinder wollen." (junge Frau Bayern, Kleinstadt 238)

> „Ja, ich wollte einmal anfangs – mich beruflich – weiterbilden als Meister und so weiter … Ich habe mich dann für was anderes entschieden, Haus, Familie, also ich habe mir gedacht – ich wollte schon immer Familie – so ein Haus und eine Familie, und mit denen dreimal im Jahr in Urlaub fahren wie irgendwie da was anzufangen und sich selbstständig zu machen dann." (Partner Bayern, Land B331)

Lebensthema „Doppelorientierung auf Familie und Beruf"

Bei diesen jungen Frauen und Männern besteht die klare Vorstellung, ein Gleichgewicht zwischen Beruf und Familie herzustellen und zu leben. Dieser Wunsch nach der Gleichwertigkeit von Beruf und Familie wird bei der Planung und Umsetzung im Blick gehalten. Der Beruf ist inhaltlich sehr wichtig, es besteht ein hoher Qualitätsanspruch an die Partnerschaft und eine Familiengründung ist wichtiger Bestandteil des künftigen Lebens. In den Interviews wird deutlich, dass die Balance nicht nur für die jungen Frauen schwierig umzusetzen ist, sondern auch junge Männer vor strukturellen und normativen Barrieren stehen, die sie deutlich benennen. Die wenigsten männlichen Partner ziehen in Erwägung, die Balance ganz konkret umzusetzen, beispielsweise mit einem Teilzeitarbeitsplatz, der ihnen parallel Familienarbeit ermöglicht. Allerdings wollen und setzen sie auch eine gleichverteilte Hausarbeit um und beteiligen sich aktiv und verantwortlich an der Kindererziehung; die beruflichen Ambitionen ihrer Partnerin sind für sie selbstverständlich:

> „Wir würden uns auf alle Fälle den Erziehungsurlaub teilen, das haben wir eigentlich schon so besprochen. Dann möchte ich auf alle Fälle wieder in den Beruf einsteigen. Wenn du jetzt bei uns in dem Beruf länger draußen bist, das ist recht schwierig, dass du dann eben wieder(...) Was heißt reinkommen tust du schon, aber es gibt halt dann so viele neue Sachen dann eben. Ja finde ich schon." (junge Frau Bayern, Kleinstadt B235)

> „Meine Freizeit ist mir auch wichtig, muss ich schon sagen, wichtiger als die Arbeit als solche. Ich mein' sie ist mir auch nicht so wichtig, die Arbeit, also falls jetzt irgendwann einmal ein Kind kommt, werde ich also nicht darauf bestehen, dass meine Frau den Erziehungsurlaub nimmt, also das teilen wir uns, das haben wir schon abgesprochen, das ist sicher. Das wiederum hat unter Umständen berufliche Nachteile, zurzeit, nicht. Gerade jetzt bei Behörden, wenn man sich da ein halbes oder ein Jahr einfach ausklinkt." (Partner Bayern, Kleinstadt B242)

Lebensthema „Beruf"

Der berufliche Bereich, klassischer Strukturgeber in männlichen Biografien, strukturiert die Vorstellungen, Pläne und Handlungen der jungen Frauen und der Partner mit diesem Lebensthema. Dem sind andere Lebensbereiche deutlich nachgeordnet. Dies bedeutet jedoch nicht, dass Kinder ausgeschlossen werden:

> „Aber – im Endeffekt Aufstieg. Das ist wohl die kürzeste Beschreibung. Und eine Familie. Und die ist mir auch wichtig. Allerdings ist es mir nicht so wichtig, als dass ich jetzt meine, ein Kind selber aufziehen zu müssen. Aber ein Kind will ich." (junge Frau Bayern, Kleinstadt B243)

> „Also beruflich möchte man weiterkommen, in der Partnerschaft möchte man natürlich auch weiterkommen. Haus bauen ist eingeplant, das strebe ich an. Ja, was heißt zurückstecken; also aufhören zu arbeiten würde ich bestimmt nicht wegen einem Kind." (Partner Sachsen, Großstadt S102)

Lebensthema „eigener Weg"

Im Vordergrund steht über den gesamten Erhebungszeitraum die Suche nach einem eigenständigen, nicht an kollektiven Leitbildern oder Geschlechterrollen orientierten Leben. Biografische Entscheidungen werden daran immer wieder gemessen und relativiert, denn es besteht kein festgeschriebenes Lebensmodell:

„Also ich mache das, was ich für richtig finde, aber ich bin eben noch nicht so weit, dass ich meinen Weg ganz erkenne. Also ich bin eigentlich im Moment noch so, dass ich frage, also dass ich mir ständig überlege: ‚Wo ist mein Weg'. Weil ich glaube, jeder hat irgendwo seinen Weg zu finden im Leben und da kann dann auch keiner irgendwo Ratschläge geben und ich glaube, ich muss wirklich lernen und für mich alleine und in mir selber. Und das kann ich auch nur damit erreichen, wenn ich mich auch mit mir beschäftige und wenn ich mich auch frage: ‚Was willst du eigentlich?' und da bin ich im Moment eigentlich dran." (junge Frau Bayern, Großstadt B130)

„Kann mich selber jetzt entfalten, kann irgendwie versuchen, mir irgendwie erst einmal etwas anderes für meine Zukunft zu suchen, erst einmal zu sehen überhaupt; was habe ich für Chancen, was habe ich überhaupt vor, was möchte ich gerne machen aus meinem Leben? Das ist ja das Ding, ich hab nicht solche Zukunftspläne. Ich hab keine so konkreten Zukunftspläne, dass ich jetzt sagen kann, das ist es und nichts anderes. Ich bin immer offen für alles Neue eigentlich." (Partner Sachsen, Kleinstadt S207)

Lebensthema „gemeinsamer Weg"

Strukturierende Komponenten im Leben sind vor allem die Beziehungen zur Partnerin oder zum Partner und deren Vorstellungen und Pläne. Interessant ist, dass dieses Lebensthema, das ein spezifisch weibliches zu sein scheint, bei den jungen Männern in gleicher Weise zu finden ist:

„Es (Anm.: die Partnerschaft) hat sich meiner Meinung nach sehr gut entwikkelt, glaube ich. Und – wir geben uns beide recht viel Mühe – und ich finde auch, dass ich ihm ähnlicher geworden bin und er mir. Also so kommt's mir zumindest vor. Und ich bin rundum zufrieden damit, und er, so weit ich's einschätzen kann, auch (…) Ich meine, wir machen ja nun fast alles zusammen, ob das beim Sport ist oder Kultur oder was auch immer (…) Und ich mache halt auch Sport mit, den ich früher nie alleine gemacht hätte, den mache ich jetzt mit, ihm zuliebe. Taek-won-do, sind wir jetzt gegangen, weil er der Meinung ist, ein Mädchen muss sich auch verteidigen können, das kann nicht schaden (…) Und ich meine, das macht mir auch Spaß, und ich mache da auch mit, solange er dabei ist, und vielleicht auch, wenn ich es genügend kann, alleine weiter. Und insofern hat er mir dort auf die Sprünge geholfen, und ich ihm vielleicht in Sachen Kultur. Ich ertappe mich dabei, wie ich dann irgendeine Redewendung gebrauche, die er sonst sagt." (junge Frau Sachsen, Kleinstadt S207)

„Für mich das Wichtigste, also ist, dass die Veronika[16] die Schule schafft (...) Es wird ziemlich viel verlangt. Die ist dafür bekannt, dass sie viel fordert von den Schülern. Das wäre mein größter Wunsch, also dass sie das schafft. Weil sie muss wirklich viel investieren in die Schule. Da müsste ich auch wieder sagen, ich helfe ihr, wo ich kann (...) Am meisten Spaß macht es mir, wenn sie bei mir da ist. Also wenn ich von der Arbeit heimkomme, ich bin da, wenn die Veronika nicht da ist, da geht es mir nicht gut. Das merken auch die Eltern von der Veronika, ich habe es auch schon zu ihnen gesagt, ich bin da ein ganz anderer Typ, wenn sie nicht da ist. Und das macht mir am meisten Spaß, wenn ich weiß, das Wochenende kommt und die Veronika kommt und da werden wir dann erst wieder unternehmenslustiger." (Partner Bayern, Kleinstadt B261)

Lebensthema „Aufrechterhalten des Status quo"

Die Vorstellungen der jungen Frauen und Männer beziehen sich vor allem darauf, dass ihr Leben so bleiben soll, wie es ist. Es besteht eine große Zufriedenheit mit der derzeitigen Situation; Veränderungswünsche und weitergehende Projekte, die über die Aufrechterhaltung dieses Status hinausgehen, werden selten geäußert. Die erreichte, auch materielle Situation wird genossen. Weder im beruflichen noch im familialen Bereich bestehen darüber hinausgehende Vorstellungen:

„Lebenspläne habe ich jetzt direkt nicht. Ich meine, das was ich mir bis jetzt vorgenomen habe, habe ich geschafft. Ich weiß auch nicht, bis jetzt habe ich mir noch kein weiteres Ziel gesteckt. Mein zukünftiges Leben? Fast in etwa so, wie's jetzt ist, dass finanziell alles passt (...) und so weiter läuft wie bisher." (junge Frau Bayern, Land B360)

„Ich meine, man geht auf die 30 zu. Offen kann da immer noch etwas sein. Da hat man sein Leben noch nicht gelebt, würde ich sagen. Man hat da noch 20 Jahre vor sich, die man gestalten mus. Ja ich sage immer: ‚Wer mit 50 sein Schäfchen nicht im Trockenen hat, der hat dann irgendetwas verpasst in den zurückliegenden Jahren'. Also ich versuche jetzt, dass wir uns einen ordentlichen Lebensstandard schaffen können, eben durch die Arbeit. Und alles andere wird sich sicherlich ergeben. Verändern? (...) Das Einzige wäre wirklich, dass man mehr Geld verdient, dass man den Sorgen der derzeitigen Belastung erst einmal entschlüpfen kann. Was anderes ist zurzeit gar nicht." (Partner Sachsen, Kleinstadt S224)

Lebensthema „Suche nach Orientierung"

Es lässt sich kein klares Projekt herausarbeiten, das Vorstellungen, Pläne und Handlungen strukturiert. Aufgrund ungünstiger Lebenssituationen und -verläufe steht bei den jungen Frauen und Män-

---

16 Name geändert.

nern die Bewältigung ihrer persönlichen Situation im Vordergrund, allerdings nicht aktiv. Dabei bleibt wenig Spielraum, eigene Projekte zu entwickeln oder umzusetzen:

„Meine Träume, dass es so eintrifft, wie ich mir das erträum. Ich kann jetzt nicht sagen, so und so muss es eintreten, weil ja nicht gesagt ist, dass man dann damit zufrieden ist. Hoffentlich ändert sich mal was, immer dieses Abwarten, weil die letzten Jahre muss ich sagen, habe ich eigentlich immer so abgewartet." (junge Frau Bayern, Großstadt 4B119)

„Ich wollte später noch einen Abschluss machen, aber da hat dann auch immer die Zeit gefehlt, na, wird halt immer verschoben. Mit 25 habe ich dann geheiratet und auch gleich zwei Kinder bekommen, und da habe ich auch nicht mehr die Möglichkeit gehabt. Ja, ich bin dann ausgezogen. Ja, das war schon ziemlich hart, war das gewesen. Da habe ich dann das Trinken angefangen und noch nebenbei Motorrad gefahren, echt leichtsinnig. Naja, einerseits wäre ich schon ein bisschen glücklich auch – wir haben uns ja beide gern, und normal, wenn das Kind kommt – vor allem täte ich mich freuen. Aber, wenn es nicht sein muss, dann nicht, nein." (Partner Bayern, Großstadt 3B187)

In Bezug auf die herauskristallisierten Lebensthemen gibt es, so lässt sich folgern, keine unterschiedlichen Frauen- und Männerwelten. Auch bei den Partnern wirken die Lebensthemen strukturierend und handlungsleitend. Dies ist ein auch für die Geschlechterforschung wichtiges Ergebnis, relativiert es doch die Frauen und Männern geschlechtsspezifisch zugeschriebenen biografischen Projekte. Dies bedeutet allerdings nicht, dass Geschlecht beim „wie" der Lebensgestaltung keine Bedeutung mehr hat. Allerdings differiert die Bedeutung von Geschlecht je nach Lebensthema und zusätzlich individuell.

7.2 Die Konstruktion von Paarbeziehungen durch Lebensthemen

Wir haben es bisher den Dichtern überlassen, uns zu schildern, nach welchen ‚Liebesbedingungen' die Menschen ihre Objektwahl treffen, und wie sie die Anforderungen ihrer Fantasie mit der Wirklichkeit in Einklang bringen. Die Dichter verfügen auch über manche Eigenschaften, welche sie zur Lösung einer solchen Aufgabe befähigen, vor allem über die Feinfühligkeit für die Wahrnehmung verborgener Seelenregungen bei anderen und den Mut, ihr eigenes Unbewusstes laut werden zu lassen. Aber der Erkenntniswert ihrer Mitteilungen wird durch den Umstand herabgesetzt. Die Dichter sind an die Bedingung gebunden, intellektuelle und ästhetische Lust sowie bestimmte Gefühlswirkungen zu erzielen, und darum können sie den Stoff der Realität nicht unverändert darstellen, sondern müssen Teilstücke desselben isolieren, störende Zusammenhänge auflösen, das Ganze mildern und Fehlendes ersetzen. Es sind dies die Vorrechte der sogenannten ‚Poetischen Freiheit'. Auch können sie nur wenig Interesse für die Herkunft und Entwicklung solcher seelischer Zustände äußern, die sie als fertige beschreiben. Somit wird es doch unvermeidlich, dass die Wissenschaft mit plumperen Händen ... sich mit denselben Materien beschäftige, an deren dichterischer Bearbeitung sich die Menschen seit Tausenden von Jahren erfreuen. Diese Bemerkungen mögen zur Rechtfertigung einer streng wissenschaftlichen Bearbeitung auch des menschlichen Liebeslebens dienen.
Sigmund Freud

Individuelle Lebensthemen sind, so das Ergebnis der bisherigen Analyse, sowohl strukturierend und handlungsleitend für den von uns untersuchten Lebensabschnitt der jungen Frauen als auch für ihre Partner und lenken Erfahrungen, Erwartungen und Handeln. Es stellt sich die Frage, welche Bedeutung die individuellen Lebensthemen für Partnerschaftsprozesse haben und auf welche Weise sie in die Paarbeziehungen eingebracht werden. Die individuellen Lebensthemen der jungen Frauen und ihrer Partner wurden zur Klärung dieser Fragen auf der Paarebene zueinander in Beziehung gesetzt. Besonderes Augenmerk wurde darauf gelegt, wie die Lebensthemen der jungen Frauen von ihren Partnern wahrgenommen werden und ob sie darauf eingehen. Es konnten typische Konstellationen von Lebensthemen der jungen Frauen und ihrer Partner herausgearbeitet werden, die bedeutsam für Partnerschaftsprozesse und deren Gestaltung sind.

7.2.1 Paare mit gleichem Lebensthema

Deine Seele, die die meine liebet,
Ist verwirkt mit ihr im Teppichtibet.
Strahl in Strahl, verliebte Farben,
Sterne, die sich himmellang umwarben.
Unsere Füße ruhen auf der Kostbarkeit,
Maschentausendabertausendweit.

...

Else Lasker-Schüler

Es ist ein überraschendes Ergebnis der Studie, mit welcher Eindeutigkeit bei den meisten befragten Paaren eine Übereinstimmung in den individuellen Lebensthemen besteht, und zwar über den gesamten Untersuchungszeitraum. Dies bedeutet, dass beispielsweise junge Frauen mit dem Lebensthema „Familie" überwiegend mit jungen Männern dieses Themas zusammenleben oder junge Frauen mit dem Lebensthema „Eigener Weg" überwiegend mit jungen Männern mit dem Lebensthema „Eigener Weg". Lediglich beim Lebensthema „Gemeinsamer Weg" hat jeweils ein Partnerschaftsteil ein anderes Lebensthema, da der „Gemeinsame Weg" immer nur in Ergänzung des Lebensthemas des Partners oder der Partnerin auftritt. Paare, bei denen die junge Frau oder ihr Partner das Lebensthema „Gemeinsamer Weg" hat, werden bei den Paarbeziehungen mit unterschiedlichen Lebensthemen näher analysiert (Kapitel 7.2.2). Wie sich nun die Konstellationen von gleichen Lebensthemen auf die Konstruktion der Paarwelt, den Partnerschaftsalltag und das Zusammenleben auswirken, soll im Folgenden dargestellt werden.

7.2.1.1 Wenn beide das Lebensthema „Familie" haben: projektorientierte Wir-Perspektive

Paare, bei denen beide das Lebensthema „Familie" haben, lassen sich dadurch charakterisieren, dass ein gemeinsames, genau umrissenes Ziel besteht, nämlich die Familiengründung. Auf dieses Projekt arbeiten beide hin und machen dabei auch Abstriche in ihren individuellen Vorstellungen. Die zu gründende Familie wird über alles gestellt. Über die Modalitäten der Familiengründung herrschen gleiche Vorstellungen bzw. werden auf der Basis der zentralen Bedeutung von Familie für beide, Partnerin und Partner, im Verlauf der Beziehung hergestellt.

Als Beispiel sei ein Paar aus einer bayerischen Kleinstadt vorgestellt, sie Friseurin, er Maler. Weil der junge Mann in den ersten Jahren der Partnerschaft – sie wohnten beide noch bei den Eltern – auf Montage war, um „Kohle zu machen", führte das Paar zunächst eine Wochenendbeziehung, die zu Konflikten und Missverständnissen führte. Es beschloss daraufhin gemeinsam, und so schildern es beide auch in den Einzelinterviews, dass er zu einer Firma am gemeinsamen Wohnort wechselt. Die junge Frau wollte ursprünglich im Anschluss an ihre Ausbildung als Friseurin Maskenbildnerin werden, er seinen Meister machen mit dem Ziel der Selbstständigkeit. Die bewusste und einvernehmliche Beschneidung der eigenen beruflichen Entwicklung empfinden beide sehr klar und bringen sie in den Interviews auch zum Ausdruck. Sie bereuen sie aber nicht, sondern sind stolz auf das gemeinsam Geschaffene: das eigene Haus, eine gesicherte finanzielle Grundlage und ihre kleine Familie mit Sohn. Übrigens haben sie ihr gemeinsames Lebensthema auch nicht revidiert, als es jahrelang (von der ersten zur dritten Erhebungswelle) nicht mit dem Kinderkriegen klappte. Das Aufgeben der beruflichen Pläne lässt sich nicht als Umschwenken von einem Lebensthema auf ein anderes Lebensthema im Verlauf der Partnerschaft interpretieren. Zu deutlich ist bei beiden das Lebensthema „Familie" auch retrospektiv handlungsleitend und strukturierend.

Die gemeinsame Prioritätensetzung auf der Grundlage des Lebensthemas „Familie" findet sich immer wieder bei Paaren dieses Typs. Sie konstruieren im Lauf der Beziehung eine gemeinsame Welt mit zunehmend geringeren individuellen Abweichungen. Das „Wir" dominiert, dies wird auch in der Sprache dieser *projektorientierten Fusionspaare* deutlich. In ihren Aussagen über Abstimmungs- und Partnerschaftsprozesse werden selten gravierende Diskrepanzen deutlich. Beide äußern, dass Familie und Partnerschaft den Vorrang haben vor allem anderen. Auf die Frage nach den besonderen Zielen benennen sie den Aufbau einer beruflichen Existenz, die Gründung einer Familie und die Elternschaft.

Der Beruf ist diesen Paaren vor allem wichtig, um Geld zu verdienen, „ohne Beruf geht es nicht", und die Familiengründung und spätere Familie finanzieren zu können. Eine berufliche Karriere hat für die Frauen und ihre Partner einen geringen Stellenwert, da, ein Partner bringt es auf den Punkt, „Karriere wenig Familie" (Partner 1. Welle Bayern, Land 1B331) bedeute: „Ich habe mein Haus, meine Familie, was brauche ich da Karriere?" Da die Finanzen und materiellen Voraussetzungen sehr wichtig sind, arbeiten beide Partner vor der gut geplanten Familiengründung, um den Grundstock zu legen. Konsequent wird die Familiengründung erst in Angriff genommen, wenn die Voraussetzungen geschaffen sind und auch für die Familienphase ein gesichertes Familieneinkommen vorhanden ist. Die Vorstellungen und Pläne zur Familiengründung werden, so zeigt der Verlauf der Untersuchung, zielgerichtet umgesetzt. Der überwiegende Teil der Paare hat im Verlauf der sieben Jahre und vor dem 30. Lebensjahr der Partnerin eine Familie gegründet; alle Paare sind Ehepaare.

Spätestens mit der Geburt des Kindes teilt sich die Welt dieser Paare auf. Es existiert eine gemeinsame Familie, die komplementär gelebt wird, was allerdings auch immer so geplant war und womit beide einverstanden und zufrieden sind. So ziehen die Paare zwar an einem Strang, aber der Partner lebt Familie in der klassischen Rolle des Alleinverdieners, während die junge Frau Familie in der Rolle der Hausfrau, Mutter und Ehefrau lebt. Die jungen Frauen äußern sich trotz ihres Einverständnisses in eine traditionelle Arbeitsteilung unzufrieden darüber, dass sich ihre Partner meist völlig aus Kinderbetreuung und Haushalt heraushalten. Die Existenzsicherung der Familie wird in Bayern ausschließlich dem Partner übertragen, da sind sich Frau und Mann einig. In Sachsen wird zwar auch von beiden Partnern geäußert, dass es schön wäre, wenn die Frau zuhause bleiben könnte – es sind also ähnliche Vorstellungen wie in Bayern vorhanden –, aber ein zweiter Verdienst ist meist aus wirtschaftlichen Gründen notwendig. Dazu wird vor allem eine Teilzeitstelle der Frau in Erwägung gezogen, der Erziehungsurlaub soll jedoch, wenn finanziell möglich, voll ausgeschöpft werden. Dies ist bei den sächsischen Paaren ansonsten eher unüblich. Auch in Sachsen sind die Partner mit Lebensthema „Familie" in der Position des Haupternährers. Deshalb empfinden sie es als ziemlich belastend, wenn sie beruflich noch nicht etabliert sind und durch die Unwägbarkeiten des Arbeitsmarktes nach der Wende beruflich nicht so abgesichert sind, wie es eigentlich ihren Vorstellungen entsprechen würde. Dies ist für die bayerischen Partner kein Thema. Sie sind durchwegs beruflich etabliert. Die Paare haben die Familiengründung im Untersuchungszeitraum entsprechend ihren Planungen vollzogen.

Die Paare mit dem Lebensthema „Familie" sind in unserem Sample dadurch gekennzeichnet, dass beide Partner von der Bildung her eher niedriger qualifiziert sind (Hauptschulabschluss oder Mittlere Reife) und sowohl in Bayern als auch in Sachsen überwiegend in ländlichen oder kleinstädtischen Regionen leben. Beide haben traditionelle Rollenvorstellungen. Die Partner unterstützen ihre Partnerinnen im Rahmen des Lebensthemas, aber nicht als eigenständige und gleichberechtigte Partnerin. Die Klarheit der Vorstellungen erleichtert die Umsetzung und die Alltagsgestaltung. Ambivalenzen sind den jungen Frauen dabei fremd. Sie fühlen sich wohl und genießen es, mit Kind(ern) zu Hause zu sein. Die Paare spüren keine Verunsicherungen in Bezug auf ihre Lebensgestaltung. Im Gegenteil, es besteht eine sehr hohe Planungs- und Verhaltenssicherheit.

Diese Paarbeziehungen sind vor der Familiengründung, in der Phase der Familiengründung und in der Kleinkindphase sehr stabil. Es lässt sich spekulieren, dass sie nach der Familienphase für Krisen und Trennungen anfälliger sein könnten, als dies bei Paaren der Fall ist, deren Lebensthemen nicht nur auf eine Familiengründung gerichtet sind. Typisch für diese Paare mit dem gemeinsamen Lebensthema „Familie" ist, dass sie es nach der Familienphase, ab 40, gemütlicher angehen wollen. Sei wollen dann alles erreicht haben und in diesem Bewusstsein auf den Ruhestand hin arbeiten sowie das Leben genießen und endlich längere und weitere Urlaubsreisen machen. Auch diese Vorstellungen werden gleichermaßen von den Frauen und ihren Partnern in Bayern und Sachsen geäußert. Dadurch, dass sie für diese spätere Lebenszeit, die empty-nest-Phase, nicht konkret planen oder Vorstellungen entwickeln, außer dem Wunsch, es sich gut gehen zu lassen und das Leben zu genießen, muss das Lebensthema Familie dann mit neuen Inhalten gefüllt werden. Hier stellt sich die in dieser Studie nicht zu beantwortende Frage, ob in dieser Lebensphase das bisherige Lebensthema zumindestens von den Frauen modifiziert oder verändert wird.

7.2.1.2 Wenn beide das Lebensthema „Doppelorientierung auf Familie und Beruf" haben: beziehungsorientierte Wir-Perspektive

Das strukturierende Moment der Paare dieses Typs ist es, ein Gleichgewicht zwischen Beruf und Familie herstellen zu wollen und zu leben. Beide wünschen sich die Gleichwertigkeit von Beruf und Familie, dies wird bei Planung und Umsetzung im Blick gehalten. Freiräume und eigene Beziehungen sind wichtig und werden auch praktiziert. Die gemeinsame Welt in Partnerschaft und Familie lässt Raum für ausdrücklich erwünschte individuelle

Interessen und Entwicklungen, vor allem im beruflichen Bereich, der beiden sehr wichtig ist. Im Gegensatz zu Paaren mit dem Lebensthema „Familie" geht der Erwartungshorizont über die Familiengründung hinaus, und zwar sowohl im beruflichen Bereich als auch im privaten Bereich. Ein „Ausruhen" nach der Familienphase, wie es die Paare mit Lebensthema Familie sich vorstellen, haben diese Paare nicht im Blick. Sie sind offen für weitergehende Entwicklungen. Beiden ist der Beruf inhaltlich sehr wichtig, der Qualitätsanspruch an die Partnerschaft ist hoch und eine Familie gehört dazu.

Diese Gruppe ist interessant, weil beide, Partnerin und Partner, eine Balance der unterschiedlichen Lebensbereiche anstreben und sich um deren Gestaltung und Umsetzung bemühen. Entsprechend sind hier Tendenzen zu Veränderungen im Geschlechterverhältnis von der Seite der Partner erkennbar, auch wenn sich der Wunsch nach einer Balance der Lebensbereiche nicht so auswirkt, dass eine reale Gleichverteilung der Rollen und Aufgaben in Familie und Beruf stattfindet. Charakteristisch ist, dass die Partner die Wünsche ihrer Partnerinnen nach Balance ausdrücklich betonen, akzeptieren und unterstützen, diese auch in ihre Planungen miteinbeziehen. Sie wollen, anders als die Partner mit Lebensthema „Familie", eine Partnerin, die selbstständig, interessant und ebenbürtig ist. Die Umsetzung der Fort- und Weiterqualifikationswünsche der Partnerin wird, auch mit Kindern, aktiv unterstützt. Die Frauen fühlen sich in ihren beruflichen Interessen von den Partnern, die ihre Arbeit schätzen, bestärkt. Einige wenige Partner sind auch bereit oder interessiert, sich aktiv am Erziehungsurlaub zu beteiligen und versuchen, dies auch umzusetzen. Ein Partner, der Erziehungsurlaub für sich selbst plant, geht allerdings davon aus, dass damit seine Aufstiegschancen in der Behörde, in der er arbeitet, fast „auf null" gehen, wofür er auch konkrete Beispiele von Kollegen anführt, deren Karriere damit beendet war. Trotz ihrer verbalen und emotionalen Aufgeschlossenheit sind die Partner in keinem Fall bereit, für die Familie beispielsweise auf Teilzeit zu gehen, aber durchaus, beruflich zurückzustecken. Karriere ist ihnen ebenso wie ihren Partnerinnen eher nicht wichtig. Es geht ihnen um inhaltliche Zufriedenheit. Umgekehrt nehmen die jungen Frauen an der beruflichen Entwicklung der Partner Anteil. Wichtig sind beiden ausführliche Gespräche über die beruflichen Pläne und die Gestaltung von Partnerschaft und Familie, die durchaus kontrovers sein können. Dieser Austausch findet auch real statt.

Bei einem Paar in der bayerischen Landregion erfolgte die Familiengründung nach dem typisch ländlichen Muster, das auf eine hohe Gewichtung von Familie und damit auf das Lebensthema „Familie" zu verweisen scheint: lange und früh eingegangene Partnerbeziehung, beide wohnen zunächst noch jahrelang bei den Eltern, bis der Partner sein Studium abgeschlossen hat, mit dem er keine Karriere, aber durchaus eine Führungsposition anstrebt. Sie ist Steuerfachgehilfin und arbeitet sehr engagiert in einer kleinen Kanzlei. Beide äußern in allen Interviews immer wieder und sehr ausdrücklich, dass ihnen Beruf und Familie gleichermaßen wichtig sind. Nach dem Abschluss seiner Ausbildung wird geheiratet und das Paar zieht zusammen. Die Familiengründung wird sehr schnell umgesetzt. Bei beiden Partnern bestehen Vorstellungen, wie die Balance gefunden werden kann. Darüber finden, wie sie gleichermaßen berichten, immer wieder ausführliche Gespräche und Abstimmungen statt. Sie will nach dem ersten Jahr bereits wieder halbtags arbeiten, die Kinderbetreuung durch Verwandte oder Tagesmutter bewerkstelligen. Er nimmt ihre Vorstellungen sehr deutlich zur Kenntnis und ist der Meinung, dass „der Mann für die Familie die gleiche Verantwortung hat wie die Frau (...) Jeder hat den Kindern gegenüber dieselben Pflichten" (Partner 3. Welle Bayern, Land B348). Die Hausarbeit ist, solange kein Kind da ist, gleich verteilt. Die Vorstellungen einer Balance werden auch in der Familienphase umgesetzt. Die junge Frau arbeitet bereits nach einem Jahr wieder halbtags, ihr Partner arbeitet zwar voll, nimmt aber fallweise Gleittage, um im Bedarfsfall, wenn es eng wird, das Kind zu betreuen. Sie putzen immer noch gemeinsam die Wohnung, auch wenn er insgesamt weniger Hausarbeit macht als früher. In der vierten Welle, in der nur die Partnerin befragt wurde, ist ein zweites Kind geplant. Auch hier hat die junge Frau vor, kurz nach der Geburt wieder zu arbeiten, einen Tag zunächst, und zusätzlich Arbeit nach Hause mitzunehmen. Sie betont auch jetzt wieder, dass sie die Arbeit für sich selbst brauche. Vom Partner fühlt sie sich in diesem Vorhaben ausdrücklich unterstützt.

Auch in Sachsen kommt die Paarkonstellation mit Lebensthema „Doppelorientierung" vor, allerdings von der Seite der männlichen Partner her eher schwach ausgeprägt und mit Schlagseite zum beruflichen Bereich. Dies kann auch darauf zurückzuführen sein, dass die für erwerbstätige Mütter strukturell günstigeren Bedingungen in der DDR eine Aufweichung männlicher Geschlechtsrollen nicht gefördert haben.

Insgesamt ist der Abstimmungsbedarf bei diesem Typus, bei dem beide eine Balance zwischen Familie und Beruf anstreben, sehr hoch; die Paare kommunizieren oft und viel miteinander, auch durchaus kontrovers und konfliktreich, um auf einen gemeinsamen Nenner zu kommen. Dadurch ist die Beziehung selbst jedoch nicht gefährdet. Im Gegensatz zur Projektorientierung der „Familien-Paare" ist hier die Beziehungsorientierung zentral. Dieser Typus mit einer ansatzweise egalitären Arbeitsteilung wendet Strategien der gemeinsamen Abstimmung sowie entsprechende Lösungsansätze an, die auch Pfeil/Regnat/Stein (1998) in ihrer Analyse der Alltagsgestaltung von Paaren herausgearbeitet haben. Fast alle Paare haben die Familiengründung zum Ende der Untersuchung bereits vollzogen und sind überwiegend verheiratet, teils Jahre vor der Familiengründung. Einige wenige Paare leben mit Kind in einer nichtehelichen Lebensgemeinschaft. Von der Bildung her sind die Paare überwiegend im mittleren und höheren Bereich (Realschule oder Abitur bzw. Studium) angesiedelt. Regional ist die Gruppe breit gestreut. Gerade im ländlichen und kleinstädtischen Bereich sowie bei mittleren Bildungsabschlüssen sind die Balancepaare ebenso verortet wie im städtischen Bereich. Dies ist ein Hinweis darauf, dass großstädtische Milieus nicht alleinige Träger von Wandlungsprozessen im Geschlechterverhältnis sind, sondern dass sich Tendenzen zu Aufweichungen über alle Regionen erstrecken. Dies Ergebnis widerspricht auch den Analysen von Koppetsch/Burkart (1999), welche die Bedeutung von Milieus für Veränderungsprozesse herausgearbeitet haben.

7.2.1.3 Wenn beide das Lebensthema „Beruf" haben: projektorientierte Ich-Perspektive

Der Beruf steht bei Paaren mit dem gemeinsamen Lebensthema „Beruf" im gesamten Erhebungszeitraum im Vordergrund. Er ist nicht nur zentral für ihre Lebensgestaltung, sondern es besteht der deutliche Wunsch, beruflich weiter und höher zu kommen. Beide Partner setzen den Beruf an die erste Stelle, das Gemeinsame steht weniger im Vordergrund als der Rahmen, innerhalb dessen Beruf und in Abhängigkeit davon Partnerschaft und Familie gelebt werden. Trotzdem wird eine Familiengründung nicht ausgeschlossen; sie hat jedoch keinen eigenen Stellenwert. Familie wird nicht explizit geplant, es ist eher so, als ob die jungen Frauen und ihre Partner es darauf ankommen lassen. Die Konstellation, dass beide das Lebensthema Beruf haben, kommt nur einmal vor, obwohl das Lebensthema Beruf bei den jungen Frauen in Sachsen und Bayern durchaus nicht selten vertreten ist.

Die junge Frau ist Diplomingenieurin: „Für mich hat der Beruf immer schon einen großen Stellenwert gehabt. Ich wollte schon immer was werden." Ihr Ziel ist es, sich beruflich etwas aufzubauen; in der zweiten Erhebungswelle ist sie Projektleiterin bei einer großen Firma. Auch ihr Partner, er ist als Nachrichtentechniker niedriger qualifiziert als sie, möchte beruflich vorwärts kommen und ins mittlere Management aufsteigen. Beide sind sehr zufrieden mit ihrer Partnerschaft und bezeichnen sie gleichermaßen als harmonisch und tragfähig. Sie nehmen sich jeden Abend bewusst viel Zeit, um miteinander zu reden und sich beruflich auszutauschen. Die Hausarbeit wird nach Aussagen beider halbe-halbe geteilt. Die in der ersten Welle nur vage ins Auge gefasste Familiengründung wird nach einigen Jahren gezielt umgesetzt. Das erste Jahr zu Hause bedeutet für die junge Frau eine richtige Krise, weil sie mit sich selbst unzufrieden ist: „Ich hatte ein Kind, ich hatte einen Mann, ich hatte ein Haus, aber ich war nicht zufrieden." Nach einem Jahr Erziehungsurlaub ist sie wie geplant wieder als Projektleiterin tätig. Sie ist wieder zufrieden, die erforderliche Koordination von Beruf und Kinderbetreuung gelingt. „Ich möchte nicht als Hausfrau und Mutter am Kochtopf enden. Das weiß ich. Ich möchte schon aktiv im Leben stehen, beruflich, gesellschaftlich." Ihr Kind findet sie ganztags in der Krippe gut versorgt. Beruf und Kind lassen sich in ihrem Fall – keine finanziellen Grenzen sowie ein gutes und flexibles Kinderbetreuungsangebot und ein Partner, der ihre beruflichen Ambitionen nicht infrage stellt – ohne große Probleme verbinden. „Dadurch dass wir beide arbeiten und Geld verdienen, ist das schon sehr schön." Weder die junge Frau noch ihr Partner stellen Überlegungen an, dass er Erziehungsurlaub in Anspruch nehmen könnte. In den Interviews wird immer wieder deutlich, dass der Beruf für beide im Vordergrund steht und sich alles andere um ihn herum gruppiert. Beide wollen sich auch mit Familie beruflich weiterentwickeln. Der Stress, den beide auf der Arbeit haben, wird kompensiert durch die gute Atmosphäre zu Hause. „Wenn ich zu Hause noch irgendwelchen Krieg hätte, das wäre nicht schön", wie die junge Frau es ausdrückt. Beide regenerieren sich bewusst im Privatleben.

Bei diesem Paartypus ist die Partnerschaft funktional für die Umsetzung des Lebensthemas. Die Partner schöpfen gegenseitig

Kraft aus dem Zusammenleben. Bei aller selbstverständlichen Gleichberechtigung im beruflichen Bereich und im Bereich der Hausarbeit wird von einer geschlechtsspezifschen Rollenaufteilung bezogen auf die Kinderbetreuung ausgegangen. Der Aufwand für die Kinderbetreuung wird aber im beiderseitigen Einverständnis minimiert. Hohes Engagement im Beruf bei gleichzeitig hoher Bedeutung des Berufs für beide Partner führt – so lässt sich daraus schließen – nicht automatisch zu einer Gleichverteilung in der Erziehungs- und Familienarbeit, sondern die Frau bleibt weiterhin für die Organisation und Familienarbeit verantwortlich. Die Aufgeschlossenheit und Forderung nach gleicher Arbeitsteilung in allen Lebensbereichen ist beim Lebensthema „Doppelorientierung auf Familie und Beruf" selbstverständlicher.

7.2.1.4 Wenn beide das Lebensthema „eigener Weg" haben: assoziationsorientierte Ich-Perspektive

Paare, bei denen beide das Lebensthema „eigener Weg" haben, versuchen ein Leben zu führen, das nicht automatisch einem institutionalisierten Lebenslauf folgt. Vorgegebene Wege werden ausdrücklich infrage gestellt. Beide, die jungen Frauen und ihre Partner, wollen ihren Weg finden und gehen. Diesen Weg definieren sie nicht wie die bisher dargestellten Paare über einen bestimmten Lebensbereich, über berufliche oder familiale Projekte, sondern beziehen ihn auf ihr gesamtes Leben. Da es kein konkretes Ziel ist, das sie erreichen wollen, vielmehr „der Weg das Ziel ist", lässt sich ihr Lebensthema in Abgrenzung zu den vorgenannten bereichsorientierten Konzepten eher als entwicklungsorientiert bezeichnen. Kennzeichnend für sie ist, dass sie ihren durch bestehende Normen, sozialisatorische Vorgaben und Gelegenheitsstrukturen abgesteckten Handlungs- und Lebensrahmen erweitern oder sogar verlassen. Bei allen individuellen Unterschiedlichkeiten tauchen in den Interviews über den gesamten Erhebungszeitraum und in allen Lebensbereichen typische Konstellationen von Vorstellungen, Erwartungen, Fantasien und Deutungen auf: Unabhängigkeit auch in Beziehungen, sich nicht unterordnen, kein langweiliges Leben führen, Offenheit und Abwechslung, keine Routine, das Bewusstsein, anders zu sein und dies auch zu wollen sowie das Leben genießen und Spaß daran haben. Träume nicht nur zu träumen, sondern auch zu verwirklichen, ist ihnen ebenfalls ein wichtiges Anliegen. Diese Prinzipien sind der Schlüssel zum Verständnis dieses Lebensthemas und strukturieren das Leben der Paare in der untersuchten Lebensphase.

Gegenseitige Unterstützung und Akzeptanz sind das Gemeinsame, der Rahmen der Partnerschaft, ansonsten gehen die Partner eigene, teils auch getrennte Wege. Es stehen sich zwei gleichberechtigte und auf sich gestellte Individuen gegenüber. Dies scheint zunächst im Widerspruch zu einer Partnerschaft zu stehen, fehlt doch das Gemeinsame, das Partnerschaft erst konstituiert. Die Partnerschaften haben jedoch nicht den Charakter von Zweckgemeinschaften, sondern sind außerordentlich wichtig für beide Teile. Sie sind geprägt durch gegenseitiges Anregen und Fordern, Auseinandersetzung und Diskussion, Vertrauen und gleichzeitig weitgehende Freiräume, die explizit vereinbart, jedoch selten genutzt werden. Allein das gegenseitige Zugestehen dieser Freiräume scheint zu genügen, um das Partnerschaftsklima offen zu halten. Die Beziehungen geben emotionale Stabilität und ein Zugehörigkeitsgefühl, sind verlässlich und werden als wichtig für die eigene Entwicklung angesehen. Sie werden jedoch nicht um jeden Preis aufrechterhalten.

Die Beziehungen werden häufig als auf eine Lebensphase beschränkt gedacht, was auch in den Interviews von den Frauen und ihren Partnern thematisiert wird. In der Realität sind sie im Untersuchungszeitraum genauso stabil wie diejenigen Partnerschaften mit bereichsspezifischen Lebensthemen. Eine Paarbeziehung ist jedoch in der eigenen Einschätzung nicht Voraussetzung für die Umsetzung des Lebensthemas „eigener Weg". Genauso gut ist ein Leben als Single vorstellbar. Typisch ist, dass für die Arbeitsteilung keine festen Zuweisungen vorliegen, sondern dass eine Putzfrau genommen wird oder eine Lebensform wie Living-apart-together gewählt wird, die dieses Problem erst gar nicht aufkommen lässt.

Im Vergleich zu Paaren mit bereichsbezogenen Lebensthemen verändert sich im Erhebungszeitraum bei diesen Paaren sehr viel und zwar auf allen Ebenen. Bei jedem Interview gibt es immer wieder viel Neues zu berichten. Die Veränderungen sind bei beiden Partnern strukturiert durch das Ziel, den eigenen Weg zu gehen. Es kommt jedoch auch zu Konflikten und Spannungen, da die jeweiligen Entwicklungsschritte nicht analog verlaufen. Die gegenseitige Akzeptanz hilft den Paaren jedoch meist bei der Bewältigung.

Ein Paar aus der bayerischen Kleinstadt sei als Beispiel angeführt. Sie ist in der ersten Welle 24 Jahre alt und als Kinderpflegerin im erlernten Beruf tätig, jedoch unzufrieden damit. Sie überlegt sich, die mittlere Reife nachzuholen und hat dies auch in der zweiten

Welle umgesetzt; in der dritten Welle schließt sie das Fachabitur per Telekolleg ab. Weitere Pläne bestehen für ein Sozialpädagogikstudium. In der dritten Welle wird sie schwanger und hat damit ihren von der ersten Welle an bestehenden Kinderwunsch verwirklicht. In ihrer seit der ersten Welle bestehenden Partnerschaft fühlt sie sich auf ihrem Weg bestätigt. Dazu trägt das große Geborgenheitsgefühl bei, das ihr die Partnerschaft vermittelt, obwohl sie immer auch die Vorstellung hatte, „wieder wegzugehen". Ihr Partner ist vier Jahre älter als sie, hat sein Pädagogikstudium nicht beendet und lange „rumgejobt". In der ersten Welle ist er als Freiberufler im Bildungsbereich tätig, in der dritten Welle hat er sich in diesem Bereich erfolgreich selbstständig gemacht. Er beschreibt sich als jemanden, „der immer noch auf der Suche ist", ist fasziniert von philosophischen Abhandlungen, Zen-Buddhismus und kann sich tagelang zurückziehen, um sich mit einem Gedicht zu beschäftigen. Für ihn sind Freiräume in der Beziehung fast noch wichtiger als für sie. Er würde gerne sechs Monate im Jahr arbeiten und den Rest des Jahres „leben". In der dritten Welle wartet er auf einen Kick, der ihn wieder weiterbringt. Er unterstützt die Partnerin in ihren beruflichen und familialen Plänen, freut sich, dass sie durch die Verwirklichung des Kinderwunsches und ihrer beruflichen Pläne selbstbewusster geworden ist.

Beide akzeptieren ihre jeweils sehr unterschiedlichen Vorstellungen und gestehen sie sich auch zu. Der Beruf ist für sie keine Karrieremöglichkeit, sondern Selbsterfüllung. Beide beschreiben ihre Beziehung in ähnlicher Weise. Der Heirats- und Familiengründungswunsch der jungen Frau wird in einem gemeinsamen Abstimmungsprozess zur dritten Welle umgesetzt. Obwohl der Partner nicht unbedingt heiraten und Kinder kriegen wollte, unterstützt er die Vorstellungen der Partnerin und will ein Kind, wie er es ausdrückt, „gelassen nehmen" und sich auch an der Kinderbetreuung beteiligen oder sogar den Beruf aufgeben. Allerdings wird er sich nicht so ändern, dass er ein „Familienmensch" wird. Er will weiterhin seinen eigenen Weg gehen. Diesen eigenen Weg gesteht er auch der Partnerin zu. Diese Akzeptanz auf beiden Seiten ist es letztlich auch, die ihre gemeinsame Welt ist, die tragfähige Basis ihrer Beziehung. Die Partnerin schwenkt auch nach der Familiengründung in der vierten Welle nicht auf ein anderes Lebensthema um, sondern bleibt auf „ihrem Weg". Sie möchte ihr Leben weiterhin nutzen und strebt eine Änderung an, die sie „nochmal tiefgreifend vorwärts bringt, egal ob im beruflichen Sinn oder von der Persönlichkeit her, nochmal so einen Schub, der mich vorwärts bringt." Bei allen Schwierigkeiten und der Tatsache, dass sie nicht viel Gemeinsames haben, so beide, sind sie doch voneinander fasziniert und lassen sich gegenseitig aufeinander ein. Beide bezeichnen ihre Partnerschaft als gut.

Die Paare dieses Typus leben in sehr heterogenen Situationen. Der Bildungsstand ist unterschiedlich, von Hauptschulabschluss bis Hochschulabschluss sind alle Bildungsabschlüsse vertreten, ein Teil der Paare hat bewusst eine Familie gegründet und hat deshalb auch geheiratet, geht also in Bezug auf die Lebensform mit Kind keinen anderen Weg als den üblichen. Ein anderer Teil lebt unverheiratet zusammen oder in einer living-apart-together-Beziehung. Eine bestimmte Lebensform ist also keine Bedingung für die Verwirklichung des eigenen Lebensweges. Regional sind die Paare im groß- und kleinstädtischen Raum verortet. Aus den Interviews mit den jungen Frauen, die nicht in einer festen Partnerschaft leben, wissen wir, dass auch im ländlichen Bereich Frauen mit dem Lebensthema „eigener Weg" vertreten sind, allerdings leben sie in unserem Sample als Singles.

7.2.1.5 Wenn beide das Lebensthema „Aufrechterhalten des Status quo" haben: zweckorientierte Ich-Perspektive

Diese Paare entwerfen keine klaren Zukunftsperspektiven, weder individuell noch bezogen auf Partnerschaft, Familiengründung oder Beruf. „Das Leben soll so bleiben, wie es ist", ist eine typische Aussage. Sie sind im Großen und Ganzen zufrieden mit ihrem Leben. Allerdings schwingt häufig das Gefühl mit, doch etwas versäumt zu haben. Große Veränderungen sind nicht erwünscht und werden oft auch nicht als möglich angesehen. Erwünscht sind ein „gutes Leben" und ein „ordentlicher Lebensstandard". Im Vergleich zu allen anderen Lebensthementypen beschreiben beide Partner explizit ihre Bindung als nicht sehr eng, auch nicht gefühlsmäßig. Die Partnerschaft ist für sie ein pragmatisches Nebeneinander, eine langfristig stabile Zweckgemeinschaft.

Ein Paar aus der sächsischen Kleinstadt, beide beruflich in sicherer Position, mit eigenem Haus und seit der ersten Welle verheiratet, charakterisiert beispielsweise seine Beziehung als geprägt durch Gewohnheit und Langeweile. Er sieht den Zusammenhalt der Beziehung durch die gemeinsamen Schulden gegeben, sie dadurch, dass sie sich im Krankheitsfall, sie hat ein Hüftleiden, auf ihren

Mann verlassen kann und von ihm versorgt wird. Ein Kind schließen beide aus, da es aus medizinischer Sicht wegen ihres Hüftleidens nicht zu verantworten sei. Beide benennen ganz deutlich die Mängel ihrer Beziehung:

> Sie: „Na, ja, es ist 'n bisschen, sagen wir 'mal so, die Qualität (...) nach zehn Jahren Ehe hat man so, ist man so irgendwo an 'nem Punkt, wo man festgefahren ist. Also gibt's wenig Neues; was man sich zu sagen hat, wird immer weniger, was man so feststellt. Also wenn man dann nicht selber etwas für die Beziehung tut, wird's öde. Also ich könnte es schon durchaus verstehen, wenn jemand sagt, nach sechs-sieben-acht Jahren, also das war's."
> Er: „Ja es ist manchmal ein bisschen triste, aber im Großen und Ganzen geht es schon."

Trotz dieser Mängel, die beide fast analytisch und in gleicher Weise aufzeigen, wollen sie die Beziehung erhalten. Sie sind der Meinung, dass ihr Leben im Prinzip so weitergehen kann, denn „Alleinsein wäre nichts". Beide äußern in den Interviews kaum Vorstellungen und Pläne für die gemeinsame Zukunft. Lediglich Reisen scheinen ein gemeinsames Ziel zu sein. Auch Gespräche zur Zukunftsgestaltung, die bei anderen Paaren häufig sind, finden nicht statt. Es erfolgt im Erhebungszeitraum auch keine Familiengründung, sie ist nicht erwünscht und würde den Status quo gefährden. Beide Partner setzen sich nicht miteinander auseinander, lassen sich nicht aufeinander ein. Abgesehen vom äußeren Rahmen, den sie sich bieten und der in der Ehe sowie dem gemeinsamen Hausstand oder Wohneigentum begründet ist, lässt sich kein Partnerschaftselement erkennen, das sie gemeinsam gestalten. Es handelt sich um komplementäre Arrangements mit traditionellem Zuschnitt. Die männlichen Partner unterstützen ihre Partnerin in nur geringem Umfang; es geht auch ihnen hauptsächlich um die zweckhafte Funktion des Zusammenlebens.

7.2.1.6 Wenn beide das Lebensthema „Suche nach Orientierung" haben: kollusionsorientierte Wir-Perspektive

Unentschiedenheit und Widersprüchlichkeit im Formulieren biografischer Projekte ist für diese Paare mit dem Lebensthema „Suche nach Orientierung" auf der individuellen und partnerschaftlichen Ebene sowie über den gesamten Untersuchungszeitraum charakteristisch. Auch wenn sich die „Suche nach Orientierung" im Vergleich zu den bereichs- oder entwicklungsbezogenen Lebensthemen auf einer anderen Ebene bewegt (vergleiche Kapitel 6.3), macht sie als roter Faden und als sinnstiftendes und handlungsleitendes Element das biografische Handeln in diesen Paarbeziehungen nachvollziehbar. Relevant ist ihre Funktion und ihre Wirksamkeit, das Leben der jungen Frauen und ihrer Partner zu strukturieren. Das Lebensthema „Suche nach Orientierung" lähmt Aktivitäten zur Gestaltung der eigenen Biografie und tritt bei den Paaren im Doppelpack auf: Die jungen Frauen und ihre Partner scheinen sich gegenseitig anzuziehen. Schwierigkeiten und Blockaden bei biografischen Schritten und der Umsetzung von Vorstellungen potenzieren sich. Die Unentschiedenheit, konkrete Projekte zu wählen und zu verwirklichen, fällt bei beiden Partnern mit belastenden biografischen Konstellationen zusammen, beispielsweise mit schweren und chronischen Krankheiten, Familienkonstellationen mit Todesfall, Alkoholismus oder Scheidung, problematischen Elternbeziehungen oder beruflichen Schwierigkeiten, die nicht bewältigt werden können. Häufig treffen mehrere der genannten Faktoren aufeinander. Die Beziehungen sind trotzdem sehr stabil und bestehen fast durchweg über den gesamten Untersuchungszeitraum. In einem Fall kommt es zur Trennung; die junge Frau geht eine neue Partnerschaft ein, in der der Partner wiederum das Lebensthema „Suche nach Orientierung" hat. Ein gemeinsames Kennzeichen der Paare ist, dass zwar wechselnde Vorstellungen vorhanden sind, diese jedoch nicht in entsprechende Pläne und Umsetzungsschritte übersetzt werden. Die biografischen Handlungen sind reaktiv und stets auf aktuelle Anforderungen bezogen. Für diese Paare trifft zu, was Willi (1996) – in Abweichung von der rechtswissenschaftlichen Definition dieses Begriffs als „sittenwidrige Absprache" oder „Verdunkelung" – unter den Begriff der Kollusion fasst: Die Partner verstärken sich gegenseitig in Entwicklungsvermeidungen, Ängsten vor anstehenden Entwicklungsschritten und immer wieder geäußerter Unzufriedenheit. Dauerhafte und tragfähige gemeinsame Projekte können schon deshalb nicht entwickelt werden, weil die beiden Partner keine klaren Vorstellungen besitzen. „Eine Kollusion ist ein unbewusstes Zusammenspiel von Partnern auf der Basis korrespondierender Beziehungsängste und Beziehungsdefizite" (ebenda: 89). Die Partner weisen eine unbewusste Komplizenschaft auf in der Abwehr und Vermeidung anstehender Entwicklungen und im Ausweichen und Verharren in unrealistischen Beziehungen und Situationen. Nach Willi fühlen sich Partner, die auf ähnliche ungelöste Konflikte fixiert sind, oft in besonderer Weise voneinander angezogen. Dies bestätigt sich in unserer Untersuchung. Willi führt dies darauf zurück, dass die Paare sich als Betroffene leicht finden und gegenseitig verstehen sowie sich zwischen ihnen rasch ein „intensives beantwortetes Wirken" bilden kann. Im Stadium der Paarbildung könne eine solche Partnerwahl eine echte Entwicklungsstimulation für beide Partner bedeuten. Es bestünde jedoch die Gefahr, dass beide Partner sich im weiteren Partnerschaftsverlauf gegenseitig blockieren und auch das Vermeiden der persönlichen Entwicklung mit dem Verhalten des anderen gerechtfertigt wird. Diese Entwicklung kann natürlich auch bei anderen Paarkonstellationen auftreten, ist jedoch bei diesen Paaren typisch. Letztlich sind kaum biografische Ressourcen vorhanden, um die Schwierigkeiten gemeinsam zu bewältigen. Die Paare sind häufig unzufrieden mit ihrer Gesamtsituation, jedoch meist zufrieden mit der Beziehung.

Ein Paar aus der ländlichen Region in Sachsen ist beispielsweise in der vierten Erhebungswelle bereits über zehn Jahre zusammen und inzwischen auch verheiratet. Beide schildern ihre Partnerschaft in jedem Interview übereinstimmend als sehr gut und harmonisch. „Er/Sie ist sehr lieb und freundlich", sagen beide voneinander. Beide äußern von der ersten Erhebung an den Wunsch, eine Familie zu gründen. Allerdings nicht sofort, da sie sich beruflich noch stabilisieren müssten. In jeder Erhebungswelle wird der prinzipielle, doch vage Kinderwunsch wiederholt, seiner Verwirklichung steht immer wieder etwas anderes entgegen. „Die Zeit passt nie" (Partner 3. Welle), „Irgendwas schiebt man immer vor" (junge Frau 3. Welle): Aus der Sicht der jungen Frau ist dies vor allem die Tatsache, dass sie sich beruflich nicht „settlen" kann. Trotz größter Anstrengung und zeitlichem Einsatz wird sie immer wieder arbeitslos, weil auf dem strukturell schwachen ländlichen Arbeitsmarkt die Unternehmen Pleite machen. Obwohl sie ursprünglich Schneiderin ist, muss sie sich auf unqualifizierte Tätigkeiten einlassen. Zusätzlich belastet ist sie durch die schwere Krankheit ihres Vaters, er ist Frührentner, und den Tod ihrer Mutter zwischen der dritten und vierten Erhebung. Ihr Partner, Elektriker, findet nach kurzer Arbeitslosigkeit nach der Wende einen festen Arbeitsplatz im erlernten Beruf. Im Erhebungszeitraum erkrankt er schwer und muss operiert werden. Beide empfinden die Zeit seit der Wende als große Umstellung: Existenzielle Unsicherheit und soziale Brüche belasten sie über den gesamten Erhebungszeitraum. Es bedeutet für sie persönliches Versagen, dass sie es nicht schaffen, sich mit den neuen Verhältnissen einzurichten; sie leiden unter der „neuen" Unsicherheit und dass sie sich nicht getraut haben, ein Angebot im Westen wahrzunehmen, fühlen sich allein und „im Stich" gelassen von einer Gesellschaft, in der sie früher gut aufgehoben waren, und der sozialen Umgebung. Finanziell kommen sie trotzdem gut über die Runden. Auf biografische Projekte legen sie sich nie fest, sondern äußern eher vage Vorstellungen. Sie entwickeln keine Perspektiven. Der junge Mann antwortet auf Fragen nach seinen Wünschen und Vorstellungen generell in der Wir-Form.

Ähnlich kommt ein Paar im bayerischen großstädtischen Bereich nicht voran; von ihrer Seite vor allem bei Entscheidungen im beruflichen Bereich, von seiner Seite her bei Heirat und Engangement im beruflichen Bereich. Das Paar (sie ist Handelsfachpackerin und hat im Verlauf der Untersuchung die Meisterin gemacht; er ist gelernter Maler und als „Müllmann" tätig) ist ebenfalls seit zehn Jahren zusammen und bezeichnet die Beziehung übereinstimmend als sehr gut. Kinder sind nicht vorhanden und mit Schwankungen eher nicht erwünscht, vor allem von der jungen Frau. Auf ihre Initiative hin heiraten sie: „Mein Mann hatte sich sechs Jahre lang nicht getraut." Er ist bereits einmal geschieden und hat zwei Kinder aus erster Ehe. Im Erhebungszeitraum hat er einen Herzinfarkt und zusätzlich leichte Alkoholprobleme, wie seine Frau berichtet. Sie selbst hat in der Kindheit die Scheidung ihrer Eltern als sehr belastend erlebt und ist früh von zu Hause ausgezogen. Als Meisterin ist sie weit unter ihrer Qualifikation beschäftigt. Die ausweglose berufliche Situation macht sie sehr unzufrieden. Sie entwickelt jedoch keine erfolgreichen Strategien, etwas daran zu ändern, und träumt davon, ein Zoogeschäft zu führen. Die große Gemeinsamkeit dieses Paares sind Tiere. Sie besitzen Hunde, Frettchen, Fische und eine Schlange, die sie gemeinsam pflegen und die ihnen sehr wichtig sind.

Bei diesen Kollusions-Paaren ist auffällig, dass sie wie die Paare mit Lebensthema „Status quo" und „gemeinsamer Weg" und im Gegensatz zu den Paaren mit bereichsbezogenen Lebensthemen oder dem Lebensthema „eigener Weg" in keinem Fall eine Familiengründung vorgenommen haben. Ehe oder nichteheliche Lebensgemeinschaft sind die typischen Lebensformen. Das Bildungsniveau ist eher niedrig, ohne regionale Auffälligkeiten. Sie deuten und strukturieren ihr Leben in ähnlicher Weise, gemeinsame Ziele bleiben unklar und vage. Fakt ist, dass beide Partner mit der Bewältigung ihrer persönlichen Schwierigkeiten beschäftigt sind und gegenseitig in der Beziehung Schutz finden, sich aber gleichzeitig blockieren. Weder lösen sie ihre individuellen Schwierigkeiten noch gelingt es ihnen, sich gegenseitig aktiv zu unterstützen. Sie meiden Entscheidungen und die Übernahme von Verantwortung für ihre eigene und gemeinsame Entwicklung.

7.2.1.7 Fazit: „Gleich und Gleich gesellt sich gern"

Das Ergebnis der vergleichenden Paaranalyse, dass sich „Gleich und Gleich gern gesellt", dass also der überwiegende Teil der befragten langfristig zusammenlebenden Paare das gleiche Lebensthema hat, mag zunächst banal erscheinen. Es hat jedoch weitreichende Konsequenzen. Das Gelingen des Konstruktionsprozesses einer gemeinsamen partnerschaftlichen Welt wird durch die Übereinstimmung in den individuellen Lebensthemen von Paaren und damit in den Schwerpunkten ihrer Projekte unterstützt. Bei den Paaren mit gleichem Lebensthema kommt es im Erhebungszeitraum bis auf eine Ausnahme nicht zu Trennungen. Das bedeutet nicht, dass diese Paare keine Konflikte oder Krisen haben. In der Alltagsbewältigung, in der Kommunikation und in den Abstimmungsprozessen zur Umsetzung des gemeinsamen Lebensthemas treten immer wieder Unstimmigkeiten auf, sind Probleme zu lösen, zeigen sich unterschwellige oder offene Konflikte, die jedoch auf der Grundlage des gemeinsamen Lebensthemas die Beziehung nicht infrage stellen und zu bewältigen sind. Teils haben diese Konflikte den Stellenwert der gegenseitigen Vergewisserung. Es scheint ein unausgesprochener Grundkonsens vorhanden zu sein, der nicht im Laufe des Partnerschaftsprozesses ausgehandelt wird, sondern auf die Übereinstimmung der individuellen, schon vor der Partnerschaft bestehenden Lebensthemen zurückzuführen ist. Dies zeigt sich deutlich bei denjenigen jungen Frauen, die erst im Verlauf unserer Erhebung eine Partnerschaft eingegangen sind, lässt sich auch aus retrospektiven Äußerungen schließen und unterstreicht die Bedeutung der individuellen Lebensthemen für Paarbeziehungen.

Eine junge Frau aus Bayern mit dem Lebensthema „Familie" trennt sich nach der zweiten Welle von ihrem Partner, der das Lebensthema „Beruf" hat. Sie lebten nichtehelich über fünf Jahre zusammen. Während er in der ersten Welle sehr stark seine berufliche Entwicklung betont und über alles stellt, wünscht sie sich möglichst ab sofort ein Kind und setzt alle Kräfte in diese Richtung ein. Sie fühlt sich von ihm nicht unterstützt in ihren Vorstellungen und Plänen. Er bestätigt ihre Sicht im Interview. Beide sind sich der Tragfähigkeit ihrer Beziehung nicht sicher und berichten über Unstimmigkeiten, Streitereien und Sprachlosigkeiten. Die Beziehung befindet sich in einer Sackgasse. Beide spüren, dass „nichts mehr läuft", wirken in den Interviews blockiert und verbringen ihre Abende als „couchpotatoes". Sie sind selbst unzufrieden damit. In der dritten Welle kommt es zur Trennung. Die junge Frau hat erfahren, dass ihr Partner sie lange Zeit betrogen hat; dies ist für sie der Anlass, sich von ihm zu trennen. Sie lebt zunächst als Single und nutzt diese Zeit, um ihr Selbstbewusstsein wieder aufzubauen. Ihr Lebensthema bleibt die Familie. In der vierten Welle lebt sie mit einem neuen Partner zusammen, der ihren Vorstellungen näher kommt. Sie wirkt sehr aktiv und beflügelt. Beide, so die Aussagen der Frau (der Partner wurde nicht mehr befragt), wünschen sich eine Familie und wollen dieses Ziel demnächst umsetzen. Zu betonen ist, dass die junge Frau an ihrem Lebensthema „festhält", in beiden Beziehungen und in der Single-Phase.

Die grundlegende Bedeutung von Abstimmungsprozessen in Paarbeziehungen, die immer wieder betont wird, auch im Leitbild der modernen verständigungsorientierten Partnerschaft, wird durch dieses Ergebnis relativiert. Gleiche Lebensthemen der Partner scheinen Abstimmungsprozesse zu erleichtern oder ermöglichen sie vielfach erst. Ziel der Kommunikations- und Abstimmungsprozesse ist es, jedenfalls bei diesen Paaren mit gleichen Lebensthemen, weniger, ein gemeinsames Lebensthema zu konstruieren, als – in der Phase des Kennenlernens – das Lebensthema des Anderen zu erfassen und sich im Alltag und in späteren Partnerschaftsphasen dessen immer wieder zu vergewissern und auf seiner Basis abzustimmen. Partnerin und Partner konstruieren also nicht, wie Berger/Kellner (1965) meinen, eine eigene Paarwelt jenseits des individuellen Sinnhorizonts, sondern versuchen, aus den je individuellen Sinnhorizonten eine Verständigungsbasis aufzubauen (vergleiche Luhmann 1994). Die individuellen Lebensthemen scheinen diesen Ergebnissen folgend das Fundament der Paarbeziehung zu bilden. Sie gehen in der Partnerschaft auch nicht in einem gemeinsamen Paarthema auf, sondern behalten ihren eigenständigen Wert.

Die Vorstellung, dass sich Paare gemeinsam weiterentwickeln, scheint für die Lebensthemen nicht zu gelten. Die individuellen Lebensthemen scheinen sich im Längsschnitt auch in Paarbeziehungen nicht zu verändern. Sie geben die Entwicklungsschritte in den Beziehungen vor, und strukturieren durch ihre je unterschiedlichen Prinzipien das gemeinsame Leben und den Partnerschaftsalltag.

Abbildung 4: Paare mit gleichen Lebensthemen

Lebensthema Sie	Strukturprinzip der Paarbeziehung	Lebensthema Er
Familie	Projektorientiert, Wir-Perspektive, komplementäre Arbeitsteilung, gemeinsame Planung und Umsetzung, Unterstützung bezogen auf die Familiengründung	Familie
Doppelorientierung Familie und Beruf	Beziehungsorientiert, Wir-Perspektive, Unterstützung, Gleichgewicht, Gemeinsamkeit, gemeinsame Planung und Umsetzung	Doppelorientierung Familie und Beruf
Beruf	Projektorientiert, Ich-Perspektive, Gleichberechtigung im Beruf, nicht in der Kinderbetreuung, gemeinsamer Rahmen, getrennte Planungen und Umsetzung, Unterstützung der beruflichen Entwicklung	Beruf
Eigener Weg	Assoziationsorientiert, Ich-Perspektive, Unterstützung, Freiräume, Individualität, gemeinsamer Rahmen, Planung und Umsetzung getrennt	Eigener Weg
Aufrechterhalten des Status quo	Zweckorientiert, Ich-Perspektive, komplementäre Arbeitsteilung, nebeneinander her leben, Zweckgemeinschaft, materieller Rahmen, keine aktive Unterstützung	Aufrechterhalten des Status quo
Suche nach Orientierung	Kollusion, Wir-Perspektive, „Diffusions-Identität", komplementäre Arbeitsteilung, keine aktiven Projekte, gegenseitiges Blockieren, Gemeinsamkeit in Vorstellungen, keine gegenseitige Unterstützung	Suche nach Orientierung

Die Unterstützung der jungen Frauen bei der Realisierung ihrer biografischen Projekte durch ihre Partner muss differenziert betrachtet werden. Die Partner unterstützen sie im Rahmen der gemeinsamen Lebensthemen in unterschiedlicher Weise, beispielsweise bei der Verwirklichung beruflicher Ziele. Auch bei der Kinderbetreuung bringen sie sich entsprechend dem Lebensthema ein. Ein Partner mit dem Lebensthema „Familie" wird nie aktiv die Kinderbetreuung übernehmen, die in gemeinsamer Übereinstimmung „Sache der Frau" ist, während ein Partner mit der „Doppelorientierung auf Familie und Beruf" sich sehr viel mehr an Aufgaben der Kinderbetreuung und Alltagsorganisation beteiligen wird.

7.2.2 Paare mit unterschiedlichen Lebensthemen

Paarbeziehungen mit unterschiedlichen Lebensthemen sind in unserem Sample sehr viel seltener als Paarbeziehungen mit gleichen

Lebensthemen. Sie sind zudem häufiger durch Konflikte und Trennungen gekennzeichnet, also auch weniger stabil. Während bei den Paaren, bei denen beide das gleiche Lebensthema haben, die Gemeinsamkeit der Lebensthemen die Basis des Zusammenlebens, der Erfahrungen und des Erwartungshorizontes ausmacht, stellt sich bei Paaren mit unterschiedlichen Lebensthemen die Frage, ob sich hier die individuellen Lebensthemen im Laufe der Paarbildung verändern, um eine gemeinsame Basis zu finden. Es lassen sich grundsätzlich zwei Konstellationen von unterschiedlichen Lebensthemen unterscheiden: ergänzende Lebensthemen und trennende Lebensthemen.

7.2.2.1 Wenn die Lebensthemen sich ergänzen: fusionsorientierte Wir-Perspektive

Sich ergänzende Lebensthemen in einer Paarbeziehung sind dadurch charakterisiert, dass sie sich trotz unterschiedlicher Schwerpunktsetzung als Bausteine einer Beziehung funktional ergänzen und eine Basis für das gemeinsame Zusammenleben darstellen. Die Kombinationen folgen einer inneren Logik, die sich erst durch die relationale Paaranalyse, das In-Beziehung-Setzen der individuellen Lebensthemen in der Paarwelt erschließt.

Bei diesen Paaren hat jeweils einer der Partner das Lebensthema „gemeinsamer Weg", während der andere ein anderes Lebensthema hat, beispielsweise das Lebensthema „Beruf" oder das Lebensthema „Familie". Es handelt sich um Beziehungen, bei denen eine/einer den Rahmen der Partnerschaft und ihre Entwicklungsrichtung definiert, und die Partnerin/der Partner mit dem Lebensthema „gemeinsamer Weg" sich in diesen Rahmen fügt und ihn ergänzt. Das Lebensthema „gemeinsamer Weg" tritt wie alle anderen Lebensthemen geschlechtsunabhängig auf, das heißt sowohl bei den jungen Männern als auch bei den jungen Frauen. Demzufolge können sowohl Frauen als auch Männer über die Definitionsmacht in diesen Partnerschaftskonstellationen verfügen.

Bei einem Paar in einer bayerischen Kleinstadt hat die junge Frau das Lebensthema „Beruf" und ihr Partner das Lebensthema „gemeinsamer Weg". Diese Partnerschaft ist dadurch charakterisiert, dass der Partner sich auf seine Partnerin einstellt und sie unterstützt. Daran ändert sich über den gesamten Zeitraum der Befragung nichts. Die individuellen Lebensthemen bleiben ebenfalls unverändert. Planungen und Umsetzungsschritte werden gemeinsam diskutiert und durchgeführt, allerdings auf der Basis der Schwerpunktsetzung der jungen Frau. Sie gibt auch den Entwicklungsrahmen des gemeinsamen Projekts „Aufbau eines größeren landwirtschaftlichen Betriebs" vor. Dies wird übrigens von beiden Partnern gleichermaßen berichtet, wobei die junge Frau ihre Rolle sehr vorsichtig und zurückhaltend darstellt, als dürfe die Tatsache, dass sie die Prioritäten setzt, nicht zu deutlich werden. Sie qualifiziert und engagiert sich beruflich in hohem Ausmaß. Im Zentrum ihrer Pläne und Handlungsschritte steht der berufliche Bereich. Sie wird den landwirtschaftlichen Betrieb der Eltern übernehmen und will ihn durch zusätzliche Investitionen modernisieren und rentabler machen. Diese Planungen machen ihr „voll Spaß". In der ersten Erhebungswelle befindet sie sich mit 22 Jahren in einer Technikerausbildung, ihrer vierten Ausbildung zusätzlich zur bereits abgeschlossenen Ausbildung als Landwirtin, als staatlich geprüfter Wirtschafterin und staatlich geprüfter Hauswirtschafterin. Sie plant die einzelnen Qualifizierungsschritte ganz genau im Hinblick auf ihr berufliches Ziel. Als Technikerin kann sie beispielsweise selbst ausbilden. Im weiteren Verlauf der Untersuchung ist sie zusätzlich zum Ausbau des elterlichen Betriebes in verschiedenen landwirtschaftlichen und gesellschaftspolitischen Ausschüssen aktiv tätig. Beim letzten Interview kandidiert sie als „Freie" für den Stadtrat und den Kreistag. Selbstbewusst bescheinigt sie sich eine „Topausbildung" über die letzten zehn Jahre, die durch eine unternehmerische Zusatzqualifikation gekrönt wurde. Kinder schließt sie nicht aus, kann sie sich aber auch nicht richtig vorstellen; „wenn sie kommen, dann kommen sie eben". Die Partnerschaft, die in der ersten Welle schon seit fünf Jahren besteht (sie war siebzehn, als sie ihren Partner kennen lernte), bezeichnen beide Partner als sehr gut und harmonisch, ohne gravierende Konflikte. Für den Partner steht der gemeinsame Lebensweg, das gemeinsame Leben im Vordergrund. Er hätte sehr gerne Kinder, wenn die Beziehung dadurch nicht gefährdet würde. Seine beruflichen Energien konzentriert er weniger auf die eigene Entwicklung als auf die gemeinsame Zukunft. Er passt sich in den beruflichen Rahmen der Partnerin ein, macht selbst, initiiert von ihr, eine Meisterausbildung, die funktional für den aufzubauenden Betrieb ist und die er in der vierten Welle abgeschlossen hat. Er ist zufrieden, die „zweite Geige" zu spielen: „Für mich das Wichtigste, also ist, dass die Veronika die Schule schafft", sagt er in der ersten Welle. „Das wäre mein größter Wunsch, also dass sie das schafft. Weil sie muss wirklich viel investieren in die Schule." Am besten fühlt er sich, wenn er mit der Partnerin zusammen ist: „Also, ich wenn von der Arbeit heimkomme und wenn meine Freundin nicht da ist, da geht es mir nicht gut. Das merken auch die Eltern von meiner Freundin, ich habe es auch schon zu ihnen gesagt, ich bin da ein ganz anderer Typ, wenn sie nicht da ist. Und das macht mir am meisten Spaß, wenn ich weiß, das Wochenende kommt und sie kommt und da werden wir dann erst wieder unternehmungslus-tiger." Dass er im Gegensatz zu seiner Partnerin häufig in der Wir-Form spricht und selten von sich alleine ausgeht, passt in dieses Bild. Seine Partnerin dagegen formuliert andere Bedürfnisse: „Das war ein bisschen ein Kampf zwischen mir und meinem Freund. Weil er ist ein bisschen einer, der an mir wie eine Klette hängt, und hat mir wenig Freiraum gelassen. Und ich bin ein Mensch, der eigentlich seinen Freiraum braucht. Und mittlerweile habe ich das ein bisschen gelockert und geklärt."

Die Konstellation der Lebensthemen „gemeinsamer Weg" und „Beruf" bietet ein stabiles Fundament für eine langfristige Partnerschaft. Unterschiedliche Lebensthemen der Partner können, wenn sie sich ergänzen, also durchaus funktional und sinnstiftend für eine Partnerschaft sein. Interessant ist die Tatsache, dass das ergänzende Lebensthema „gemeinsamer Weg" nicht unbedingt ein weibliches ist, hat doch im hier vorgestellten Fall der Partner das Lebensthema „Gemeinsamer Weg", während seine Partnerin die Richtung der gemeinsamen Entwicklung vorgibt. Vor allem für die junge Frau sind die Chancen, in dieser Paarkonstellation ihre beruflichen Prioritäten auch bei einer eventuellen Familiengründung beibehalten zu können, sehr groß. Ihr Partner unterstützt sie dabei. Im Untersuchungszeitraum zeigt sich ein untypisches, fast umgekehrtes Geschlechterverhältnis.

7.2.2.2 Wenn die Lebensthemen diskrepant sind: Konflikte vorprogammiert

Und die Verbindung war für eine kurze Zeit
zwischen zwei Fremden,
die sich einmal ausgeruht
und fanden, dass dies doch nicht
ihr Zuhause war.
Es war nicht deine Schuld
noch meine...
Renate Rasp

Paarbeziehungen mit Lebensthemen, die diskrepant sind und keine gemeinsamen Sinnhorizonte bieten, bestehen bei den untersuchten Paaren nur selten über mehrere Erhebungszeitpunkte hinweg. Sie sind dadurch gekennzeichnet, dass aufgrund sich widersprechender individueller Lebensthemen beider Partner keine tragfähige Basis vorhanden ist und verlaufen hoch konfliktreich, entweder unterschwellig oder offen; häufig trennen sich die jungen Frauen und ihre Partner im Erhebungszeitraum voneinander. Die diskrepanten Lebensthemen verhindern aufgrund der fundamentalen Unterschiede in Vorstellungen, Gewichtungen, Planungen und Umsetzungsschritten befriedigende Arrangements, führen zu massiven Auseinandersetzungen und lassen Unterschiede immer wieder aufbrechen. Die Diskrepanz scheint unüberbrückbar, funktionale Arrangements nicht möglich. Auch Gespräche und Aushandlungsprozesse, die bei Paaren mit einem gemeinsamen Lebensthema zur Abstimmung wichtig sind und praktiziert werden, können den grundsätzlichen Konflikt unterschiedlicher individueller Lebensthemen nicht lösen. Es gelingt den Diskrepanzpaaren im Erhebungszeitraum in keinem Fall, einen Kompromiss zwischen ihren unterschiedlichen Vorstellungen und Gewichtungen zu finden, selbst wenn sie gegenseitig die Argumente des anderen verstehen und teils sogar akzeptieren, jedoch selbst andere Prioritäten setzen. Es bestehen letztlich zwei Welten mit ganz unterschiedlichen biografischen Sinnkonstruktionen nebeneinander. Hierbei handelt es sich – dies sei ausdrücklich betont – nicht um Frauen- und Männerwelten, sondern um unterschiedliche Lebensthemenwelten.

Dies Ergebnis unterstreicht die Bedeutung der individuellen Lebensthemen. Es setzt sich weder einer der Partner mit seinem Lebensthema durch, noch bestehen geschlechtsbezogene Dominanzen und Ungleichgewichte in der Durchsetzung der Lebensthemen.

Trotz der Diskrepanzen in den Lebensthemen, die den Fortbestand der Partnerschaft infrage stellen, bleiben die Frauen und ihre Partner ihrem individuellen Lebensthema „treu", sogar im Verlauf einer längeren krisenhaften Beziehung. Die unterschiedlichen individuellen Lebensthemen lassen sich bei diesen Paaren deutlich als Trennungsgrund oder ständiger Konfliktauslöser bestimmen. Differenzen in den Lebensthemen kristallisieren sich dabei häufig am Kinderwunsch und seiner Umsetzung heraus, obwohl es nicht nur darum geht.

Eine junge Frau, bayerische Großstadt, hat beispielsweise das Lebensthema „eigener Weg", ihr Partner das Lebensthema „Doppelorientierung auf Familie und Beruf". Es kommt zwischen der dritten und vierten Welle zur Trennung, die sich schon in der dritten Welle massiv in den Aussagen beider andeutete. Die Diskrepanz der Lebensthemen wird bei diesem Paar sehr deutlich. Der Partner wirft seiner Partnerin vor, ihn beruflich anzutreiben, dabei sei ihm doch der Beruf nicht wichtig: „Ich würde ganz gerne heiraten und zwei Kinder haben. Aber sie zieht nicht so. Sie hat gesagt, nach dem Krach, den wir hatten, sollten wir erst mal schauen, dass wir so wieder zusammenkommen. Dass Kinder keine Lösung sind. Das ist im Prinzip auch richtig. Jetzt warten wir halt noch ein bisschen, und schauen, wie sich's entwickelt." Mit Kindern soll dann entweder die Partnerin zu Hause bleiben, am liebsten wäre es ihm jedoch, wenn er zu Hause bleiben könnte für einen Zeitraum von drei, vier Jahren und die Partnerin arbeiten würde. Das Leben mit Kindern in Balance mit dem Beruf würde ihm gut gefallen. Er ist sich klar darüber, dass seine Partnerin andere Vorstellungen hat und bringt dies in den Interviews sehr deutlich zum Ausdruck; seine Partnerin wolle eher keine Kinder und würde nicht „recht mitziehen" bei seinen Familiengründungsplänen. Er schildert eine Partnerschaftskrise, die durch einen Heiratsantrag von ihm ausgelöst wurde. Sie beschreibt diese Krise übrigens in gleicher Weise. Ihren Partner beschreibt sie als „emotionslos, gutmütig und macht wahrscheinlich alles für mich". Ihrer Meinung nach geht jede Initiative von ihr aus. „Ich denke mal, dass er, wenn ich ihm das nicht sage, dann sieht er es nicht als schlecht an. Oder halt, wenn ich mich nicht zusammenspinne und da halt Terror baue, dann ist es halt nicht so. Das läuft halt so. Der ist halt phlegmatisch." Sie hat in der ersten Welle keine konkreten Vorstellungen zu ihrer Zukunft, weiß nur, dass sich etwas ändern soll. Klar ist, dass der Beruf ihr sehr wichtig ist und Spaß machen soll. Nach der Trennung, die von ihr ausgeht, geht es ihr wieder gut, wie sie in der vierten Welle äußert. Der Partner hätte unverändert auf seinen Vorstellungen „Familie, Kinder, Haus" bestanden. Für sie wäre jedoch klar gewesen, dass sie so, wie er sich das vorstellte, keine Familie wollte. Sie gibt nun neben ihrem Beruf Kurse in Wassergymnastik, was ihr viel Spaß macht, und fühlt sich wieder frei und beweglich.

Eine andere Konstellation von diskrepanten Lebensthemen liegt bei einigen Paaren vor, bei denen die jungen Frauen das Lebensthema „Beruf" und gleichzeitig einen deutlichen Kinderwunsch haben, während bei ihren Partnern das Lebensthema „Familie" im Zentrum des Lebens steht. Der Beruf behält im Leben der Frauen über den gesamten Erhebungszeitraum seine strukturierende Funktion, alle anderen Lebensbereiche werden unter dem Blickwinkel der Priorität des Berufs gesehen. Die Partnerschaft spielt für diese jungen Frauen insofern eine große Rolle, als sie sie in ihrer beruflichen Karriere unterstützen und eine harmonische Innenwelt ermöglichen soll, in der sie sich bei Bedarf ausruhen und Kraft schöpfen können. Sie brauchen einen Partner, der ihre beruflichen Ziele akzeptiert. Ein Partner, der selbst keine beruflichen Ambitionen hat, sondern als Lebensthema die Familie, kann dieser Anforderung für eine gewisse Zeit gerecht werden. Jedoch ist andererseits das geringe berufliche Engangement der Männer ihren berufszentrierten Partnerinnen fremd und für sie unbefriedigend, wie auch die männlichen Partner ihre angestrebte lebensthementypische Rolle des Ernährers nicht ausfüllen können. Bei einem Paar aus der bayerischen Großstadt moniert die junge Frau beispielsweise die Unselbstständigkeit ihres Partners, dieser betont, dass er immer von ihr „angeschubst" werden müsse. Die männlichen Partner bewundern zwar einerseits die Zielstrebigkeit und Erfolge ihrer Partnerinnen, zum anderen haben sie entsprechend ihres Lebensthemas ein traditionelles Frauenbild und formulieren den Wunsch nach einem harmonischen Familienleben, dem ihre Partnerinnen jedoch nicht entsprechen. Diese Widersprüche führen zu Spannungen und massiven, letztlich nicht lösbaren Konflikten. Die Beziehungen sind für einen gewissen Zeitraum funktional. Ihr Gleichgewicht ist jedoch sehr labil. In der Beurteilung der Partnerschaft und ihrer Schwierigkeiten stimmen beide, Frauen und Männer, meist überein. Die Konflikte sind bedingt durch die unterschiedlichen Prioritäten, die sie setzen und die eben auch unterschiedliche geschlechtstypische Rollenvorstellungen für Frauen und Männer bedeuten. Es scheint zunächst widersprüchlich, wenn diese Paare eine Familie gründen.

Doch zum einen stabilisieren Kinder die konflikthaften Partnerbeziehungen zeitweise. Zum anderen ist für die jungen Frauen mit dem Lebensthema „Beruf" ein Partner mit dem Lebensthema „Familie" funktional, weil er die Sorge für die Kinder über alles stellt und sie sich, so hoffen sie zumindest, ihrem Beruf widmen können oder, wie in einem Fall, sie gezielt ein Kind im Schutz der Partnerschaft bekommen kann und sich später aufgrund zu unterschiedlicher Lebensvorstellungen doch vom Partner trennt. Die Dauer und das Bestehen dieser Beziehungen hängen in hohem Maß davon ab, zu welchen Zugeständnissen die männlichen Partner bereit sind. Diese Paarbeziehungen besitzen jedoch nie ein ähnlich breites und stabiles Fundament wie diejenigen Paare, bei denen einer der Partner den gemeinsamen Weg als Lebensthema hat und sich den konkreten Vorstellungen und Plänen des anderen Partners anschließt.

Übereinstimmungen und Diskrepanzen in den Lebensthemen spielen den vorgestellten Ergebnissen zufolge eine wichtige Rolle bei der Konstruktion von Paarwelten. Diskrepante Lebensthemen können entsprechend als Indikatoren für tiefe Beziehungskonflikte angesehen werden. Aufgrund der unterschiedlichen Sinnhorizonte beider Partner ist die Chance, ein gemeinsames und tragfähiges Leben aufzubauen, gering. Die Wahrscheinlichkeit, nebeneinander her zu leben, ist größer als bei Paaren mit gleichen oder zwar unterschiedlichen, aber sich ergänzenden Lebensthemen. Ein „Partnerschaftskonstrukt" scheint nicht möglich (Willi 1991). So sind Trennungen, Krisen oder nicht zu lösende, schwelende Konflikte charakteristisch für diese Konstellationen diskrepanter Lebensthemen. Wenn beide Partner ihre Vorstellungen nicht verwirklichen können, hemmen sie sich gegenseitig. Häufig treten Missverständnisse und Kommunikationsprobleme auf. Ein Vergleich der Aussagen macht in diesen Fällen deutlich, dass sich die PartnerInnen nicht auf den anderen einlassen können und wollen, was auch dazu beiträgt, dass sie sich gegenseitig falsch interpretieren.

Unlösbare Schwierigkeiten in Alltagsgestaltung und Kommunikation von Paaren können entsprechend auch Ausdruck unterschiedlicher Lebensthemen sein. Massive Konflikte spielen sich hauptsächlich auf der Ebene trennender Lebensthemen ab. Die Chancen von grundsätzlich in jeder Konstellation erfolgreichen Aushandlungsprozessen werden diesen Ergebnissen zufolge möglicherweise überbewertet.

Abbildung 5: Paare mit unterschiedlichen Lebensthemen[17]

Lebensthema Sie	Strukturprinzip der Paare	Lebensthema Er
	Paare mit ergänzendem Lebensthema	
Beruf	asymmetrisch, Fusion, Wir-Gefühl, Unterstützung der Partnerin	Gemeinsamer Weg
Gemeinsamer Weg	asymmetrisch, Fusion, Wir-Gefühl, Unterstützung des Partners	Familie
	Paare mit diskrepanten Lebensthemen	
Familie	getrennte Welten, Konflikte, Trennung	Beruf
Beruf	getrennte Welten, Konflikte, Trennung	Eigener Weg
Eigener Weg	getrennte Welten, Konflikte, Trennung	Familie
Gemeinsamer Weg	getrennte Welten, Konflikte, Trennung	Eigener Weg
Beruf	getrennte Welten, Konflikte, zeitweise Funktionalisierung/Unterstützung der Partnerin, Trennung	Familie

---

17 Hier sind nur empirisch vorgefundene Kombinationen von Lebensthemen junger Frauen und Männer aufgeführt.

8. Die Bedeutung der Lebensthemen für das Verständnis des biografischen Handelns junger Frauen

Durch so viel Formen geschritten,
durch Ich und Wir und du,
doch alles blieb erlitten
durch die ewige Frage: wozu?
...

Gottfried Benn

Die Grundfrage dieser Arbeit war, wie junge Frauen ihre Biografie konstruieren und Orientierung in biografischen Prozessen gewinnen. Konkret wurde diese Frage nach dem biografischen Handeln junger Frauen auf Paarbeziehungen und Familiengründungsprozesse bezogen.

Biografisches Handeln erschließt sich, so das Ergebnis meiner Arbeit, in seinem subjektiven Sinn weder über aggregierte Daten noch über theoretische Vorannahmen, die durch interpretative Schablonen, Routinen und reduktionistische Deutungen die Eigenlogik biografischer Konstruktionen und Sinnhorizonte einschränken. Im theoretischen Teil wurde der Interpretationszusammenhang der Arbeit zunächst ausgefaltet und über die geschlechtertheoretische Diskurs(sub)welt hinaus für biografietheoretische und familiensoziologische Ansätze geöffnet. Der daraus abgeleitete verstehend-hermeneutische Zugang erwies sich im empirischen Teil der Arbeit als fruchtbar, das biografische Handeln der jungen Frauen und ihrer Partner aus qualitativen Interviews im Längsschnitt zu erklären. Dabei ging es nicht darum, Sinnkonstruktionen zu psychologisieren – Lebensthemen sind soziale Konstruktionen –, sondern die Subjektperspektive zu berücksichtigen.

8.1 Lebensthemen als „versteckter Sinn" biografischen Handelns junger Frauen

Ein zentrales Ergebnis ist, dass Lebensthemen bedeutsam für das biografische Handeln der befragten jungen Frauen sind. Lebensthemen sind nicht etwas, das Subjekte „vor sich hertragen". Dennoch „orientieren" sie sich in ihrem Handeln an einem Lebensthema, das als „roter Faden" handlungsleitend und strukturierend wirkt. Während die „story line" (Kraus 1996) als Idee vom gelungenen und abgeschlossenen Ankommen im Erwachsenenleben das, was Subjekte real erleben, nur noch fragmentarisch fasst, differenziert das Konzept der Lebensthemen zwischen Projekten, die hinter-, neben- und nacheinander bestehen, für Suchbewegungen stehen und oftmals auch unabgeschlossen bleiben, und den Lebensthemen, die als individuelle biografische Konstruktionen Handlungen strukturieren. Es gibt Aufschluss über die Logik biografischer Handlungen, die von außen häufig nicht konsistent erscheinen und Spuren angebahnter und dann untergegangener Lebensentwürfe tragen, sowie über die subjektiv unterschiedliche Bedeutung von Projekten. Die aus empirisch erhobenen Sichtweisen, Interpretationen, Zukunftsentwürfen und Handlungen rekonstruierten Lebensthemen sind den Befragten selbst oft nicht bewusst, können jedoch die Projekte, die sie verfolgen, ihre Handlungsansätze und -andeutungen, scheinbar widersprüchliche – zeitlich und logisch nicht stringente – Thematisierungen und Entscheidungen, Brüche und Problemkonstellationen, Wünsche und Vorstellungen erschließen. Lebensthemen ermöglichen einen systematischen Zugang zum Verständnis der Paarbeziehungs- und Familienbildungsprozesse junger Frauen. Die Stärke des Konzepts der Lebensthemen liegt in seiner Offenheit. Dadurch dass es sich auf die Logik biografischen Handelns bezieht und nicht auf inhaltliche Kategorien, ist es möglich, Konstruktionsprozesse bereichs- und entwicklungsbezogener Projekte zu erklären.

In meiner Arbeit versuchte ich zu zeigen, dass Handeln biografisch-subjektiv immer „Sinn macht". Lebensthemen sind der Schlüssel, um die Dynamik in den Paarbeziehungen und Familiengründungsprozessen von jungen Frauen in der Phase des jungen Erwachsenenalters zu erklären. Die in der Folge der Individualisierungsthese und Rational-Choice-Theorien vielfach behauptete Zunahme der individuellen Entscheidungsautonomie hat den Blick auf Entscheidungs- und Planungsprozesse gerichtet. Der im Rahmen dieser Arbeit verfolgte Ansatz geht dagegen in Anlehnung an biografisch-subjektive Ansätze davon aus, dass auch nichtrationale Elemente einzubeziehen sind und es deshalb angemessener ist, von Handeln als von Entscheidungen zu sprechen. Gleichzeitig wird auch die Bedeutung lebenslanger Entwicklungsprozesse berücksichtigt. Stabile und konsistente Biografien sind nicht die Regel und biografische Konstruktionsprozesse nie abgeschlossen, denn sie bauen auf biografischen Erfahrungen und deren Aufschichtung auf. Doch die häufig inkonsistent erscheinenden Projekte junger Frauen werden von mir nicht als Ausdruck ihrer Zerrissenheit zwischen den Strukturmarkern Beruf und Familie gedeutet, sondern als Ausdruck biografischer Prozesse. Die Vorstellung vom doppelten Lebensentwurf junger Frauen oder der Berufsbezogenheit junger Männer ist zu einfach und weder planungs- noch handlungsleitend für alle jungen Frauen und Männer. Sie vereinfacht im Gegenteil die Vielfalt und Mehrdimensionalität von weiblichen und männlichen Selbstentwürfen.

Die Projekte der befragten jungen Frauen waren in den sieben Jahren der Studie häufig ohne Kenntnis ihrer Lebensthemen nicht verständlich. Die Lebensthemen unterscheiden sich vor allem durch ihre inhaltlichen Bezugspunkte und machen als biografische Sinnkonstruktion auch das Handeln der jungen Frauen in seinen scheinbaren Inkonsistenzen und im Nicht-Umsetzen-Können rekonstruierbar. Das jeweilige Lebensthema sagt etwas über Stabilität oder Veränderung in der subjektiven Relevanz von Projekten wie Beruf, Partnerschaft, Familie, Selbstentwicklung aus, aber auch über die themenbezogenen Schwierigkeiten der jungen Frauen, *ihr* Leben zu leben. Beispielsweise blieben die Projekte von jungen Frauen mit dem Lebensthema „Familie" relativ unverändert und die Schwierigkeit bestand vor allem darin, die entsprechenden Projekte umzusetzen, während bei jungen Frauen mit dem Lebensthema „eigener Weg" die Projekte von Welle zu Welle sehr unterschiedlich und vielfältig waren. Junge Frauen mit dem Lebensthema „Suche nach Orientierung" zeigten sich dagegen permanent damit beschäftigt, ihr Leben und die Anforderungen „irgendwie" zu bewältigen; aufgrund fehlender Ressourcen und Handlungskompetenzen konnten sie Projekte häufig nicht verfolgen und zum Abschluss bringen.

Individualisierung bedeutet im Konzept der Lebensthemen nicht weniger Strukturzwang und mehr Autonomie, sondern einen Rückgriff auf individuelle Sinnkonstruktionen. Individualisierung ist also nur möglich, wenn eine biografische Verankerung und Basisbildung erfolgt ist. Junge Frauen mit dem Lebensthema „Suche nach Orientierung" sind beispielsweise gefährdet, ein Leben zu führen, das von außen bestimmt ist. Lebensthemen zielen nicht auf die konkrete Lebensgestaltung ab, sondern kommen in dieser zum

Ausdruck. Dies Ergebnis relativiert auch die Annahme der Biografieforschung, dass „die Prägung von Lebensläufen (...) ihren Ausdruck in lebensgeschichtlich sich wandelnden Rollen, Positionen, Identitäten und Statuspassagen" (Hoerning 2000b: VII) findet. Zumindestens in der Phase des jungen Erwachsenenalters sind die Lebensthemen längerfristig strukturierend und Motor für biografisches Handeln. Im Alltag können innerhalb verschiedener biografischer Abschnitte durchaus unterschiedliche Aspekte im Vordergrund stehen, Probleme in verschiedenen Bereichen gelöst werden und Prioritäten gesetzt werden, ohne im Widerspruch zum Lebensthema zu stehen. Insofern ist für diese Lebensphase der befragten jungen Frauen auch die Vorstellung von Bourdieu (1990), dass die Konsistenz von Biografien eine Illusion sei, so nicht zutreffend. Während Projekte situativ sind, sind Lebensthemen sinngebend und strukturierend, ohne dass dies den Individuen und ihrer Umgebung bewusst sein muss. Das Lebensthema ist der rote Faden, um den herum die Projekte konstruiert werden. Diese sind anpassungsfähig, flexibel und oft modifikationsbedürftig. Auch bei den Frauen mit dem Lebensthema „Suche nach Orientierung" zeigt sich diese strukturierende Funktion im biografischen Handeln.

Auch das Konstrukt vom postmodernen Subjekt, das zerrissen durch die Vielfalt und Disparatheit lebensweltlicher Suchbewegungen und in der Folge desintegrativer Prozesse, die biografisch zunehmend dominant werden, uneinheitlich, geteilt und „patchworkartig" agiert, lässt sich so nicht bestätigen. Die Logiken der Lebensthemen sind vielmehr unterschiedlich, nicht eindimensional und dadurch auch nicht unmittelbar zugänglich. In den je spezifischen Logiken macht biografisches Handeln Sinn, auch wenn es von außen keinen Sinn macht. Lebensthemen drücken sich in Projekten aus, die für eine „idealbiografische Homogenität und Kohärenz" stehen und planbar sind („Lebensthema Familie"), in Selbstprojekten (Lebensthema „eigener Weg"), bei denen die Entwicklung des Selbst im Vordergrund steht, vielfältige Projekte nebeneinander und nacheinander bestehen und nur ein grundlegender Rahmen vorhanden ist, oder in „Negativ-Projekten" (Lebensthema „Suche nach Orientierung"), durch die eine biografische Verortung erschwert wird. Junge Frauen stehen vor der schwierigen Aufgabe, die von Identitätstheoretikern als grundsätzliche Aufgabe der Postmoderne gesehen wird, sich lebensweltlich zu integrieren, obwohl die Gesellschaft dafür keine Ansätze bietet. Doch die Schwierigkeit der jungen Frauen beruht, und insofern täuschen sich die Identitätstheoretiker, nicht im postmodernen Verlust von Kontinuitäts-erfahrungen, sondern in mangelnden sozialen und biografischen Ressourcen.

8.2 Projekt Liebe – Lebensthemen, Paarwelt und Geschlecht

Durch den neuen Blick auf die biografischen Konstruktionen junger Frauen und die Einbeziehung ihrer Partner wird auch eine neue Sichtweise auf Paarbeziehungen möglich. In der relationalen Paaranalyse konnte herausgearbeitet werden, dass Lebensthemen als umfassende biografische Konstruktionen, als *sozialer Kitt*, zentral für Paarbeziehungsprozesse sind. Deutung und Konstruktion des Projekts Paarbeziehung finden auf der Basis der individuellen Lebensthemen statt. Der biografische Stellenwert von Partnerschaft variiert entsprechend je nach Lebensthema. Die vorgestellten Ergebnisse sind aufgrund der kleinen Fallzahlen nicht repräsentativ. Sie verdeutlichen jedoch sehr einleuchtend, warum manche Paare zusammenbleiben und andere sich trennen, warum in manchen Dauerkonflikte herrschen und es anderen gelingt, sich „zusammenraufen".

Die Gestaltung und Dynamik von Paarbeziehungen wird wesentlich durch die Lebensthemen der jungen Frauen und ihrer Partner sowie deren typische Prinzipien bestimmt. Stimmen sie überein, ist die Wahrscheinlichkeit in dieser Lebensphase groß, dass die Beziehung eine gemeinsame und tragfähige Basis findet. Der überwiegende Teil der Paare, die im Untersuchungszeitraum zusammen geblieben sind, hatte das gleiche Lebensthema. Folgt man den retrospektiven Aussagen der jungen Frauen und ihrer Partner, spricht einiges dafür, dass die individuellen Lebensthemen bereits vor der Partnerschaft bestanden und sich auch durch die Paarbeziehung nicht veränderten. Darauf deutet auch die Tatsache hin, dass in Paarbeziehungen, die im Verlauf der Studie eingegangen wurden, die individuellen Lebensthemen der jungen Frauen (ihre Partner wurden erst später befragt) schon vor der Beziehung bestanden. Auf der Basis der individuellen Lebensthemen wird, so lässt sich folgern, die Paarbeziehung konstruiert sowie über die konkrete Umsetzung von Projekten verhandelt. Dies Ergebnis bestätigt die Annahme Luhmanns (1994: 18), der davon ausgeht, dass es nicht eine gemeinsame Paarwelt gibt, sondern die Individualwelten immer getrennte Welten bleiben. Damit befindet sich die Person des anderen in der Beziehung in der „Komplementärrolle des Weltbestätigers", wie es Luhmann (ebenda: 25) ausdrückt, mit dem beständigen Widerspruch, dass der individuelle Weltentwurf je einzigartig ist und in seiner Gesamtheit letztlich nie konsensfähig sein kann. Die lebensthemenspezifische Übereinstimmung in der Prioritätensetzung, in Vorstellungen und Plänen sowie Umsetzungsschritten kann das wechselseitige Verstehen und Sicheinlassen erleichtern. Paarbeziehungen mit diskrepanten Lebensthemen verlaufen dagegen meist hoch konfliktreich, häufig trennen sich die Paare im Untersuchungszeitraum voneinander. Die Diskrepanz in den Lebensthemen scheint, außer bei den ergänzenden Lebensthemen, unüberbrückbar. Die Paare bleiben „fremde Fremde", die nicht zueinander finden, während es Paaren mit gleichem Lebensthema gelingen kann, „vertraute Fremde" zu werden.

Der Stellenwert von Gesprächen und Aushandlungsprozessen als wesentlichem Moment der Konstruktion und Stabilisierung in Partnerschaften wird möglicherweise überschätzt und muss den vorliegenden Ergebnissen zufolge relativiert werden. Kommunikationsprozesse sind – dies zeigt die vorliegende Auswertung – bedeutsam für Paarbeziehungen. Sie sind vor allem dann fruchtbar, wenn eine Basis aus übereinstimmenden oder sich ergänzenden individuellen Lebensthemen besteht. Kommuniziert wird dabei weniger, um ein gemeinsames Lebensthema zu konstruieren, sondern vor allem, um die individuellen Lebensthemen gegenseitig zu erfassen, zu verstehen und sich ihrer zu vergewissern sowie auftretende Probleme und Alltagssituationen zu bewältigen. Dies bedeutet nicht, dass die Kommunikationsprozesse immer harmonisch ablaufen. Im Gegenteil, es zeigt sich, dass für eine lebendige Partnerschaft das offene Austragen von Konflikten wichtig ist. Bei den Paaren mit trennenden Lebensthemen sind es jedoch häufig Scheinkonflikte, bei denen es nicht um Problemlösung geht, sondern um das Darstellen und Vergewissern der eigenen Position, die, da sie auf latenten Sinnkonstruktionen beruht, die Sicherheit im biografischen Handeln geben, nur schwer veränderbar ist. So ist es plausibel, dass es Paaren mit trennenden Lebensthemen nicht gelingen kann, in Kommunikationsprozessen auf einen Nenner zu kommen. Ihre Interpretationsmuster und Sinnhorizonte sind so unterschiedlich und häufig so unvereinbar, dass es oft zu Missverständnissen kommen kann. Dessen sind sich die Paare – und auch die Beobachter und Forscher von außen – jedoch nicht bewusst.

Zum Teil benennen sie jedoch die Diskrepanzen auch sehr deutlich. In keinem Fall kommt es zur Durchsetzung des eigenen Lebensthemas gegen das Lebensthema des Partners oder der Partnerin. Dies bedeutet auch, dass es bezogen auf die Lebensthemen kein Machtungleichgewicht gibt, auch nicht in einer geschlechtstypischen Differenzierung. Eine Ausnahme stellen ergänzende Lebensthemen dar (vergleiche Kapitel 7.2.2.1).

Nochmals soll ganz deutlich herausgestellt werden, dass die Ursachen für Konflikte bei den befragten Paaren nicht im Geschlechterverhältnis an sich begründet, sondern auf die Lebensthemen zurückzuführen sind, bei denen „gender" unterschiedliche Relevanz besitzt. Die männlichen Partner unterstützen jeweils dann ihre Partnerin, wenn das gleiche Lebensthema vorliegt oder sie ein ergänzendes Lebensthema wie den „gemeinsamen Weg" haben. Die Unterstützungsformen variieren sehr stark entsprechend den Lebensthemen. Aktive Unterstützung bei der Durchsetzung eigener und vom Leben des Partners unabhängiger Vorstellungen erhalten vor allem Frauen mit dem Lebensthema „eigener Weg", „Beruf" oder „Doppelorientierung Familie und Beruf" von ihrem themengleichen Partner. Eine funktionale Unterstützung liegt beispielsweise beim gemeinsamen Lebensthema „Familie", „Aufrechterhalten des Status quo" oder „Suche nach Orientierung" vor, oder auch bei ergänzenden Lebensthemen, etwa bei der Kombination Lebensthema „Beruf" und Lebensthema „Familie" oder Lebensthema „Beruf" und „gemeinsamer Weg". Die Unterstützung darf dabei nicht nur auf Arbeitsteilung oder Kinderbetreuung bezogen werden, sondern muss im Rahmen des Lebensthemas und dessen, was jeweils zentral für die jungen Frauen und ihrer Partner ist, gesehen werden. Die Forderung nach gleicher Arbeitsteilung greift beispielsweise bei Paaren mit dem Lebensthema „Familie" ins Leere, denn für dies Lebensthema ist eine komplementäre Rollenteilung charakteristisch; ebenso geht es bei Paaren mit dem Lebensthema „eigener Weg" vor allem um die gegenseitige Stützung der Persönlichkeitsentwicklung, die Anerkennung der gegenseitigen Autonomie und die Eröffnung von neuen Horizonten. Zentral ist unter diesem Blickwinkel die Unterstützung bei der Umsetzung und Ausgestaltung des Lebensthemas, die zu trennen ist von dem Anspruch auf Gleichheit der Geschlechter, der bei den Lebensthemen in unterschiedlicher Weise verankert ist. Diese Sichtweise wird sicherlich Widerspruch hervorrufen. Sie macht jedoch das Handeln junger

Frauen verständlich, ohne gleich zu werten und lenkt den Blick von einfachen Kausalzusammenhängen auf gelebte Paar-Wirklichkeit.

Die Ergebnisse geben deutliche Hinweise darauf, dass die Mainstream-Auffassung vom doppelten weiblichen Lebensentwurf einerseits und der männlichen Berufszentrierung andererseits revidiert werden muss. Unterschiedliche Lebensthemen werden im Gegenteil über die Geschlechtergrenzen hinweg von den jungen Frauen und Männern in gleicher Weise formuliert. Die Lebensthemen unterscheiden sich jedoch voneinander in der Charakterisierung des Geschlechterverhältnisses. Sie spiegeln die jeweilige Selbstverortung als Frau oder Mann im Geschlechterverhältnis. *Das* Geschlechterverhältnis gibt es bezogen auf die Lebensthemen nicht. Je nach Lebensthema wird Geschlecht in unterschiedlicher Weise wirksam, zeigen sich bei der Einordnung in das Geschlechterverhältnis und Ausgestaltung geschlechtstypische Differenzen. Entsprechend muss die einfache und generelle Annahme über die Zähigkeit von Rollenzuschreibungen je nach Lebensthema differenziert werden. Bei einzelnen Kombinationen von Lebensthemen sind durchaus Tendenzen zu anderen Aufgabenteilungen erkennbar oder das Geschlecht ist überhaupt nicht relevant. Die herausgearbeiteten Lebensthemen sind unabhängig davon, ob die Frauen und Männer in Bayern oder Sachsen leben. Bis auf eine Ausnahme, nämlich das Lebensthema Familie, das sich auf den kleinstädtischen und ländlichen Bereich konzentriert, sind sie auch unabhängig von der Region. Die Lebensthemen der Frauen und ihrer Partner sind über den Untersuchungszeitraum von sieben Jahren konstant geblieben, unabhängig vom Lebensthema des Partners oder Veränderungen der Partnerbeziehungen oder Lebensumstände.

Und wo bleibt die Liebe, von der die befragten jungen Frauen und ihre Partner interessanterweise selten sprechen, höchstens verschämt oder entschuldigend, als sei Liebe ein Tabu? Liebe wird im Rahmen dieser Arbeit nicht als Gefühl verstanden, sondern als biografisches Projekt, das mit den individuellen Sinnhorizonten der jungen Frauen und ihrer Partner zusammenhängt und Fremde zu „vertrauten Fremden" macht. Damit folge ich Luhmann (1994), der Liebe als symbolischen Code versteht, der Erleben, Fühlen und Handeln in intimen Beziehungen steuert, differenziere seine Annahme jedoch, indem ich aus den dargestellten Ergebnissen folgere, dass die Codes von Liebe sich unterscheiden, und zwar weniger nach Regionen oder auch Milieus, wie es Koppetsch und Burkart vermuten (1994), sondern nach Lebensthemen. Lebensthemen sind also nicht nur biografische Struktur, sondern Ordnungen der Liebe und steuern als sozialer Kitt das Projekt Liebe. Wie die jungen Frauen und ihre Partner das Projekt Liebe für sich definieren, hängt mit ihrem Lebensthema zusammen. Oder wie Luhmann (1994: 217) formuliert: „Intimverhältnisse müssen dem gerecht werden, was die Person von ihnen erwartet – oder sie geraten als soziale Systeme in Schwierigkeiten." Denn ob eine junge Frau sich geliebt fühlt oder liebt, weil sie mit dem Partner zu einer Einheit verschmilzt, weil ihr Partner das Projekt Familie in gleicher Weise wie sie angeht oder weil er sie als gleichberechtigt in einer sich ständig verändernden Beziehung akzeptiert, hängt mit dem Lebensthema zusammen. Eine „Differenz" dagegen, wie sie bei diskrepanten Lebensthemen besteht, erschwert es, das Projekt Liebe auf einer stabilen Basis zu „gründen" (vergleiche Luhmann 1994). Diese Sichtweise scheint desillusionierend, wird doch Liebe, zumindest in der romantischen Version, immer als „amour passion" idealisiert, die sich spontan ereignet. Sie macht jedoch nachvollziehbar, warum in Paarbeziehungen das Projekt Liebe als „ganz normale Unwahrscheinlichkeit" (ebenda) Bestand haben kann, indem der individuelle Weltbezug, den ein Lebensthema konstruiert, bei gleichem Lebensthema bestätigt oder bei diskrepantem Lebensthema abgelehnt wird.

8.3 Der biografische Sinn von Familiengründungsprozessen

Wie zeigt sich nun die Relevanz der Lebensthemen bei Familiengründungsprozessen? Die vorliegende Analyse bestätigt die Annahme, dass Familiengründungsprozesse eingebunden sind in umfassende biografische Konstruktionen. Weder ist Familiengründung lediglich ein rationaler Entscheidungsprozess, auch Finanzen sind nicht ausschlaggebend, noch „passiert sie einfach so". Sie folgt vielmehr der inneren Logik der individuellen Lebensthemen beider Partner und deren Zusammenspiel. Nur wenn die je spezifischen Voraussetzungen erfüllt sind und die Lebensthemen sich ergänzen oder übereinstimmen, wird das Projekt Familie konsequent umgesetzt. Lang-fristige, durch detaillierte Schritte gekennzeichnete Familiengründungsmuster zeigen sich am häufigsten bei Paaren mit den Lebensthemen „Familie" und „Doppelorientierung auf Familie und Beruf", kurzfristige oder spontane Familiengründungen eher bei den Lebensthemen „Beruf", „eigener Weg" und „Suche nach Orientierung". Es sind fast ausschließlich Paare mit gleichem Lebensthema, die im Untersuchungszeitraum Kinder bekommen haben. Ohne eine gemeinsame Basis in den Lebensthemen wird in dieser Lebensphase selten eine Familiengründung eingeleitet. Frauen oder Männer, bei denen Kinder nicht zum Lebensthema passen, bekommen auch nicht dem Partner oder der Partnerin zuliebe ein Kind. Dies widerspricht vielen Untersuchungen und auch Vorstellungen. Familiengründungsprozesse laufen zwar in dieser Lebensphase zwischen 18 und Anfang/Mitte 30 nicht in jedem Fall bewusst und geplant ab. Sie folgen jedoch der Logik der Lebensthemen. Jedes Lebensthema bedingt ein unterschiedliches Muster von Familiengründung.

Dies Ergebniss ist nicht repräsentativ. Es verdeutlicht jedoch einleuchtend, warum bestimmte Paare Kinder bekommen (haben) und andere nicht.

Abbildung 6: Familiengründung und Lebensthemen

Lebensthema Sie	Familiengründung im Untersuchungszeitraum	Lebensthema Er
	Paare mit gleichen Lebensthemen	
Familie	Familiengründung bei fast allen Paaren erfolgt	Familie
Doppelorientierung Familie und Beruf	Familiengründung bei fast allen Paaren erfolgt	Doppelorientierung Familie und Beruf
Beruf	Familiengründung bei einem Teil der Paare erfolgt	Beruf
eigener Weg	Familiengründung bei einem Teil der Paare erfolgt	eigener Weg
Status Quo	keine Familiengründung erfolgt	Status quo
Suche nach Orientierung	keine Familiengründung erfolgt	Suche nach Orientierung
	Paare mit ergänzenden Lebensthemen	
Beruf	keine Familiengründung erfolgt	gemeinsamer Weg
gemeinsamer Weg	keine Familiengründung erfolgt	Familie
	Paare mit trennenden Lebensthemen	
Familie	keine Familiengründung erfolgt	Beruf
Beruf	keine Familiengründung erfolgt	eigener Weg
eigener Weg	keine Familiengründung erfolgt	Doppelorientierung Familie und Beruf
gemeinsamer Weg	keine Familiengründung erfolgt	eigener Weg
Beruf	Familiengründung erfolgt	Familie

Dass beispielsweise eine Frau mit Lebensthema „Familie" ein Kind bekommt, ist vor allem dann wahrscheinlich, wenn auch ihr Partner dieses Lebensthema hat. Überwiegend sind Paare mit bereichsspezifischen Lebensthemen Eltern geworden. Einige Paare mit dem Lebensthema „eigener Weg" haben ebenfalls eine Familie gegründet. Dagegen haben Paare mit dem Lebensthema „Aufrechterhalten des Status Quo" oder „Suche nach Orientierung" und Paare mit ergänzenden Lebensthemen in keinem Fall ein Kind bekommen.

Der Kinderwunsch besitzt als isolierte Einzelaussage kaum Erklärungskraft für den Ablauf von Familiengründungsprozessen. Im Gegenteil, es bestätigt sich immer wieder die Kluft zwischen dem Kinderwunsch und seiner Realisierung, weshalb Familiengründungen häufig als nicht prognostizierbar angesehen werden. Wird der Kinderwunsch dagegen als Teil des Lebensthemas gesehen, kann die Logik, die hinter Familiengründungsprozessen steht, entschlüsselt werden. Eine Frau mit dem Lebensthema „eigener Weg" wird beispielsweise nie festgelegte Schritte zur Familiengründung machen. Charakteristisch für ihr Lebensthema sind Offenheit und Sich-Nicht-Festlegen. Es kann sein, dass sie, obwohl sie über einen längeren Zeitraum keinen Kinderwunsch äußert, kurzfristig ein Kind bekommt. Dies wird erst aus ihrem spezifischen Lebensthema heraus nachvollziehbar. Geht die Auswertung jedoch nur dem Kinderwunsch nach, erscheint ihr Verhalten ungerichtet und zufällig und wird in dem Sinn interpretiert, dass Kinderkriegen eben eine emotionale und eher unberechenbare Angelegenheit sei. Wird jedoch das Lebensthema, das ihr Leben strukturiert, berücksichtigt, wird deutlich, dass die schnelle Entscheidung, ein Kind zu bekommen, durchaus Sinn macht innerhalb ihres Sinnhorizonts. Kinder sind für sie phasenweise ein wichtiger Baustein für die eigene Weiterentwicklung.

Passt in einer Partnerschaft für beide, junge Frau und Partner, die Familiengründung als Projekt zum Lebensthema, wird sie, bei entsprechenden Voraussetzungen, auch vollzogen. Nur die Seite der jungen Frau alleine, so zeigen unsere Ergebnisse, genügt jedoch nicht, um zu verstehen, warum manche Paare den Kinderwunsch umsetzen und manche nicht. Auch gleiche Situationen (Lebensform, Berufstätigkeit), Lebensereignisse oder schicht- und milieuspezifische Faktoren erhalten vor der Interpretationsfolie der Lebensthemen einen niedrigeren Stellenwert und besitzen wenig Erklärungskraft für Familiengründungsprozesse.

Ich folge Burkart (1994) in seiner Annahme, dass der Übergang zur Elternschaft keine „rationale" Entscheidung ist, jedoch nicht in seiner Folgerung, dass er sie vor allem als Ergebnis biografischer Zwangsläufigkeiten und soziokultureller Selbstverständlichkeiten auffasst. Frauen überlassen sich nicht dem Schicksal in Form einer ungeplanten Schwangerschaft. Schwangerschaften sind häufig nicht bewusst geplant, machen aber biografisch Sinn. Aufgrund der sehr unterschiedlichen Logiken der Lebensthemen sind jedoch die Familiengründungsprozesse so unterschiedlich, dass der Eindruck von Zufälligkeit durchaus entstehen kann: So gibt es die geplante Mutterschaft verbunden mit der biografischen Selbstverständlichkeit von Familie, aber auch die Zufälligkeit einer Mutterschaft als Ausdruck von mangelnder biografischer Autonomie sowie die Mutterschaft als Selbsterfüllung, die vielleicht irgendwann einmal „dran ist" und dann ganz bewusst realisiert wird.

8.4 Projekte, Lebensthemen und Leitbilder

Lebensthemen vermitteln als Bindeglied zwischen kollektiven und individuellen Projekten. Sie verdeutlichen, dass junge Frauen Leitbilder und kollektive Projekte nicht automatisch annehmen, sondern sie bewusst für sich akzeptieren, verändern, transformieren und modifizieren oder ganz ablehnen. Junge Frauen mit dem Lebensthema „Familie" orientieren sich am kollektiven Projekt des Drei-Phasen-Modells und versuchen dieses umzusetzen. Durch die Vorgabe und positive Anerkennung des Modells – vor allem auf dem Land – gelingt dies den bayerischen Frauen in dieser Lebensphase meist recht widerspruchsfrei. In der DDR bekam dies Modell nur wenig Zustimmung[18], im Westen Deutschland stellt es eine von mehreren Alternativen dar. Für die jungen sächsischen Frauen bedeutet dies, gegensätzliche Bewertungen zu vereinbaren. Sie lassen sich auf ein Modell ein, dem die gesellschaftliche Anerkennung in ihrer früheren Lebenswelt versagt war, aber gleichzeitig orientieren sie sich damit an einem positiv bewerteten und gängigen, wenn auch überholten kollektiven Projekt im vereinten Deutschland. Das Lebensthema „Familie" stellt für sie nicht die Übernahme und Konkretisierung eines kollektiven Projekts dar, sondern zeigt die Modifizierung unterschiedlicher kollektiver Projekte hin zu einem eigenen Projekt. Frauen mit dem Lebensthema „Doppelorientierung auf Familie und Beruf" folgen dem Leitbild und kollektiven Projekt des „doppelten Lebensentwurfs". Die Umsetzung stellt sich aufgrund unterschiedlicher Anforderungen und Voraussetzungen

---

18 Das Negativbild der Hausfrau stand als Kontrast zum Leitbild der berufstätigen Frau/Mutter (Dölling 1998).

oftmals als schwierig dar. Dies erfordert von ihnen, Korrekturen am Leitbild vorzunehmen und ihre individuellen Projekte den realen Bedingungen anzupassen. Dennoch lassen die Frauen nicht von einem der Lebensbereiche und damit nicht von ihrem Lebensthema, das die Gleichwertigkeit von Familie und Beruf beinhaltet. In ihren individuellen Projekten zielen sie darauf ab, diese Verbindung zu verwirklichen, wenngleich phasenspezifisch einer der beiden Bereiche in den Vordergrund rücken kann. Das Lebensthema „Beruf" findet in der empirisch vorgefunden Ausprägung kaum Orientierung in kollektiven Projekten. Weder finden die Frauen ihre Entsprechung im Bild der negativ besetzten, allein für den Beruf lebenden „Karrierefrau", haben sie doch vielfach Kinder und Partnerschaft, noch lässt sich das Modell des doppelten Lebensentwurfs positiv für sie wenden. Sie wollen nicht definitionsgemäß Familie und Beruf verbinden, sondern neben dem Beruf auch Kinder haben (oder auch nicht). Die Option der Übernahme kollektiver männlicher Projekte gibt es für Frauen nicht, jedenfalls nicht zusammen mit der nur für Männer geltenden positiven Bewertung dieser Modelle. Von den Frauen mit dem Lebensthema Beruf erfordert die Entwicklung eines lebbaren und anerkannten individuellen Projekts, sich von bestehenden Zuschreibungen – wie einem Modell des Familienernährers oder der Karrierefrau – abzugrenzen. Eine erfolgreiche Auseinandersetzung mit den Anforderungen verschiedener kollektiver Lebensentwürfe ermöglicht eine Transformation einzelner Versatzstücke. Interessant ist, dass für diese jungen Frauen Paarbeziehung und/oder Familie eine Möglichkeit der Regeneration vom beruflichen Stress bedeuten – eine Parallele zum als männlich konnotierten Projekt „Beruf".

Die Lebensthemen „eigener Weg", „gemeinsamer Weg" und „Aufrechterhalten des Status Quo" weisen eine klare Distanzierung von anerkannten weiblichen Projekten auf. Die jungen Frauen distanzieren sich in ihrem biografischen Handeln von den Anforderungen der kollektiven Projekte und Leitbilder. Sie wollen weder Beruf noch Familie in den Vordergrund stellen, diese Projekte haben für sie keine spezifische Relevanz. Sie haben damit keine Möglichkeit, Vorgaben kollektiver Projekte, die zumeist auf diese beiden Strukturgeber bezogen sind, in individuelle Projekte zu integrieren. Entlang des „roten Fadens", der ihr Lebensthema kennzeichnet, sind ihre Projekte variabel, anpassungsfähig und entwicklungsorientiert. Dies gilt vor allem für die Frauen mit den Lebensthemen „eigener Weg" und „gemeinsamer Weg"; sie wollen Autonomie bzw. Zweisamkeit. Um diese zu erreichen, müssen sie ihre individuellen Projekte immer wieder an die realen Gegebenheiten anpassen. Die Frauen mit dem Lebensthema „Aufrechterhalten des Status Quo" zielen auf Zufriedenheit und Stabilität und bemühen sich, ihre individuelle Lebenssituation weitgehend konstant zu halten. Ihre Projekte sind ausschließlich auf dieses Ziel gerichtet.

Einige Frauen haben den Schritt von kollektiven zu individuellen Projekten nicht vollzogen. Sie bleiben im Prozess der Bewältigung und Auseinandersetzung. Ihr Leben orientiert sich an der Herausforderung, ihre Biografie zu gestalten, ihr Thema, das über eine längere Phase als roter Faden erkennbar wird, ist die „Suche nach Orientierung". Die Frauen dieses Typs treten aufgrund unterschiedlicher individueller Belastungen, fehlender Ressourcen oder mangelnder positiver Erfahrungen in der Formulierung individueller Projekte auf der Stelle und können die Auseinandersetzung mit den Anforderungen und Erwartungen kollektiver Projekte nicht leisten. Dieses Dilemma führt dazu, dass sie keine individuellen Projekte mit eigenen Vorstellungen und Zielen konkretisieren können, sondern vor allem auf die Anforderungen von außen reagieren.

Kollektive Projekte, Leitbilder und Deutungsmuster spielen also für alle Frauen eine Rolle. Unabhängig davon, ob sie diese übersetzen, modifizieren oder sich von ihnen abgrenzen – eine Auseinandersetzung mit diesen ist unabdingbar. Die Prüfung der jeweiligen Rahmenbedingungen ist wesentlicher Bestandteil der Realisierung eines individuellen Projekts. Allen individuellen Projekten gemeinsam ist, dass sie eine Auseinandersetzung mit und systematische Anpassung an Gelegenheitsstrukturen erfordern. Die Lebensthemen ziehen sich konstant als roter Faden durch die gesamte Lebensphase, entlang ihrer Inhalte entwickeln sich individuelle Projekte.

8.5 Lebensthemen quer zu Gelegenheitsstrukturen

Biografien junger Frauen sind kulturell und sozial vorstrukturiert und werden individuell durch die Lebensthemen konstruiert. Nach Kohli (2000) gibt es wahrscheinliche biografische Pfade für verschiedene Gruppierungen, Kelle (2001) schlägt das Konzept von unterschiedlichen Rahmen als Ansatz für inkonsistent erscheinendes Handeln vor. Biografisches Handeln junger Frauen in Paarbeziehungen und Familiengründungsprozessen – so das Ergebnis meiner Arbeit – lässt sich nicht in Formeln von Geschlecht, Herkunft, Region, soziale Rahmen, Bildung oder Lebensform pressen. Junge Frauen schlagen unter ähnlichen Bedingungen verschiedene Lebenswege ein und handeln biografisch in unterschiedlicher Weise. Weder soziostrukturelle Merkmale wie Geschlecht, Bildungsabschluss oder Berufsausbildung noch die regionale Herkunft erscheinen geeignet, dies zu erklären. Die biografischen Gemeinsamkeiten zwischen Frauen mit demselben Lebensthema sind dagegen größer als zwischen Frauen mit ähnlichen soziostrukturellen Merkmalen. Auch die Auffassung, dass Gelegenheitsstrukturen biografischem Handeln Grenzen setzen (vergleiche Burkart 1994), ist aufgrund meiner Arbeit zu relativieren. Die jungen Frauen können je nach Lebensthema die ihnen gesetzten strukturellen Grenzen überwinden bzw. für sich als nicht relevant definieren. Eine Frau mit dem Lebensthema „Beruf" muss kein Abitur haben, eine Frau mit dem Lebensthema „eigener Weg" kann auch auf dem Land aufgewachsen sein, das Lebensthema „gemeinsamer Weg" findet sich auch bei jungen Männern. Einzig das Lebensthema „Familie" konzentriert sich in Bayern vor allem auf den ländlichen und kleinstädtischen Raum. Dies legt die Vermutung nahe, dass das Leitbild der Ehefrau und Mutter hier noch am wirksamsten ist und mehr Frauen als in anderen Regionen das Drei-Phasen-Modell übernehmen. Umgekehrt lässt sich jedoch nicht der Schluss ziehen, dass „Familie" das vorrangige Lebensthema aller Frauen auf dem Land ist, sind Frauen aus ländlichen Regionen doch auch bei allen anderen Lebensthemen-Typen vertreten. Ebenso wenig kann die Annahme aufrechterhalten werden, dass sächsische Frauen besonders stringent einen doppelten Lebensentwurf verfolgen, der dem Leitbild der erwerbstätigen Mutter folgt, oder besonders berufsorientiert sind. Auch sächsische Frauen finden sich in allen Lebensthemen-Typen wieder.

Die einzelne Frau ist zwar Akteurin und Umsetzerin ihrer Projekte, in ihrer individuellen Lebensführung spiegeln sich jedoch auch Strukturen wider – die Geschlechterverhältnisse, das Angebot am Arbeitsmarkt, der Zugang zu Institutionen des Bildungswesens, die Verfügbarkeit von Kinderbetreuungseinrichtungen, die Möglichkeit, sich durch die eigene Erwerbstätigkeit selbst zu ernähren, die Wohnsituation, politische Besonderheiten, die Haltung des Partners oder der Partnerin, der Freundeskreis und vieles mehr. Betrachtet man die Lebensgestaltung der jungen Frauen, zeigt sich, dass beispielsweise die sächsischen Frauen die Verbindung von Mutterschaft und Berufstätigkeit nach wie vor mit größerer Selbstverständlichkeit als bayerische Frauen leben, auch Frauen mit dem

Lebensthema „Familie" halten länger an ihrer Berufstätigkeit fest. Allerdings lässt sich die Berufstätigkeit mit Kind im Osten Deutschlands aufgrund der vorhandenen Infrastruktur (noch) leichter realisieren als in Bayern und vielfach lassen die Erfordernisse des Arbeitsmarkts auch nur wenig Handlungsspielräume offen – ein Ausstieg auch auf Zeit ist häufig nicht realisierbar.

Im Licht der Lebensthemen werden auch Genderdifferenzen teilweise aufgehoben bzw. in unterschiedlicher Weise wirksam. Bezogen auf die Lebensthemen junger Frauen und ihrer Partner lässt sich zeigen, dass unterschiedliche Konstruktionen von Geschlecht bestehen. Die Lebensthemen unterscheiden sich in der Charakterisierung des Geschlechterverhältnisses und der Selbstverortung im Geschlechterverhältnis. Bei einzelnen Lebensthemen sind durchaus egalitäre Aufgabenteilungen erkennbar oder das Geschlecht ist wie beim „eigenen Weg" für die biografische Konstruktion nicht relevant. Beim Lebensthema „Beruf" deutet sich ein Rollentausch an. Äußerlich gleichen viele Muster der Lebensführung der befragten Frauen einem traditionellen Geschlechterarrangement, beispielsweise wenn die Arbeitsteilung erhoben wird. Frauen mit Lebensthema „eigener Weg" zeigen in der Kleinkindphase das gleiche „traditionelle" Arrangement wie Frauen mit dem Lebensthema „Familie", wenn sie mit Kind zu Hause bleiben. Doch bedeutet dies für sie, dass sie sich selbst verwirklichen, indem sie sich Zeit für ihr Kind nehmen und bewusst Freiräume austarieren – und nicht nur strukturelle Einschränkung. Entsprechend muss die einfache und generelle Annahme über die Zähigkeit von Rollenzuschreibungen je nach Lebensthema und Lebensphase differenziert werden. Des Weiteren zeigt sich, dass junge Männer kollektiv nicht nur auf den klassischen Bereich „Beruf" ausgerichtet sind, sondern ihr biografisches Handeln auch auf ganz andere Projekte und Sinnkonstruktionen ausgerichtet sein kann. Die Lebensthemen drücken sich sogar über die Geschlechtergrenzen in gleicher Weise aus.

Soziale Strukturen wie Geschlecht, Bildungsniveau oder Milieu sowie Region verlieren also nicht ihre Verbindlichkeit, aber die Zusammenhänge sind komplexer, sie lösen sich nicht vollständig auf, sondern werden unterschiedlich relevant. Das Wie der Lebensführung und der Projekte junger Frauen (und ihrer Partner) wird von den Gelegenheitsstrukturen wie Geschlecht, Region oder Bildung beeinflusst, das Warum ihres Planens, Handelns und Gestaltens können die Lebensthemen erklären. Diese Zusammenhänge können Studien, die solche Zusammenhänge in ihrer Anlage voraussetzen, kaum erfassen.

8.6 Lebensthemen – (k)ein Thema für Beratung, Praxis und Politik

Die Ergebnisse dieser Arbeit bieten auch Ansatzpunkte für Praxis und Politik.[19] Sie bestätigen die Notwendigkeit der aktuellen, teils kontroversen Diskussion, die bisherigen Maßnahmen und Konzepte angesichts neuerer Theorien der Frauen- und Geschlechterforschung zu überprüfen (vergleiche Meyer/Seidenspinner 1998; Rose 2000; Weber 2001). (Sozial)pädagogische Beratungs- und Praxisarbeit ist beispielsweise konstitutiv darauf verwiesen, die Lebenszusammenhänge und Problemlagen von Mädchen und jungen Frauen zu erkennen und entsprechend zu intervenieren. Beratung kann dazu beitragen, dass sie und die Beratenden gesamtbiografische Prozesse wahrnehmen können.

Auseinandersetzung mit Deutungsmustern und kollektiven Projekten im Generationenverhältnis

Wird soziale Wirklichkeit durch biografisches Handeln konstruiert und Geschlecht als Gelegenheitsstrukturen verstanden, so stellt sich die Frage nach den Konzepten, Bildern und Vorstellungen von Frausein, die Maßnahmen transportieren und durch die sie auch an der symbolischen Konstruktionsarbeit über gesellschaftliche Diskurse von Frausein beteiligt sind. Die aktuellen Wahrnehmungs- und Deutungsmuster beziehen sich überwiegend darauf, dass *die* jungen Frauen Erwerbstätigkeit und Familie miteinander vereinbaren wollen und diese Lebensbereiche folglich ihre Lebensschwerpunkte darstellen, dass es *ein* Geschlechterverhältnis sowie *einen* weiblichen Lebenszusammenhang gibt, der vor allem mit Blick auf geschlechtstypische Differenzen und Problemlagen gedeutet und interpretiert wird, und dass es ein erstrebenswertes Modell von Frauenleben gibt, an dem sich Politik, Pädagogik und Praxis in ihrer Arbeit orientieren. Mädchenarbeit begibt sich so in die Gefahr, den „doppelten" Lebensentwurf als Leitbild für Mädchen und junge Frauen zu verallgemeinern, ein ideales Modell von Frauenleben festzuschreiben und den Zugang auf die unterschiedlichen und

---

19 Es geht im Folgenden nicht um praktische Vorschläge, sondern um Anregungen.

vielfältigen Lebenskonstruktionen, Gewichtungen und biografischen Handlungen von jungen Frauen sowie die sich daraus ergebenden individuellen Bedürfnisse zu verstellen. Die große Bandbreite an Unterschieden zwischen jungen Frauen (und Männern) gerät damit ebenso aus dem Blick wie die Vielzahl von Ähnlichkeiten zwischen den Geschlechtern. Pädagoginnen können junge Frauen oft nicht verstehen, beispielsweise wenn diese Distanz zum Feminismus zeigen. Mädchen und junge Frauen sollen den feministisch geprägten Erwartungen ihrer Müttergeneration entsprechen und autonom, stark und selbstbewusst sein. Hier ist Abstand zu nehmen von Normalisierungszwängen und feministischen Deutungsroutinen, die den Lebenszusammenhängen junger Frauen nicht (mehr) entsprechen. Angebote und Regelungen sind auf die Mädchen und jungen Frauen als handelnde Subjekte zuzuschneiden, nicht diese in vorgegebene Leitbilder einzupassen. Die nichtwertende Zurückhaltung und Anerkennung von Differenzen im Umgang mit den Lebensentwürfen von Mädchen und jungen Frauen ist angesichts der Vielfalt weiblicher (und männlicher) Lebensführungsmuster unabdingbar.

Diese Forderung nach Offenheit stellt hohe Ansprüche an Praktikerinnen und Politikerinnen und stellt auch ihr eigenes Selbstverständnis infrage. Wünschenswert ist eine offene Auseinandersetzung mit Generationendifferenzen, um nicht die Projekte und das biografische Handeln der jungen Frauen auf die Erfahrungen und Ziele der älteren Frauengeneration einzuengen.

„Neue" Kultur der Anerkennung

In der Mädchen- und Frauenarbeit sollte nicht nur von geschlechtspezifischen Problemen und Einschränkungen ausgegangen werden. Vielmehr erscheint es notwendig, die Möglichkeiten und Chancen selbstbestimmter Lebensweisen aufzuzeigen und zu verstärken und die Vielfalt der herausgearbeiteten Lebensthemen der jungen Frauen ernst zu nehmen, d. h. als unterstützenswert anzusehen. Die einzelnen Lebensthemen sind durch unterschiedliche Inhalte und Logiken gekennzeichnet, stehen aber gleichwertig nebeneinander. Aus dieser Perspektive heraus verliert eine (Be-)Wertung der Lebensthemen ihren Sinn, auch wenn die Inhalte einzelner Lebensthemen nicht den Vorstellungen vom „richtigen", also autonomen, selbstständigen und durchsetzungsfähigen Frausein entspricht. Es geht darum, Mädchen und junge Frauen dort abzuholen, wo sie stehen, ihr Lebensthema nicht zu werten und gesellschaftlich bzw. sozialpädagogisch anerkannte Projekte nicht zu präferieren. Relevant ist allein, dass unterschiedliche Lebensthemen die Lebensgestaltung von jungen Frauen beeinflussen. Pädagogische und beratende Arbeit hat die Vielfalt der Lebensthemen der jungen Frauen anzuerkennen und sensibel für sie zu sein – auch wenn es nicht diejenigen der PädagogInnen sind. Eine sich so verstehende pädagogische Kultur könnte statt zu definieren, was sein soll, eine offene und gleichzeitig *gleichberechtigte* Interaktion" (Krauß 2001: 80) fördern. Dies bedeutet natürlich nicht, auf die Unterstützung zu verzichten, wenn Mädchen und junge Frauen mit ihrem Lebensthema nicht zurecht kommen bzw. keine biografische Richtung entwikkeln können (beispielsweise beim Lebensthema „Suche nach Orientierung").

Dabei spielt der Begriff der *Anerkennung* für den pädagogischen Alltag eine wichtige Rolle. Anerkennung bezieht sich darauf, „jemanden zu erkennen, das heißt ‚richtig', entsprechend der Selbstwahrnehmung des Betreffenden, zu sehen. Zugleich ist aber auch gemeint, das Erkannte, die Besonderheit des anderen zu akzeptieren und zu bestärken. Wechselseitige Anerkennung bezeichnet somit ein Beziehungsmuster, in dem sich die Partner nicht gleichgültig gegenüberstehen, sondern für den anderen offen und an ihm interessiert sind" (Leu 1999: 172). Es geht darum, sich mit der Sicht des Gegenübers bekannt zu machen, seine Sinnkonstruktionen zu erkennen und anzuerkennen, auch wenn sie einem selbst fremd sind und unverständlich bleiben. Diese Fremdheit wird von der älteren Frauengeneration oft empfunden, wünscht sie sich doch eine starke Generation junger Frauen in ihrem Sinn.

Unterstützung der Auseinandersetzungs- und Suchprozesse

Das eigene Lebensthema ist den Mädchen und jungen Frauen oft nicht bewusst und auch von außen oft nicht auf den ersten Blick erkennbar. Biografisches Handeln wird dadurch erschwert. Beratung kann helfen, das individuelle Lebensthema als gesamtbiografisches Konstrukt zu verdeutlichen, und zwar sowohl für die Mädchen oder jungen Frauen als auch für die Beratenden selbst. Ziel von Beratung und Praxisarbeit sollte es sein, die „autobiografische Handlungskompetenz" der Mädchen und jungen Frauen zu fördern. Wichtige Kompetenzen, um individuell „richtig" handeln zu können, sind Selbstreflexion, die Aufarbeitung von Erfahrungen,

Kenntnis der eigenen Vorstellungen und deren Ernstnehmen, die Fähigkeit, Handlungsspielräume zu entdecken, sie zu nutzen und zu gestalten sowie bei der Umsetzung von Projekten auch Kompromisse eingehen zu können. Für viele der in dieser Untersuchung befragten jungen Frauen war es zunächst ungewohnt, sich als Expertinnen ihres Lebens zu verstehen. Zunehmend empfanden sie es jedoch als wichtig und bereichernd, Bilanz zu ziehen und ihr Leben in einen Zusammenhang zu stellen. So kann auch eine kritische Auseinandersetzung mit den Konsequenzen biografischen Handelns und der Frage nach verfügbaren sozialen Ressourcen angestoßen werden. Strukturelle Rahmenbedingungen und die Konsequenzen der Asymmetrien von Geschlechterverhältnissen sind in diesem Kontext ebenfalls deutlich zu machen, auch wenn Mädchen und junge Frauen Akteurinnen der eigenen Biografie sind und gesellschaftliche Bedingungen wie Geschlechterverhältnisse als historisch gewordener und deshalb veränderbarer Kontext des eigenen Handelns zu begreifen sind.

Ausdifferenzierung und Vielfalt von Angeboten und Strategien

(Sozial)Pädagogik und Pädagogik müssen sich darauf einstellen, dass junge Frauen und ihre Bedürfnisse in Abhängigkeit vom Lebensthema vielfältig und oft auch widersprüchlich sind. Es gibt nicht *die* jungen Frauen, auch nicht *die* jungen Frauen in Bayern oder Sachsen oder *die* jungen Frauen auf dem Land oder in der Stadt oder *die* jungen Frauen mit niedrigem oder hohem Bildungsabschluss. Ebenso wenig gibt es auch *die* jungen Männer. Widersprüchlichkeit und Vielfalt (vergleiche auch Meyer 2000; Rose 2000) werden zur Grundlage pädagogischen Handelns und pädagogischer Reflexionsprozesse, auch wenn sie homogenes Agieren in Frage stellen – dies stellt besonders im politischen Bereich eine Herausforderung dar – und *eine Ausdifferenzierung der Angebote* erfordern.

Auch die Tatsache, daß Biografien sich nicht mehr an einem einheitlichen Lebensentwurf orientieren, sondern von einer Abfolge und Überschneidung unterschiedlicher Projekte auszugehen ist, macht gezielte Maßnahmen und deren Evaluation schwierig, teils unmöglich. Deshalb sind meine Ergebnisse gerade für Praxis und Politik unbequem, weil sie keine Rezepte anbieten. Die Handlungskompetenz junger Frauen im Rahmen ihres Lebensthemas zu unterstützen, scheint deshalb vordringlich zu sein ebenso wie das

Bereitstellen von Ressourcen. Bei den jungen Frauen mit Lebensthema „Suche nach Orientierung" wird beispielsweise deutlich, daß ihnen aktives biografisches Handeln aufgrund mangelnder sozialer Ressourcen kaum möglich ist.

Gleichzeitig muß Pädagogik auch die immer noch bestehenden asymmetrischen Geschlechterunterschiede im Blick haben. Der Verzicht auf das Benennen von Differenzen zwischen den Geschlechtern darf nicht dazu führen, dass strukturelle Unterschiede in der Teilhabe an Macht, Ressourcen und Aufmerksamkeit nicht mehr gesehen werden. In diesem Zusammenhang kann es deshalb auch nicht die eine geschlechterpolitische Strategie geben, sondern eine Vielfalt von Strategien, die weder die Differenzen zwischen den Geschlechtern zementieren noch bestehende Ungleichheiten verschleiern.

8.7 Weiterführende Forschungsfragen

Ziel der vorliegenden Arbeit war es, die innere Logik biografischen Handelns junger Frauen in Paarbeziehungen und Familiengründungsprozessen theoretisch und empirisch zu erschließen. Mit dem Konzept der Lebensthemen als biografischen Konstruktionen von jungen Frauen (und ihren Partnern) ist es gelungen, das Handeln der jungen Frauen nachvollziehbar zu machen. Gleichzeitig ergeben sich weitere Fragen, die im Rahmen dieser Arbeit nicht geklärt werden konnten:

So stellt sich die Frage nach den *biografischen Anschlussstücken* vor und nach der untersuchten Lebensphase: Wie entwickeln sich Lebensthemen biografisch? Gibt es soziale Hintergründe und biografische Wurzeln für die Lebensthemen? Welche Bedeutung haben familiale Erfahrungen? Spiegeln sich die Biografien von Müttern und Vätern im biografischen Handeln ihrer Töchter und Söhne? Offen geblieben ist ferner, ob die Lebensthemen auch im höheren Erwachsenenalter, beispielsweise nach der Familienphase, das biografische Handeln von Frauen strukturieren oder sich im weiteren Lebensverlauf verändern.

Lediglich bei den Lebensthemen „Familie" und „Suche nach Orientierung" deuten sich Zusammenhänge mit regionalen und bildungsbezogenen Gelegenheitsstrukturen sowie mangelnden sozialen Ressourcen an. Hier könnten auch interdisziplinäre Ansätze weiterführen. Möglicherweise prägen nicht ausschließlich soziale

Kontexte die Entwicklung von Lebensthemen, sondern es sind auch entwicklungspsychologische Erklärungsansätze zu berücksichtigen. Ein Blick in den Bereich der Gehirnforschung und Neuropsychologie könnte ebenfalls Anknüpfungspunkte ergeben, gehen diese doch in neueren Studien davon aus, dass das Selbst seine Autonomie aus Erleben, personaler Geschichte und Vergangenheit herleitet (vergleiche Newen/Vogeley 2000); damit nähern sie sich Konzepten von biografischem Handeln und biografisch erworbenen Sinnhorizonten. Interessant wäre es auch, *frühere Studien* oder *historische Daten* unter dem Gesichtspunkt biografischer Konstruktionen zu (re)analysieren.

Dem unerwarteten Ergebnis meiner Arbeit, dass Geschlecht und Lebensthemen quer zueinander liegen, ist systematisch nachzugehen. So sind weitere *Studien über Männer* und ihre biografischen Konstruktionen notwendig, die von Begrenzungen und einseitigen geschlechtstypischen Zuschreibungen Abstand nehmen. Da Geschlecht immer in Interaktionen konstruiert wird, sind ergänzend methodische Vorgehensweisen, beispielsweise Paarinterviews, zu erproben, in denen die situative Konstruktion von Paarwelten aufscheinen kann. In diesem Zusammenhang sollten auch die Paarwelten in gleichgeschlechtlichen Beziehungen zum Thema gemacht werden.

Methodisch interessant erscheint mir die Frage, ob Lebensthemen als subjektive Sinnstrukturen auch quantitativ erhoben werden können, ohne soziale Skripte zu rekonstruieren bzw. vorher festgelegte Kategorien abzufragen, die Wirklichkeit strukturieren und Wahrnehmung gestalten. Auch wenn qualitative und quantitative Methoden durch unterschiedliche Vorgehensweisen gekennzeichnet sind, konstruieren doch beide aus vorliegenden Daten. In diesem Zusammenhang ist auf die aktuelle Diskussion zur Kombination von Methodologien bei der Untersuchung desselben Phänomens im Sinne einer „Triangulation" zu verweisen (vergleiche Schreier/ Fielding 2001).

Literatur

Alheit, Peter: Biografizität und Struktur. In: Alheit, P./Dausien, B./Hanses, A./Scheuermann, A.: Biografische Konstruktionen. Beiträge zur Biografieforschung. Bremen 1992, S. 10-36

Alheit, Peter: „Individuelle Modernisierung" – Zur Logik biografischer Konstruktion in modernisierten modernen Gesellschaften. In: Hradil, S. (Hrsg.): Differenz und Integration. Die Zukunft moderner Gesellschaften. Verhandlungen des 28. Kongresses der Deutschen Gesellschaft für Soziologie in Dresden 1996. Frankfurt a. M./New York 1997, S. 941-951

Alheit, Peter/Dausien, Bettina: Die biografische Konstruktion der Wirklichkeit. Überlegungen zur Biografizität des Sozialen. In: Hoerning, Erika M. (Hrsg.): Biografische Sozialisation. Stuttgart 2000, S. 257-283

Alheit, Peter/Dausien, Bettina/Hanses, Andreas/Scheuermann, Antonius: Biografische Konstruktionen. Beiträge zur Biografieforschung. Bremen 1992

Alheit, Peter/ Hoerning, Erika M.: Biografisches Wissen. Frankfurt a. M. 1989

Allerbeck, Klaus/Hoag, Wendy: Jugend ohne Zukunft? München/Zürich 1985

Allmendinger, Jutta: Lebensverlauf und Sozialpolitik. Frankfurt a. M. 1994

Alt, Christian: Kindheit in Ost und West. Wandel der familialen Lebensformen aus Kindersicht. Opladen 2001

Alt, Christian/Weidacher, Alois: Familien- und Betreuungssituation von Kindern. In: Bien, W. (Hrsg.): Familie an der Schwelle zum neuen Jahrtausend. Opladen 1996, S. 212-222

Amendt, Gerhard: Vatersehnsucht. Annäherung in elf Essays. Bremen 1999

Ausländer, Rose: Und nenne dich Glück. Frankfurt a. M. 1986

Ausländer, Rose: Mein Atem heißt jetzt. Gedichte. Frankfurt a. M. 1995

Baader, Meike Sophia: Vaterkrise, Vatersuche, Vatersehnsucht. Zur aktuellen Debatte um die Väter. In: Feministische Studien, 18. Jahrgang, November 2000, Nr. 2, S. 98-108

Bachmann, Ingeborg: Erklär mir, Liebe. In: Borchers, I. (Hrsg.): Deutsche Gedichte. Von Hildegard von Bingen bis Ingeborg Bachmann. Frankfurt a. M. 1987, S. 255 f.

Baethge, Martin/Hantsche, Brigitte/Pelull, Wolfgang/Voskamp, Ulrich: Jugend: Arbeit und Identität. Lebensperspektiven und Interessenorientierung von Jugendlichen. Opladen 1988

Baumgarten, Katrin: Hagestolz und alte Jungfer. Entwicklung, Instrumentalisierung und Fortleben von Klischees und Stereotypen über Unverheiratetgebliebene. München/New York 1997

Beck, Ulrich: Risikogesellschaft. Auf dem Weg in eine andere Moderne. Frankfurt a. M. 1986

Beck, Ulrich: Der Konflikt der zwei Modernen. In: Zapf, W. (Hrsg.): Die Modernisierung moderner Gesellschaften. Verhandlungen des 25. Deutschen Soziologentages in Frankfurt a. M. 1991, S. 40 – 53

Beck, Ulrich/Beck-Gernsheim, Elisabeth: Das ganz normale Chaos der Liebe. Frankfurt a. M. 1990

Beck, Ulrich/Beck-Gernsheim, Elisabeth: Nicht Autonomie, sondern Bastelbiografie. In: Zeitschrift für Soziologie, 6/1993, S. 178-191

Beck, Ulrich/Beck-Gernsheim, Elisabeth (Hrsg.): Riskante Freiheiten. Frankfurt a. M. 1994

Beck, Ulrich/Sopp, Peter (Hrsg.): Individualisierung und Integration. Neue Konfliktlinien und neuer Integrationsmodus? Opladen 1997

Becker-Schmidt, Regina: Entfremdete Aneignung, gestörte Anerkennung: Lernprozesse. Über die Bedeutung von Erwerbsarbeit für Frauen. In: Beiträge zur Frauenforschung, 21. Soziologentag. Bamberg 1982

Becker-Schmidt, Regina: Arbeitsleben – Lebensarbeit: Konflikte und Erfahrungen von Fabrikarbeiterinnen. Bonn 1983

Becker-Schmidt, Regina: Die doppelte Vergesellschaftung – die doppelte Unterdrückung: Besonderheiten der Frauenforschung in den Sozialwissenschaften. In: Unterkircher, L./Wagner, I. (Hrsg.): Die andere Hälfte der Gesellschaft. Wien 1987, S. 11 – 25

Becker-Schmidt, Regina: Geschlechterdifferenz – Geschlechterverhältnisse: Soziale Dimension des Begriffs „Geschlecht". In: Zeitschrift für Frauenforschung, 11/1993/1-2, S. 37-46

Becker-Schmidt, Regina/Knapp, Gudrun-Axeli: Eines ist zu wenig – beides ist zuviel. Erfahrungen von Arbeiterfrauen zwischen Familie und Fabrik. Bonn 1984

Beck-Gernsheim, Elisabeth: Der geschlechtsspezifische Arbeitsmarkt. Frankfurt a. M. 1981 (1. Auflage 1976)

Beck-Gernsheim, Elisabeth: Vom „Dasein für andere" zum Anspruch auf ein Stück „eigenes Leben": Individualisierungsprozesse im weiblichen Lebenszusammenhang: In: Soziale Welt 34, 1983, 3, S. 307-340

Beck-Gernsheim, Elisabeth: Vom Geburtenrückgang zur neuen Mütterlichkeit? Frankfurt a. M. 1984

Beck-Gernsheim, Elisabeth: Von der Liebe zur Beziehung. In: Berger, J. (Hrsg.): Die Moderne, Kontinuitäten und Zäsuren. Göttingen 1986, S. 209-233

Beck-Gernshein, Elisabeth: Arbeitsteilung, Selbstbild und Lebensentwurf: Neue Konfliktlagen in der Familie. In: Kölner Zeitschrift für Soziologie und Sozialpsychologie, 1992, H. 2, S. 273-291

Beck-Gernsheim, Elisabeth: Auf dem Weg in die postfamiliale Familie – Von der Notgemeinschaft zur Wahlverwandtschaft. In: Beck, U./ Beck-Gernsheim, E. (Hrsg.): Riskante Freiheiten. Individualisierung in modernen Gesellschaften. Frankfurt a.M. 1994, S. 115-138

Beck-Gernsheim, Elisabeth/Ostner, Ilona: Frauen verändern – Berufe nicht? In: Soziale Welt, 1978/3, S. 257-287

Bednarz-Braun, Iris: Gleichstellung im Konflikt mit Personalpolitik. München 2000

Behnke, Cornelia/Liebold, Renate: Zwischen Fraglosigkeit und Gleichheitsrhetorik. Familie und Partnerschaft aus der Sicht erfolgreicher Männer. In: Feministische Studien, Heft 2/2000, S. 65-77

Behrens, Johann/Rabe-Kleberg, Ursula: Gatekeeping im Lebensverlauf – Wer macht Statuspassagen? In: Hoerning, Erika M. (Hrsg.): Biografische Sozialisation. Stuttgart 2000 , S. 101-136

Bellah, Robert N./Madsen, Richard/Sullivan, William M./Swidler, Ann/Tipton, Steven M.: Individualism & committment in American life. Readings on the themes of Habits of the Heart. New York 1987

Benn, Gottfried: Nur zwei Dinge. In: DuMont: Sprachspeicher. Köln 2001, S. 262

Berger, Peter A.: Individualisierung. Statusunsicherheit und Erfahrungsvielfalt. Opladen 1996

Berger, Peter A./Hradil, Stefan: Lebenslagen, Lebensläufe, Lebensstile. (Soziale Welt. Sonderband 7). Göttingen 1990

Berger, Peter L.: Sehnsucht nach Sinn. Glauben in einer Zeit der Leichtgläubigkeit. Frankfurt a. M. 1994

Berger, Peter L./Kellner, Hansfried: Die Ehe und die Konstruktion der Wirklichkeit. Eine Abhandlung zur Mikrosoziologie des Wissens. In: Soziale Welt, Jg. 10, 1965, S. 220-235

Berger, Reiner: Übereinstimmung und Unterschiede zwischen Ehepartnern. In: Glatzer, W./Zapf, W. (Hrsg.): Lebensqualität in der Bundesrepublik. Frankfurt a. M. 1984, S. 307-322

Bertram, Hans (Hrsg.): Die Familie in Westdeutschland. Stabilität und Wandel familialer Lebensformen. Opladen 1991

Bertram, Hans (Hrsg.): Die Familie in den Neuen Bundesländern. Stabilität und Wandel in der gesellschaftlichen Umbruchsituation. Opladen 1992

Bertram, Hans: Individuen in einer individualisierten Gesellschaft. In: Bertram, H. (Hrsg.): Das Individuum und seine Familie. Opladen 1995, S. 9-43

Bertram, Hans/Bayer, Hiltrud/Bauereiß, Renate: Familien-Atlas. Lebenslagen und Regionen in Deutschland. Karten und Zahlen. Opladen 1993

Bertram, Hans/Henning, Marina: Das katholische Arbeitermädchen vom Lande: Milieus und Lebensführung in regionaler Perspektive. In: Die Wiederentdekkung der Ungleichheit. Jahrbuch 96 Bildung und Arbeit, Opladen 1996, S. 229-251

Bien, Walter (Hrsg.): Familie an der Schwelle zum neuen Jahrtausend. Wandel und Entwicklung familialer Lebensformen. Opladen 1996

Bien, Walter/Marbach, Jan: Haushalt – Verwandtschaft – Beziehungen. Familien als Netzwerk. In: Bertram, H.: Die Familie in Westdeutschland. Opladen 1991, S. 3-44

Blossfeld, Hans Peter/Drobnic, Sonja: Careers of Couples in Contemporary Society – From Male Breadwinner to Dual-Earner Families (Hrsg.). Oxford 2001

Blumstein, Philip/Schwartz, Pepper: American Couples: Money – Work – Sex. New York 1985

Bode, Heidrun/Emnid Institut Bielefeld: Stand der Rollenveränderungen und der Gleichstellung von Frau und Mann. Ergebnisse einer repräsentativen Umfrage im Auftrag des Ministeriums für Frauen, Jugend, Familie und Gesundheit des Landes Nordrhein-Westfalen. Bielefeld 1999

Bodenmann, Guy: Scheidung: Was wissen wir heute zu ihren Ursachen? In: Zeitschrift für Familienforschung 2/1999, S. 5-27

Bodenmann, Guy/Cina, Annette: Der Einfluß von Streß, individueller Belastungsbewältigung und dyadischem Coping auf die Partnerstabilität: Eine 4-Jahres-

Längsschnittstudie. In: Zeitschrift für Klinische Psychologie, 28 (2). Göttingen 1999, S. 130-139

Böckmann-Schewe, Lisa/Kulke, Christine/Röhrig, Anne: Wandel und Brüche in Lebensentwürfen von Frauen in den neuen Bundesländern. In: Aus Politik und Zeitgeschichte 1994, B 6/94, S. 33-44

Böckmann-Schewe, Lisa/Kulke, Christine/Röhrig, Anne: „Es war immer so, den goldenen Mittelweg zu finden zwischen Familie und Beruf war eigentlich das Entscheidende": Kontinuitäten und Veränderungen im Leben von Frauen in den neuen Bundesländern. In: Berliner Journal für Soziologie, Band 5, 1995, S. 207-222

Born, Claudia/Krüger, Helga (Hrsg.): Erwerbsverläufe von Ehepartnern und die Modernisierung weiblicher Lebensläufe. Weinheim 1993

Born, Claudia/Krüger, Helga/Lorenz-Meyer, Dagmar: Der unentdeckte Wandel – Annäherung an das Verhältnis von Struktur und Norm im weiblichen Lebenslauf. Berlin 1996

Bourdieu, Pierre: Klassenschicksal, individuelles Handeln und das Gesetz der Wahrscheinlichkeit. In: Bourdieu, P. u. a. (Hrsg.) : Titel und Stelle. Über die Reproduktion sozialer Macht. Frankfurt a. M. 1978, S. 169-226

Bourdieu, Pierre: Titel und Stelle. Über die Reproduktion sozialer Macht. Frankfurt a. M. 1978

Bourdieu, Pierre: Die biografische Illusion. In: Bios, 1990, Jg. 3, S. 75-81

Bourdieu, Pierre: Eine sanfte Gewalt. Pierre Bourdieu im Gespräch mit Irene Dölling und Margareta Steinrücke. In: Dölling, I./Krais, B. (Hrsg.): Ein alltägliches Spiel. Geschlechterkonstruktionen in der sozialen Praxis. Frankfurt a. M. 1997, S. 218-230

Brown, Jason W.: Einheit und Kohärenz. In: Newen, A./Vogeley, K. (Hrsg.): Selbst und Gehirn. Menschliches Selbstbewußtsein und seine neurobiologischen Grundlagen. Paderborn 2000, S. 391-414

Bruder, Klaus-Jürgen: Das postmoderne Subjekt. In: Leu, H. R./Krappmann, L. (Hrsg.): Zwischen Autonomie und Verbundenheit. Bedingungen und Formen der Behauptung von Subjektivität. Frankfurt a. M. 1999, S. 49-76

Bundesministerium für Familie, Senioren, Frauen und Jugend (Hrsg.): Frauen in der Bundesrepublik Deutschland. Bonn 1998, auch 1997

Bundesministerium für Bildung und Forschung (BMBF) (Hrsg.): Berufsbildungsbericht 2000. Bonn 2000

Bundesministerium für Frauen und Jugend: Frauen im mittleren Alter. Stuttgart 1993

Bundeszentrale für gesundheitliche Aufklärung (Hrsg.): Familienplanung und Lebensläufe von Frauen. Kontinuitäten und Wandel. Köln 2000

Bund-Länder-Kommission für Bildungsplanung und Forschungsförderung (BLK) (Hrsg.): Verbesserung der Chancen von Frauen in Ausbildung und Beruf. Ausbildungs- und Studienwahlverhalten von Frauen. Bonn 2000

Burkart, Gerhard: Eine Gesellschaft von nicht-autonomen biografischen Bastlerinnen und Bastlern? – Antwort auf Beck & Beck-Gernsheim. Zeitschrift für Soziologie 1993, 3, S. 188-191

Burkart, Gerhard: Die Entscheidung zur Elternschaft. Eine empirische Kritik von Individualisierungs- und Rational-Choice-Theorien. Stuttgart 1994

Burkart, Gerhard/Kohli, Martin: Ehe und Elternschaft im Individualisierungsprozess: Bedeutungswandel und Milieudifferenzierung. Zeitschrift für Bevölkerungswissenschaft, 1989, 15, S. 405-426

Burkart, Gerhard/Kohli, Martin: Liebe, Ehe, Elternschaft. Die Zukunft der Familie. München/Zürich 1992

Burkart, Gerhard/Koppetsch, Cornelia/Maier, Maja S.: Milieu, Geschlechterverhältnisse und Individualität. In: Leu, H. R./Krappmann, L. (Hrsg.): Zwischen Autonomie und Verbundenheit. Bedingungen und Formen der Behauptung von Subjektivität. Frankfurt a. M. 1999, S. 158-190

Busse, Stefan/Zech, Rainer: Sozialisationsdiskurs im Realsozialismus. Ein deutschdeutscher Versuch, sich verständlich zu machen. In: Leu, H. R./Krappmann, L. (Hrsg.): Zwischen Autonomie und Verbundenheit. Bedingungen und Formen der Behauptung von Subjektivität. Frankfurt a. M. 1999, S. 191-238

Butler, Judith: Das Unbehagen der Geschlechter. Frankfurt a. M. 1991

Çirak, Zehra: Fremde Flügel auf eigener Schulter. Gedichte. Köln 1994

Clausen, John A.: American Lives. Looking Back at the Children of the Great Depression. New York 1993

Cockburn, Cynthia/Ormrod, Susan: Wie Geschlecht und Technologie in der sozialen Praxis „gemacht" werden. In: Dölling, I./Krais, B. (Hrsg.): Ein alltägliches Spiel. Geschlechterkonstruktionen in der sozialen Praxis. Frankfurt a. M. 1997, S. 17-47

Coleman, James S.: Foundations of Social Theory. Cambridge/MA 1990

Connell, Robert W.: Der gemachte Mann. Konstruktion und Krise von Männlichkeiten. Opladen 1999

Cornelißen, Waltraud/Gille, Martina/Knothe, Holger/Meier, Petra/Queisser, Hannelore/Stürzer, Monika: Junge Frauen – junge Männer. Daten zu Lebensführung und Chancengleichheit. Opladen 2002

Cuyvers, Peter: Partnerinteraktion und reproduktive Entscheidungen. In: Bundeszentrale für gesundheitliche Auklärung (Hrsg.): Familienplanung und Lebensläufe von Frauen. Kontinuitäten und Wandel. Köln 2000, S. 61-67

Dannenbeck, Clemens/Rosendorfer, Tatjana/Keiser, Sarina: Familienalltag in den alten und neuen Bundesländern – Aspekte der Vereinbarkeit von Beruf und Familie. In: Nauck, B./Schneider, N./Tölke, A. (Hrsg.): Familie und Lebensverlauf im gesellschaftlichen Umbruch. Stuttgart 1995

Dausien, Bettina: Leben für andere oder eigenes Leben. Überlegungen zur Bedeutung der Geschlechterdifferenz in der biografischen Forschung. In: Alheit, P./Dausien, B./Hanses, A./ Scheuermann, A.: Biografische Konstruktionen. Beiträge zur Biografieforschung. Bremen 1992, S. 37 – 70

Dausien, Bettina: Auf der Suche nach dem ,eigenen Leben'? Lernprozesse in weiblichen Biografien. In: Alheit, P. u.a. (Hrsg.): Von der Arbeitsgesellschaft zur Bildungsgesellschaft? Perspektiven von Arbeit und Bildung im Prozess europäischen Wandels. Bremen 1994, S. 572-592

Dausien, Bettina: Biografie und Geschlecht. Zur biografischen Konstruktion sozialer Wirklichkeit in Frauenlebensgeschichten. Bremen 1996

Dausien, Bettina: Die biografische Konstruktion von Geschlecht. In: Schneider, N./Mall, R. A./Lohmer, D. (Hrsg.): Einheit und Vielfalt. Amsterdam 1998, S. 257-277

Dausien, Bettina: http://alf.zfn.uni-bremen.de/-ibl/projekte/S2.html. 2000

Dausien, Bettina: Erzähltes Leben – erzähltes Geschlecht? In: Feministische Studien 2/01, S. 57-73

Dietzen, Agnes: Soziales Geschlecht. Dimensionen des Gender-Konzepts. Opladen 1993

Diezinger, Angelika: Frauen: Arbeit und Individualisierung. Chancen und Risiken. Opladen 1991

Diezinger, Angelika: Arbeit im weiblichen Lebenszusammenhang: Geschlechtshierarchische Arbeitsteilung als Ursache der Geschlechterungleichheit. In: Bührmann, Andrea/Diezinger, Angelika/Metz-Göckel, Sigrid: Arbeit, Sozialisation, Sexualität: Zentrale Felder der Frauen- und Geschlechterforschung. Opladen 2000, S. 15-19

Diezinger, Angelika/Rerrich, Maria S.: Die Modernisierung der Fürsorglichkeit in der alltäglichen Lebensführung junger Frauen: Neuerfindung des Altbekannten? In: Eifler, Christine: Die deutsche Einheit und die Differenz weibliche Lebensentwürfe. In: Aus Politik und Zeitgeschichte, Oktober/1998, S. 37-42

Dölling, Irene: Gespaltenes Bewußtsein – Frauen und Männerbilder in der DDR. In: Helwig, G./Nickel, H. (Hrsg.): Frauen in Deutschland 1945 – 1992. Bonn 1993, S. 23-52

Dölling, Irene: Transformation und Biografien: „Selbstverständlichkeiten" im biografischen Konzept junger ostdeutscher Frauen. In: Oechsle, M./Geissler, B. (Hrsg.): Die ungleiche Gleichheit. Junge Frauen und der Wandel im Geschlechterverhältnis. Opladen 1998, S. 151-162

Dölling, Irene/Krais, Beate (Hrsg.): Ein alltägliches Spiel. Geschlechterkonstruktionen in der sozialen Praxis. Frankfurt a. M. 1997

Eckert, Roland/Hahn, Alois/Wolf, Marianne: Die ersten Jahre der Ehe. Verständigung durch Illusionen? Frankfurt a. M./New York 1989

Eich, Günter: Die Gedichte. Die Maulwürfe. Frankfurt a. M. 1991

Elder, Glen H. jr./O'Rand, Angela M.: Adult Lives in a Changing Society. In: Cook, K./Fine, G. A./House, J. S. (Hrsg.): Sociological Perspectives on Social Psychology. Boston 1995, S. 452-475

Engelhardt, Miriam: Wünschen, planen, akzeptieren, entscheiden – Intentionalität im Rahmen reproduktiver Kulturen. In: Bundeszentrale für gesundheitliche Aufklärung (Hrsg.): Familienplanung und Lebensläufe von Frauen. Kontinuitäten und Wandel. Köln 2000, S. 55-60

Erikson, Erik H.: Identität und Lebenszyklus. Frankfurt a. M. 1973

Erler, Gisela Anna: Frauenzimmer. Für eine Politik des Unterschieds. Berlin 1985

Engstler, Heribert: Die Familie im Spiegel der amtlichen Statistik. Bonn 1997

Faltermaier, Toni/Mayring, Philipp/Saup, Winfried/Strehmel, Petra: Entwicklungspsychologie des Erwachsenenalters. Stuttgart 1992

Faulstich-Wieland, Hannelore: Veränderte Wertorientierungen – verändertes Berufsbewußtsein. In: Happ, D./Wiegand, U. (Hrsg.): Frauen im Trend. Beruf – Bildung – Bewußtsein. München 1990, S. 34-47

Feldmann-Neubert, Christine: Frauenleitbild im Wandel 1948-1988. Von der Familienorientierung zur Doppelrolle. Weinheim 1991

Fend, Helmut/Berger, Fred: Längsschnittuntersuchungen zum Übergang vom Jugendalter ins Erwachsenenalter. In: Zeitschrift für Soziologie der Erziehung und Sozialisation, ZSE, 21. Jg. 2001, H. 1, S 3-22

Fischer-Rosenthal, Wolfram: Schweigen – Rechtfertigen – Umschreiben. Biographische Arbeit im Umgang mit deutschen Vergangenheiten. In: Fischer-Rosenthal, W./Alheit, P. (Hrsg.): Biographien in Deutschland. Soziologische Rekonstruktionen gelebter Gesellschaftsgeschichte. Opladen 1995, S. 43-86

Fischer-Rosenthal, Wolfram: Melancholie der Identität und dezentrierte biografische Selbstbeschreibung. Anmerkungen zu einem langen Abschied aus der selbstverschuldeten Zentriertheit des Subjekts. In: Hoerning 2000, S. 227-255

Fischer, Wolfram/Kohli, Martin: Biografieforschung. In: Voges, W. (Hrsg.): Methoden der Biografie- und Lebenslaufforschung. Biografie und Gesellschaft 1. Opladen 1987, S. 25-50

Flaake, Karin: Weibliche Adoleszenz – Neue Möglichkeiten, alte Fallen? Widersprüche und Ambivalenzen in der Lebenssituation und den Orientierungen junger Frauen. In: Oechsle, M./ Geissler, B. (Hrsg.): Die ungleiche Gleichheit. Junge Frauen und der Wandel im Geschlechterverhältnis. Opladen 1998, S. 43-65

Flaake, Karin/King, Vera: Psychosexuelle Entwicklung. Lebensentwürfe junger Frauen. Zur weiblichen Adoleszenz in soziologischen und psychoanalytischen Theorien. In: Flaake, K./King, V.: Weibliche Adoleszenz. Zur Sozialisation junger Frauen. Frankfurt a.M./ New York 1992, S. 13-39

Fooken, Isa/Lind, Inken: Vielfalt und Widersprüche weiblicher Lebensmuster. Frauen im Spiegel sozialwissenschaftlicher Forschung. Frankfurt a. M./New York 1994

Frank, Anne: Tagebuch. Frankfurt a. M. 1991

Frerichs, Petra/Steinrücke, Margareta: Kochen – ein männliches Spiel? Die Küche als geschlechts- und klassenstrukturierter Raum. In: Dölling, I./Krais, B. (Hrsg.): Ein alltägliches Spiel. Geschlechterkonstruktionen in der sozialen Praxis. Frankfurt a. M. 1997, S. 231-255

Freud, Sigmund: Über Psychoanalyse. London 1943

Friedrich, W./Förster, P./Starke, Kurt (Hrsg.): Das Zentralinstitut für Jugendforschung Leipzig 1966-1990. Berlin 1999

Fritzsche, Yvonne: Moderne Orientierungsmuster: Inflation am Wertehimmel. In: Jugendwerk der Deutschen Shell (Hrsg.): Jugend 2000. Band 1. Opladen 2000, S. 93-156

Fritzsche, Yvonne/Münchmeier, Richard: Mädchen und Jungen. In: Jugendwerk der Deutschen Shell (Hrsg.): Jugend 2000. Band 1. Opladen 2000, S. 343-348

Frost, Robert: The Road not Taken and Other Poems. Dover 1993

Fthenakis, Wassilios: Engagierte Vaterschaft. Die sanfte Revolution in der Familie. Opladen 1999

Fuchs, Werner: Einleitung. In: Mayer, K. U./Schimank, U./Schumm, W.: Biografie oder Lebenslauf? Über die Tauglichkeit zweier Konzepte. Hagen 1988

Fuchs-Heinritz, Werner: Soziologische Biografieforschung. Überblick und Verhältnis zur Allgemeinen Soziologie. In: Jüttemann, G./Thomae, H. (Hrsg.): Biografische Methoden in den Humanwissenschaften. Weinheim 1998, S. 3-23

Fuchs-Heinritz, Werner: Zukunftsorientierungen und Verhältnis zu den Eltern. In: Jugendwerk der Deutschen Shell (Hrsg.): Jugend 2000. Band 1. Opladen 2000, S. 23-92

Gaschke, Susanne: Familie haben heißt verzichten. In: Die Zeit Nr. 49, 29. November 2001, S. 15

Gather, Claudia: Geschlechterkonstruktionen bei Paaren im Übergang in den Ruhestand. Zum Problem des Zusammenhangs von Geschlecht, Macht und Erwerbsarbeit. In: Soziale Welt Heft 2/1996a, S.223-249

Gather, Claudia: Konstruktionen von Geschlechterverhältnissen. Machtstrukturen und Arbeitsteilung bei Paaren im Übergang in den Ruhestand. Berlin 1996b

Geissler, Birgit/Oechsle, Mechthild: Lebensplanung als Konstruktion: Biografische Dilemmata und Lebenslauf-Entwürfe junger Frauen. In: Beck, U./ Beck-Gernsheim, E. (Hrsg.): Riskante Freiheiten. Individualisierung in modernen Gesellschaften. Frankfurt a. M. 1994, S. 139-167

Geissler, Birgit/Oechsle, Mechthild: Lebensplanung junger Frauen – Zur widersprüchlichen Modernisierung weiblicher Lebensläufe. Weinheim 1996

Gerhard, Ute: Atempause. Feminismus als demokratisches Projekt. Frankfurt a. M. 2001

Geulen, Dieter: Zur Konzeptualisierung des Verhältnisses von externen und internen Bedingungen im Prozess lebenslanger Sozialisation. In: Hoerning 2000, S. 187-208

Giddens, Anthony: Die Konstitution der Gesellschaft. Grundzüge einer Theorie der Strukturierung. Frankfurt a. M. 1988

Giddens, Anthony: Modernity and Self-Identity. Self and Society in the Late Modern Age. Cambridge 1991

Giddens, Anthony: The Transformation of Intimacy: Sexuality, Love, and Eroticism. In: Modern Societies. Stanford 1993

Gildemeister, Regine: Die soziale Konstruktion von Geschlechtlichkeit. In: Ostner, I./Lichtblau, K. (Hrsg.): Feministische Vernunftkritik. Ansätze und Traditionen. Frankfurt a. M. 1992, S. 22-39

Gildemeister, Regine: Geschlechterforschung (gender studies). In: Flick U./Kardoff, E. v./Steinke, I. (Hrsg): Qualitative Forschung. Ein Handbuch. Reinbek 2000, S. 213-223

Gildemeister, Regine/Wetterer, Angelika: Wie Geschlechter gemacht werden. Die soziale Konstruktion der Zweigeschlechtlichkeit und ihre Reifizierung in der Frauenforschung. In: Knapp, G./Wetterer, A. (Hrsg.): Traditionen Brüche. Entwicklungen feministischer Theorie. Freiburg 1992, S. 201-254

Gille, Martina: Werte, Rollenbilder und soziale Orientierung. In: Gille, M./Krüger, W. (Hrsg.): Unzufriedene Demokraten. Politische Orientierungen der 16- bis 29-jährigen im vereinigten Deutschland. Opladen 2000, S. 143-203

Gillies, Judith-Marlies/Stricker, Katja/Rossbach, Frank: Karriere-Killer Kind? In: BIZZ 6/01, 2001, S. 33-41

Gilligan, Carol: Die andere Stimme. Lebenskonflikte und Moral der Frau. München 1984

Glaser, Barney G./Strauss, Anselm L.: The Discovery of the Grounded Theory. Strategies for Qualitative Research. New York 1967

Gluchowski, Peter/Henry-Huthmacher, Christine: Weibliche Lebensstile in West- und Ostdeutschland. Interne Studie Nr. 140 der Konrad-Adenauer-Stiftung. Sankt Augustin 1998

Goffman, Erving: Interaktion und Geschlecht. Frankfurt a. M. 1994

Großmaß, Ruth/Schmerl, Christine (Hrsg.): Leitbilder, Vexierbilder und Bildstörungen. Über die Orientierungsleistung von Bildern in der feministischen Geschlechterdebatte. Frankfurt a. M./New York 1996

Grundmann, Matthias: Alfred Schütz und die Entdeckung der Erfahrungsbiografie. Phänomenologische und strukturgenetische Überlegungen zur biografischen Situation. In: Hoerning 2000, S. 209-226

Gustafsson, Siv: Neoklassische Theorien und die Lage der Frau: Ansätze und Ergebnisse zu Arbeitsmarkt, Haushalt und der Geburt von Kindern. In: Mayer, K. U./Allmendinger, J./Huinink, J. (Hrsg.): Vom Regen in die Traufe: Frauen zwischen Beruf und Familie. Frankfurt a. M./New York 1991, S. 408-422

Gysi, Jutta (Hrsg.): Familienleben in der DDR. Berlin-Ost 1989

Gysi, Jutta: Zur Lebenssituation alleinerziehender Mütter in der ehemaligen DDR. In: Frauen zwischen Ost und West, Teil 2. Offene Frauenhochschule. Dokumentation '90, S. 17-25

Gysi, Jutta/Meyer, Dagmar: Leitbild: berufstätige Mutter – DDR-Frauen in Familie, Partnerschaft und Ehe. In: Helwig, G./Nickel, H. (Hrsg.): Frauen in Deutschland 1945-1992. Bonn 1993, S. 139-165

Habermas, Tilman/Bluck, Susan: Getting a Life: The Emergence of the Life Story in Adolescence. In: Psychological Bulletin 2000, Vol. 126, No. 5, S. 748-769

Hagemann-White, Carol: Identität – Beruf – Geschlecht. In: Oechsle, M./ Geissler, B. (Hrsg.): Die ungleiche Gleichheit. Junge Frauen und der Wandel im Geschlechterverhältnis. Opladen 1998a, S. 27-41

Hagemann-White, Carol: Subjekt, Geschlecht, Differenz. In: Universität Bielefeld (Hrsg.): Im Wyberspace. Mädchen und Frauen in der Medienlandschaft. Bielefeld 1998b, S. 16-28

Härtling, Peter: Ausgewählte Gedichte 1953-1979. Darmstadt/Neuwied 1979

Hahn, Alois: Konsensfiktionen in Kleingruppen. Dargestellt am Beispiel junger Ehen. In: Neidhardt, F. (Hrsg.): Gruppensoziologie. Perspektiven und Materialien. Köln 1983, S. 210-232

Hanses, Andreas: Biografische Strukturierung von Erkrankungs- und Gesundungsprozessen. In: Alheit, P./Dausien, B./Hanses, A./Scheuermann, A.: Biografische Konstruktionen. Beiträge zur Biografieforschung. Bremen 1992, S. 71 – 98

Hartwig, Myriam: Junge Frauen heute: Leben zwischen Tradition und Moderne. In: Hopf, Christel/Hartwig, Myriam (Hrsg.): Liebe und Abhängigkeit. Partnerschaftsbeziehungen junger Frauen. Weinheim/München 2001, S. 13-30

Heinz, Walter R.: Selbstsozialisation im Lebenslauf. Umrisse einer Theorie biografischen Handelns. In: Hoerning, E. M.: Biografische Sozialisation. Theoretische und forschungspraktische Verankerung. Stuttgart 2000, S. 165-186

Helfferich, Cornelia: Reproduktive Kulturen in Ost und West – Kontinuitäten und Wandel. In: Bundeszentrale für gesundheitliche Aufklärung (Hrsg.): Familienplanung und Lebensläufe von Frauen. Kontinuitäten und Wandel. Köln 2000, S. 22-28

Hitzler, Ronald/Honer, Anne (Hrsg.): Sozialwissenschaftliche Hermeneutik. Opladen 1997a

Hitzler, Ronald/Honer, Anne: Hermeneutik in der deutschsprachigen Soziologie heute. In: Hitzler, R./Honer, A. (Hrsg.): Sozialwissenschaftliche Hermeneutik. Opladen 1997b, S. 7-27

Hoerning, Erika M.: Erfahrungen als biografische Ressourcen. In: Alheit, P./Hoerning, E. M. (Hrsg.): Biografisches Wissen. Beiträge zu einer Theorie lebensgeschichtlicher Erfahrung. Frankfurt a. M./New York 1989, S. 148-163

Hoerning, Erika M. (Hrsg.): Biografische Sozialisation. Stuttgart 2000a

Hoerning, Erika M.: Biografische Sozialisation. Theoretische und forschungspraktische Verankerung. In: Hoerning, E. M. (Hrsg.): Biografische Sozialisation. Stuttgart 2000b, S. 1-20

Hopf, Christel: Die Pseudo-Exploration. Überlegungen zur Technik qualitativer Interviews in der Sozialforschung. In: Zeitschrift für Soziologie, 7, 1978, S. 97-115

Hopf, Christel: Vorwort. In: Hopf, C./Hartwig, M. (Hrsg.): Liebe und Abhängigkeit. Partnerschaftsbeziehungen junger Frauen. Weinheim/München 2001, S. 7-12

Hopf, Christel/Hartwig, Myriam (Hrsg.): Liebe und Abhängigkeit. Partnerschaftsbeziehungen junger Frauen. Weinheim/München 2001

Höpflinger, François: Die Wahrnehmung familialen Verhaltens im Paarvergleich. In Zeitschrift für Soziologie 1/1986

Hradil, Stefan: Die „objektive" und die „subjektive" Modernisierung. In: Aus Politik und Zeitgeschichte, 1992, B 29-30, S. 3-14

Institut für Demoskopie Allensbach (Hrsg.): Frauen in Deutschland. Die Schering-Frauenstudie 93. Bund, Köln 1993

Jellouschek, Hans: Wie Partnerschaft gelingt – Spielregeln der Liebe. Freiburg 1998

Jugendwerk der Deutschen Shell (Hrsg.): Jugend '92. Lebenslagen, Orientierungen und Entwicklungsperspektiven im vereinigten Deutschland. Opladen 1992

Jugendwerk der Deutschen Shell (Hrsg.): Jugend 2000. Band 1. Opladen 2000

Kafka, Franz. Literaturkalender. Frankfurt a. M. 2002

Kaufmann, Franz-Xaver: Familie und Modernität. In: Lüscher, K./Schultheis, F./Wehrspaun, M.: Die postmoderne Familie – Familiale Strategien und Familienpolitik in einer Übergangszeit. Konstanz 1988, S. 391-416

Kaufmann, Franz-Xaver: Zukunft der Familie im vereinten Deutschland. München 1995

Kaufmann, Franz-Xaver: Stukturwandel der Familie. Wiesbaden 1997

Keddi, Barbara/Kreil, Mathilde: Zeit der Orientierung. Wie junge Frauen in den alten und neuen Ländern ihr Leben entwerfen. In: Die Frau in unserer Zeit 2/1993, S. 2-7

Keddi, Barbara/Kreil, Mathilde: Weibliche Eigenständigkeit – Balanceakt zwischen Unabhängigkeit und Bindung. In: Seidenspinner, G. (Hrsg.): Frau sein in Deutschland. Aktuelle Themen, Perspektiven und Ziele feministischer Sozialforschung. München 1994, S. 17-34

Keddi, Barbara/Pfeil, Patricia/Strehmel, Petra/Wittmann, Svendy: Lebensthemen junger Frauen. Die andere Vielfalt weiblicher Lebensentwürfe. Opladen 1999

Keddi, Barbara/Sardei, Sabine: Zum Wandel der Lebensentwürfe von Mädchen und jungen Frauen. Ausgewählte Ergebnisse empirischer Untersuchungen seit den 60er Jahren. In: Brock, D./Hantsche, B./ Kühnlein, G./Meulemann, H./Schober, K. (Hrsg.): Übergänge in Arbeit. Zwischenbilanz zum Forschungsstand. München 1991, S.180-197

Keddi, Barbara/Seidenspinner, Gerlinde: Veränderter weiblicher Lebensentwurf und Individualisierung des Lebenslaufs. In: Neue Sammlung 1990, 30/4, S. 633-644

Keddi, Barbara/Seidenspinner, Gerlinde: Arbeitsteilung und Partnerschaft. In: Bertram, H. (Hrsg.): Die Familie in Westdeutschland. Stabilität und Wandel familialer Lebensformen. Opladen 1991, S. 159-192

Keiser, Sarina: Die Familie in den fünf neuen Bundesländern. In: Bertram, H. (Hrsg.): Die Familie in den neuen Bundesländern. Opladen 1992, S. 19-28

Kelle, Helga: „Ich bin der die das macht" Oder: Über die Schwierigkeit, „doing gender"-Prozesse zu erforschen. In: Feministische Studien 2/01; S. 39-56

Kirsch, Sarah: Bodenlos. Gedichte. Stuttgart 1996

Klima, Rolf: Leitbild. In: Fuchs, W./Klima, R./Lautmann, R./Rammstedt, O./Wienold, H.: Lexikon zur Soziologie, 2. verb. und erw. Aufl.. Opladen 1988, S. 456

Klindworth, Heike: Familienplanung im Rahmen reproduktiver Biografien. In: Bundeszentrale für gesundheitliche Auklärung (Hrsg.): Familienplanung und Lebensläufe von Frauen. Kontinuitäten und Wandel. Köln 2000, S. 36-41

Knapp, Gudrun-Axeli: Das Konzept „weibliches" Arbeitsvermögen – theoriegeleitete Zugänge, Irrwege, Perspektiven. In: Frauenforschung 1988/4, S. 8-19

Knapp, Gudrun-Axeli: Zur widersprüchlichen Vergesellschaftung von Frauen. In: Hoff, E.- H. (Hrsg.): Die doppelte Sozialisation Erwachsener. Zum Verhältnis von beruflichem und privatem Lebensstrang. München 1990, S. 17-52

Kohli, Martin: Sozialisation und Lebenslauf: Eine neue Perspektive für die Sozialisationsforschung. In: Lepsius, M. R. (Hrsg.): Zwischenbilanz der Soziologie. Stuttgart 1976, S. 311-326

Kohli, Martin: Die Institutionalisierung des Lebenslaufs. Historische Befunde und theoretische Argumente. In: Kölner Zeitschrift für Soziologie und Sozialpsychologie 1985. 37, 1, S. 1 – 29

Kohli, Martin: Institutionalisierung und Individualisierung der Erwerbsbiografie. In: Brock, D./Vetter, H. R. (Hrsg.): Subjektivität im gesellschaftlichen Wandel. Weinheim 1989, S. 249-278

Kohli, Martin: Lebenslauftheoretische Ansätze in der Sozialisationsforschung. In: Hurrelmann, K./Ulich, D. (Hrsg.): Neues Handbuch der Sozialisationsforschung. Weinheim 1991, S. 303-317

Kohli, Martin: Institutionalisierung und Individualisierung der Erwerbsbiografie. In: Beck, U./Beck-Gernsheim, E. (Hrsg.): Riskante Freiheiten. Frankfurt a. M. 1994

Kohli, Martin: Arbeit im Lebenslauf. Alte und neue Paradoxien. In: Klocka, J./Offe, C. (Hrsg.): Geschichte und Zukunft der Arbeit. Frankfurt a. M. 2000, S. 362-382

König, Hans-Dieter: Tiefenhermeneutik als Methode kultursoziologischer Forschung. In: Hitzler, R./Honer, A. (Hrsg.): Sozialwissenschaftliche Hermeneutik. Opladen 1997, S. 213-241

Kopp, Sheldon B.: Triffst Du Buddha unterwegs. Frankfurt a. M. 1978

Koppetsch, Cornelia/Burkart, Günter: Die Illusion der Emanzipation. Zur Wirksamkeit latenter Geschlechtsnormen im Milieuvergleich. Konstanz 1999

Kraus, Wolfgang: Das erzählte Selbst. Die narrative Konstruktion von Identität in der Spätmoderne. Pfaffenweiler 1996

Krauß, Andrea: Identität und Identitätspolitik bei Judith Butler. Stiftung SPI (Hrsg.). Berlin 2001

Kreckel, Reinhart: Politische Soziologie der sozialen Ungleichheit. Frankfurt a. M. 1992

Krüger, Dorothea: Alleinleben in einer paarorientierten Gesellschaft. Eine qualitative Studie über die Lebenssituation und das Selbstverständnis 30- bis 45-jähriger lediger, alleinlebender Frauen und Männer. Pfaffenweiler 1990

Krüger, Helga: Dominanzen im Geschlechterverhältnis: Zur Institutionalisierung von Lebensläufen. In: Becker-Schmidt, R./Knapp, G.-A. (Hrsg.): Das Geschlechterverhältnis als Gegenstand der Sozialwissenschaften. Frankfurt a. M./New York 1995

Krüger, Helga/Born, Claudia/Einemann, Beate/Heintze, Stine/Saifi, Helga (Hrsg.) : Privatsache Kind – Privatsache Beruf. Zur Lebenssituation von Frauen mit kleinen Kindern in unserer Gesellschaft. Opladen 1987

Küllchen, Hildegard: Zwischen Bildungserfolg und Karriereskepsis. Zur Berufsfindung junger Frauen mit mathematisch-naturwissenschaftlichen Interessen. Bielefeld 1997

Künzler, Jan: Familiäre Arbeitsteilung. Die Beteiligung von Männern an der Hausarbeit. Bielefeld 1994

Lasker-Schüler, Else: Sämtliche Gedichte. Frankfurt a. M. 1996

Leccardi, Carmen: Biografische Zeitperspektive und Lebensplanung junger Frauen. In: Oechsle, M./Geissler, B. (Hrsg.): Die ungleiche Gleichheit. Junge Frauen und der Wandel im Geschlechterverhältnis. Opladen 1998, S. 201- 215

Lehr, Ursula: Die Frau im Beruf. Eine psychologische Analyse der weiblichen Berufsrolle. Frankfurt a. M. 1974

Lemmermöhle, Doris: „Ich fühl' mich halt im Frauenpelz wohler." Biografisches Handeln junger Frauen beim Übergang von der Schule in die Arbeitswelt. In: Feministische Studien 15/ 1997/2, S. 23-37

Lenzen, Michaela: Wieviel Freiheit darf's denn sein? Hirnforscher stellen unseren freien Willen infrage. In: Die Zeit Nr. 38, 13. September 2001, S. 37

Leu, Hans Rudolf: Die „biographische Situation" als Bezugspunkt eines sozialisationstheoretischen Subjektverständnisses. In: Leu, H. R./Krappmann, L. (Hrsg.): Zwischen Autonomie und Verbundenheit. Bedingungen und Formen der Behauptung von Subjektivität. Frankfurt a. M. 1999, S. 77-107

Leu, Hans Rudolf/Krappmann, Lothar: Subjektorientierte Sozialisationsforschung im Wandel. In: Leu, H. R./Krappmann, L. (Hrsg.): Zwischen Autonomie und Verbundenheit. Bedingungen und Formen der Behauptung von Subjektivität. Frankfurt a. M. 1999, S. 11-18

Leupold, Andrea: Liebe und Partnerschaft: Formen der Codierung von Ehen. In: Zeitschrift für Soziologie, Jg. 12, Heft 4, Oktober 1983, S. 297-327

Literarischer Kalender 2002: Verliebt durchs Jahr. Frankfurt a. M. 2001

Lüders, Christian/Meuser, Michael: Deutungsmusteranalyse. In: Hitzler, Ronald/Honer, Anne (Hrsg.): Sozialwissenschaftliche Hermeneutik. Opladen 1997, S. 57-80

Luhmann, Niklas: Liebe als Passion. Zur Codierung von Intimität. Frankfurt a. M. 1982/1994

Lüscher, Kurt: Was heißt heute Familie? Thesen zur Familienrethorik. In: Gerhard, U./Hradil, S./Lucke, D./Nauck, B. (Hrsg.): Familie der Zukunft. Opladen 1995, S. 51-66

Mannheim, Karl: Das Problem der Generationen. In: Wolff, K. H. (Hrsg.): Wissenssoziologie. Berlin/Neuwied 1964, S. 509-665

Marbach, Jan H./Bien, Walter/Bender, Donald: Vergleich der Lebensformen in den alten und neuen Bundesländern zwischen 1988 und 1994. In: Bien, W. (Hrsg.): Familie an der Schwelle zum neuen Jahrtausend – Wandel und Entwicklung familialer Lebensformen. Opladen 1996, S. 61-89

Marcia, James E.: The status of the statuses: Research review. In: Marcia, J. E./Waterman, A. S./Matteson, D. R./Archer, S. L./Orlofsky, J. (Hrsg.): Ego identity. A handbook for psychosocial research. New York 1993

Matthes, Joachim (Hrsg.): Biografie in handlungswissenschaftlicher Perspektive. Nürnberg 1991

Matthias-Bleck, Heike: Warum noch Ehe? Erklärungsversuche der kindorientierten Eheschließung. Bielefeld 1997

Mayer, Karl Ulrich/Allmendinger, Jutta/Huinink, Johannes (Hrsg.): Vom Regen in die Traufe: Frauen zwischen Beruf und Familie. Frankfurt a. M./New York 1991

Melvill, Herman: Pierre oder im Kampf mit der Sphinx. Hamburg 1965

Merleau-Ponty, Maurice: Phänomenologie der Wahrnehmung. Berlin 1965

Merleau-Ponty, Maurice: Phenomenology of Perception. London/New York 1992

Metz-Göckel, Sigrid: Spiegelungen und Verwerfungen. Das Geschlecht aus der Sicht der Frauenforschung. In: Janshen, D. (Hrsg.): Blickwechsel. Der neue Dialog zwischen Frauen- und Männerforschung. Frankfurt a. M./ New York 2000, S. 25-46

Meuser, Michael: Männlichkeit und politische Bildung – Anmerkungen aus geschlechtersoziologischer Perspektive. In: Oechsle, M./Geissler, B. (Hrsg.): Die ungleiche Gleichheit. Junge Frauen und der Wandel im Geschlechterverhältnis. Opladen 1998, S. 237-258

Meyer, Dorit: Dimensionen des Geschlechts. In: Stiftung SPI (Hrsg.): Geschlechtersequenzen. Dokumentation des Diskussionsforums zur geschlechtsspezifischen Jugendforschung. Berlin 2000, S. 13-23

Meyer, Dorit/Seidenspinner, Gerlinde: Mädchenarbeit – Plädoyer für einen Paradigmenwandel. In: AGJ – Arbeitsgemeinschaft für Jugendhilfe (Hrsg.): Einheit der Jugendhilfe. 50 Jahre Arbeitsgemeinschaft für Jugendhilfe. Bonn 1998, S. 58-71

Meyer, Sibyll/Schulze, Evelyn: Nichteheliche Lebensgemeinschaften – eine Möglichkeit zur Veränderung des Geschlechterverhältnisses? In: Kölner Zeitschrift für Soziologie und Sozialpsychologie, 40, 1988, S. 337-356

Meyer, Sibyll/Schulze, Evelyn: Familie im Umbruch. Zur Lage der Familien in der ehemaligen DDR. Stuttgart 1992

Mies, Maria: Gesellschaftliche Ursprünge de geschlechtlichen Arbeitsteilung. In: v. Werlhof, C./Mies, M./Bennholdt-Thomson, V. (Hrsg.): Frauen, die letzte Kolonie. Reinbek bei Hamburg 1983, S. 164-190

Moeller, M. L.: Die Wahrheit beginnt zu zweit. Reinbek 1992

Myrdall, Alva/Klein, Viola: Die Doppelrolle der Frau in Familie und Beruf. Köln/Berlin 1956/ 71

Nauck, Bernhard (Hrsg.): Lebensgestaltung von Frauen. Eine Regionalanalyse zur Integration von Familien- und Erwerbstätigkeit im Lebensverlauf. München 1993

Nauck, Bernhard/Schneider, Norbert/Tölke, Angelika: Familie und Lebensverlauf im gesellschaftlichen Umbruch. Stuttgart 1995

Nave-Herz, Rosemarie: Familie heute. Wandel der Familienstrukturen und Folgen für die Erziehung. Darmstadt 1994

Newen, Albert/Vogeley, Kai (Hrsg.): Selbst und Gehirn. Menschliches Selbstbewußtsein und seine neurobiologischen Grundlagen. Paderborn 2000

Nickel, Hildegard Maria: Frauen in der DDR. In: Aus Politik und Zeitgeschichte 1990 B 16/17, S. 39-47

Nickel, Hildegard Maria: Frauenarbeit im Beruf und in der Familie – Geschlechterpolarisierung in der DDR. In: Joester, A./Schöningh, I. (Hrsg.): So nah beianander und doch so fern. Pfaffenweiler 1992

Nissen, Ursula/Keddi, Barbara/Pfeil, Patricia: Berufsfindungsprozesse von Mädchen und jungen Frauen. Empirische Befunde und theoretische Erklärungsansätze. Opladen 2002

Nora, Pierre: Zwischen Geschichte und Gedächtnis. Wagenbach 1990

Nowontny, H.: Wer bestimmt die Zeit? Zeitkonflikte in der technologischen Gesellschaft zwischen industrialisierter und individualisierter Zeit. In: Weis, K. (Hrsg.): Was ist Zeit? München 1995, S. 81-99

Oechsle, Mechthild: Ungelöste Widersprüche: Leitbilder für die Lebensführung von Frauen. In: Oechsle, M./Geissler, B. (Hrsg.): Die ungleiche Gleichheit. Junge Frauen und der Wandel im Geschlechterverhältnis. Opladen 1998, S. 185-200

Oechsle, Mechthild: Gleichheit mit Hindernissen. Stiftung SPI (Hrsg.): Einwürfe. Berlin 2000

Oechsle, Mechthild/Geissler, Birgit: Das junge Erwachsenenalter und die Lebensplanung junger Frauen. In: sfb 186-Report, Nr. 1. Bremen 1992

Oechsle, Mechthild/Geissler, Birgit (Hrsg.): Die ungleiche Gleichheit. Junge Frauen und der Wandel im Geschlechterverhältnis. Opladen 1998

O'Neill, N./O'Neill, G.: Die offene Ehe: Konzept für einen neuen Typus der Monogamie. Bern 1974

Ostner, Ilona: „Weibliches Arbeitsvermögen" und soziale Differenzierung. In: Leviathan, 1991, Heft 2, S.) 1978

Ott, Notburga: Die Wirkung politischer Maßnahmen auf die Familienbildung aus ökonomischer und verhandlungstheoretischer Sicht. In: Mayer, K./Allmendinger, J./Huinink, J.(Hrsg.): Vom Regen in die Traufe: Frauen zwischen Beruf und Familie. Frankfurt a. M./New York 1991, S. 385-407

Paetzold, Bettina: „Eines ist zu wenig, beides macht zufrieden". Die Vereinbarkeit von Mutterschaft und Berufstätigkeit. Bielefeld 1996

Petersdorff, von Dirk: Wie es weitergeht. Gedichte. Frankfurt a. M. 1992

Pfeil, Elisabeth: Die 23jährigen. Eine Generationenuntersuchung am Geburtenjahrgang 1941. Tübingen 1968

Pfeil, Patricia: Together Apart – Dimensionen innerfamiliärer Ungleichheit. Unveröffentlichte Diplomarbeit. München 1995

Pfeil, Patricia/Regnat, Anja/Stein, Cornelia: „Es hat sich so ergeben (...)?" Wie Paare Alltag gestalten und UnGleichheit ernten. Unv. Manuskript, München 1998

Planck, Ulrich: Die Situation der Landjugend. Münster-Hiltrup 1982

Prein, Gerald/Kluge, Susann/Kelle, Udo: Strategien zur Sicherung von Repräsentativität und Stichprobenvalidität bei kleinen Samples. Arbeitspapier Nr. 18 des Sfb 186. Universität Bremen 1993

Pritzl, Christine: Arbeit und Beruf in den Lebensorientierungen von Jugendlichen – der Versuch einer Typologie. In: Raab, E. (Hrsg.): Jugend sucht Arbeit. Eine Längsschnittuntersuchung zum Berufseinstieg Jugendlicher. München 1996, S. 161-184

Prokop, Ulrike: Weiblicher Lebenszusammenhang. Von der Beschränktheit der Strategien und der Unangemessenheit der Wünsche. Frankfurt a. M. 1979

Prokop, Ulrike: Weibliche Lebensentwürfe im deutschen Bildungsbürgertum. 1750 – 1770. Psychoanalytische Studien zur Kultur. Frankfurt a. M. 1991

Raab, Erich (Hrsg.): Jugend sucht Arbeit. Eine Längsschnittuntersuchung zum Berufseinstieg Jugendlicher. München 1996

Raasch, Sibylle: Das Korsett sprengen. Feministischer Umbau der Arbeitsgesellschaft? In: Frauen handeln. Krise – Kosten – Kompetenz. Dokumentation einer Tagung der Bündnis 90/Grünen in Bayern 1996, S. 23-29

Rasp, Renate: Abschied von Pierre oder: Warum so erstaunt? In: Wunder, K. M.: Erklär mir, Liebe. München 1988, S. 123

Rerrich, Maria S.: Zwischen Lohn und Liebe. Frauen und neue Ungleichheiten in den Geschlechterverhältnissen. Köln 1999a

Rerrich, Maria S.: Grenzverhandlungen in der Arbeit des Alltags. In: Rerrich, M. S.: Zwischen Lohn und Liebe. Frauen und neue Ungleichheiten in den Geschlechterverhältnissen. Köln 1999b, S. 63-80

Rose, Lotte: Körperästhetik im Wandel. Versportung und Entmütterlichung des Körpers in den Weiblichkeitsidealen der Risikogesellschaft. In: Dölling, I./Krais, B. (Hrsg.): Ein alltägliches Spiel. Geschlechterkonstruktionen in der sozialen Praxis. Frankfurt a. M. 1997, S. 125-149

Rose, Lotte: Die Geschlechterkategorie im Diskurs der Kinder- und Jugendhilfe. Kritische Überlegungen zu zentralen Argumentationsmustern. In: Geschlecht – aktuelle Streitfragen und theoretische Positionen. Diskurs 2/2000, S. 15-20

Roth, Gerhard: Fühlen, Denken, Handeln. Wie das Gehirn unser Verhalten steuert. Frankfurt a. M. 2001

Scheid, Claudia, Gildemeister, Regine/Maiwald, Kai-Olaf/Seyfarth-Konau: Latente Differenzkonstruktionen. Eine exemplarische Fallanalyse zu Geschlechterkonzeptionen in der professionellen Praxis. In: Feministische Studien 2/01; S. 23-38

Schenk, Sabine/Schlegel, Uta: Frauen in den neuen Bundesländern – Zurück in eine andere Moderne? In: Berliner J. Soziologie, Heft 3 1993, S. 369-384

Schiersmann, Christiane: Computerkultur und weiblicher Lebenszusammenhang. Bonn 1987

Schimank, Uwe: Entwöhnung von der Lebensgeschichte. In: Hoerning, E. M. (Hrsg.): Biografische Sozialisation. Stuttgart 2000, S. 33-49

Schneewind, Klaus A.: Persönlichkeits- und Familienentwicklung im Generationenvergleich. In: Zeitschrift für Soziologie der Erziehung und Sozialisation, ZSE, 21. Jg. 2001, H. 1, S. 23-44

Schneewind, Klaus A./Vascovics, Laszlo A.: Optionen der Lebensgestaltung junger Ehen und Kinderwunsch. Stuttgart/Berlin/Köln 1992/1994

Schneider, Norbert F.: Familie und private Lebensführung in West- und Ostdeutschland. Eine vergleichende Analyse des Familienlebens 1970-1992. Stuttgart 1994

Schneider, Norbert F.: Nichtkonventionelle Lebensformen – moderne Lebensformen? Vortrag auf dem 27. Soziologiekongress, Halle, April 1995

Schneider, Norbert F.: Sozialer Wandel als Bruch? Veränderungen der Familie in den alten und neuen Bundesländern. In: Bundeszentrale für gesundheitliche Aufklärung (Hrsg.): Familienplanung und Lebensläufe von Frauen. Kontinuitäten und Wandel. Köln 2000, S. 14-21

Schneider, Norbert F./Rost, Harald: Von Wandel keine Spur – warum ist Erziehungsurlaub weiblich? In: Oechsle, M/Geissler, B (Hrsg.): Die ungleiche Gleichheit. Junge Frauen und der Wandel im Geschlechterverhältnis. Opladen 1998, S. 217-236

Schreier; Margrit/Fielding, Nigel (Hrsg.): Qualitative und quantitative Forschung: Übereinstimmungen und Divergenzen. In: Forum Qualitative Sozialforschung (FQS). http://www.qualitative-research.net/fqs/, Volume 2, No. 1 – Februar 2001

Schröer, Norbert: Wissenssoziologische Hermeneutik. In: Hitzler, R./Honer, A. (Hrsg.): Sozialwissenschaftliche Hermeneutik. Eine Einführung. Opladen 1997, S. 109-129

Schröter, Ursula: Ostdeutsche Frauen – sechs Jahre nach dem gesellschaftlichen Umbruch. Auswertung empirischer Daten zur sozialen Situation ostdeutscher Frauen. Berlin 1995

Schröter, Ursula: Die DDR – Frau und der Sozialismus – und was daraus geworden ist. In: Kaufmann, E./Schröter, U./Ullrich, R.: Als ganzer Mensch leben. Lebensansprüche ostdeutscher Frauen. Auf der Suche nach der verlorenen Zukunft. Berlin 1997

Schütz, Alfred: Der sinnhafte Aufbau der sozialen Welt. Frankfurt a. M. 1981

Schütz, Alfred/Luckmann, Thomas: Strukturen der Lebenswelt. Frankfurt a. M. 1979/1984

Schütze, Fritz: Prozeßstrukturen des Lebensablaufs. In: Matthes, J.: Biographie in handlungswissenschaftlicher Perspektive. Nürnberg 1981, S. 67-156

Schütze, Yvonne: Die gute Mutter. Zur Geschichte des normativen Musters „Mutterliebe". Bielefeld 1991

Schwarz, Karl: Familienbildung gestern und heute aus regionaler Sicht. Zeitschrift für Familienforschung Nr. 8, 1996, S. 117-131

Scott, Joan W.: Phantasie und Erfahrung. In: Feministische Studien 2/01, S. 74-88

Seidenspinner, Gerlinde: Die Last der Freiheit oder „man muß sich eben heute um alles selber kümmern" – Junge Frauen im Ostteil des Landes. In: Seidenspinner, G. (Hrsg.): Frau sein in Deutschland. Aktuelle Themen, Perspektiven und Ziele feministischer Sozialforschung. München 1994, S. 35-46

Seidenspinner, Gerlinde/Burger, Angelika: Mädchen 82. Eine repräsentative Untersuchung über die Lebenssituation und das Lebensgefühl 15- bis 19jähriger Mädchen in der Bundesrepublik. München 1982

Seidenspinner, Gerlinde/Keddi, Barbara: Der Stellenwert von Partnerschaft und Familie für Frauen in unterschiedlichen Lebensphasen. In: Neue Praxis, Sonderheft 1990

Seidenspinner, Gerlinde/Keddi, Barbara: Lebensentwürfe: Wie junge Frauen leben wollen. In: Hildebrandt, R./Winkler, R. (Hrsg.): Die Hälfte der Zukunft. Lebenswelten junger Frauen. Köln 1994a, S. 14-25

Seidenspinner, Gerlinde/Keddi, Barbara: Partnerschaft – Frauensichten, Männersichten. In: Seidenspinner, G. (Hrsg.): Frau sein in Deutschland. Aktuelle Themen, Perspektiven und Ziele feministischer Sozialforschung. München 1994b, S. 63-81

Seidenspinner, Gerlinde/Keddi, Barbara/Wittmann, Svendy/Groß, Michaela/Hildebrandt, Karin/Strehmel, Petra: Junge Frauen heute – Wie sie leben, was sie anders machen. Opladen 1996

Seifert, Ruth: Entwicklungslinien und Probleme feministischer Theorie. Warum an der Rationalität kein Weg vorbei führt. In: Knapp, G.-A. (Hrsg.): TraditionenBrüche. Entwicklung feministischer Theorie. Freiburg 1992, S. 255-285

Seligmann, Martin E. P.: Erlernte Hilflosigkeit. München 1995

Sheehy, Gail: Neue Wege wagen. Ungewöhnliche Lösungen für gewöhnliche Krisen. München 1982

Sheehy, Gail: Die neuen Lebensphasen. München 1998

Simm, Regina: Partnerschaftsdynamik und Familienentwicklung. Die interne Dynamik von Partner- und Familiensystemen und ihre strukturellen Bedingungen und Folgen. IBS-Materialien Nr. 25, Bielefeld 1987

Simm, Regina: Partnerschaft und Familienentwicklung. In: Mayer, K. U./Allmendinger, J./Huinink, J. (Hrsg.): Vom Regen in die Traufe: Frauen zwischen Beruf und Familie. Frankfurt a. M./New York 1991, S. 318-340

Soeffner, Hans-Georg: Überlegungen zur sozialwissenschaftlichen Hermeneutik am Beispiel der Interpretation eines Textausschnitts aus einem „freien" Interview. In: Heinze, Th./Klusemann, H. W./ Soeffner, H.-G. (Hrsg.): Interpretation einer Bildungsgeschichte. Bensberg 1980, S. 70-96

Soeffner, Hans-Georg/Hitzler, Ronald: Hermeneutik als Haltung und Handlung. In: Schröer, N. (Hrsg.): Interpretative Sozialforschung. Opladen 1994, S. 28-55

Spellerberg, Anton: Lebensstile in Ost- und Westdeutschland. In: Glatzer, W./Noll, H. H. (Hrsg.): Getrennt vereint. Lebensverhältnisse in Deutschland seit der Wiedervereinigung. Frankfurt a. M. 1995, S. 229-261

Starke, Kurt: Reproduktive Kulturen in Ost und West – Kinder und Kinderlosigkeit. In: Bundeszentrale für gesundheitliche Aufklärung (Hrsg.): Familienplanung und Lebensläufe von Frauen. Kontinuitäten und Wandel. Köln 2000, S. 29-35

Statistisches Bundesamt (Hrsg.): Im Blickpunkt: Jugend in Deutschland. Wiesbaden 2000

Stich, Jutta: Alleinleben – Chance oder Defizit. Opladen 2002

Stiftung SPI (Hrsg.): Neue Maßstäbe. Mädchen in der Jugendhilfeplanung. Berlin 1999

Stiftung SPI (Hrsg.): Geschlechtersequenzen. Dokumentation des Diskussionsforums zur geschlechtsspezifischen Jugendforschung. Berlin 2000

Straub, Jürgen. Biografische Sozialisation und narrative Kompetenz. Implikationen und Voraussetzungen lebensgeschichtlichen Denkens in der Sicht einer narrativen Psychologie. In: Hoerning, E. M. (Hrsg.): Biografische Sozialisation. Stuttgart 2000, S. 137-164

Strauss, Anselm L.: Grundlagen qualitativer Sozialforschung. Datenanalyse und Theoriebildung in der empirischen soziologischen Forschung. München 1991

Strehmel, Petra: Entwicklung beruflicher Ziele bei Wissenschaftlerinnen mit Kindern. Bielefeld 1999

Strohmeier, Klaus-Peter: Pluralisierung und Polarisierung der Lebensformen in Deutschland. In: Aus Politik und Zeitgeschichte. Beilage zur Wochenzeitschrift „Das Parlament". B17 1993, S. 11-22

Trappe, Heike: Emanzipation oder Zwang? Frauen in der DDR zwischen Beruf, Familie und Sozialpolitik. Berlin 1995

Tyrell, Hartmann/Herlth, Alois: Partnerschaft versus Elternschaft. In: Herlth, A./Brunner, E. J./Kriz, J. (Hrsg.): Abschied von der Normalfamilie. Berlin 1994, S. 1-13

Vaillant, George E.: Adaptation to Life. Cambridge/London 2000

Voges, Wolfgang (Hrsg.): Methoden der Biografie- und Lebenslaufforschung. Biografie und Gesellschaft 1. Opladen 1987

Wahl, Klaus: Die Modernisierungsfalle. Gesellschaft, Selbstbewußtsein und Gewalt. Frankfurt a. M. 1989

Wahler, Peter/Witzel, Andreas: Berufswahl – ein Vermittlungsprozess zwischen Biografie und Chancenstruktur. In: Schober, K./Gaworek, M. (Hrsg.): Berufswahl: Sozialisations- und Selektionsprozesse an der ersten Schwelle, BeitrAB 202, Nürnberg 1996 S. 9-36

Watzlawick, Paul: Anleitung zum Ünglücklichsein. München 1993

Weber, Monika: Gender, Dekonstruktion, Individualisierung ...? Neue Begriffe, aktuelle Debatten und Perspektiven der Mädchenarbeit. In: Forum Erziehungshilfe, 7. Jg. 2001, Heft 2, S. 74-82

West, Candance/Zimmermann, Don H.: Doing Gender. In: Lorber, J./Farrell, S. A.: The Social Constrction of Gender. London 1991, S. 13-37

Wharton, Edith: A Backward Glance. In: Jong, E.: Keine Angst vor Fünfzig. Hamburg 1995, 2. Auflage, S. 395

Willi, Jürg: Was hält Paare zusammen? Reinbek 1991

Willi, Jürg: Ökologische Psychotherapie. Theorie und Praxis. Bern/Toronto/Seattle 1996

Willi, Jürg: Psychologie der Liebe. Stuttgart 2002

Wohlrab-Sahr, Monika: Biografische Unsicherheit. Formen weiblicher Identität in der „reflexiven Moderne"; das Beispiel der Zeitarbeiterinnen. Opladen 1993

Wohlrab-Sahr, Monika: Individualisierung: Differenzierungsprozess und Zurechnungsmodus. In: Beck, U./Sopp, P. (Hrsg.): Individualisierung und Integration. Neue Konfliktlinien und neuer Integrationsmodus? Opladen 1997, S. 23-36

Wolf, Maria: „...quasi irrsinnig". Nachmoderne Geschlechter-Beziehung. Pfaffenweiler 1995

Young, Iris Marion: Geschlecht als serielle Kollektivität: Frauen als soziales Kollektiv. In: Institut für Sozialforschung (Hrsg.): Geschlechterverhältnisse und Politik. Frankfurt a. M. 1994, S. 221-261

Zapf, Wolfgang/Breuer, Sigrid/Hampel, Jürgen/Krause, Peter/Mohr, Hans-Michael/Wiegand, Erich: Individualisierung und Sicherheit. Untersuchungen zur Lebensqualität in der Bundesrepublik Deutschland. München 1987

Zeit: „Wir müssen die Männer zwingen". 22. Februar 2001; S. 32

Ziebell, Lindy/Schmerl, Christiane/Queisser, Hannelore: Lebensplanung ohne Kinder. Perspektiven eines bewußten Verzichts. Frankfurt a. M. 1992

Zoll, Rainer/Bents, Henri/Brauer, Heinz/Flieger, Jutta/Neumann, Enno/Oechsle, Mechthild: Nicht so wie unsere Eltern! Opladen 1989

Tabellenanhang

Tabelle 1: Regionale Verteilung der jungen Frauen

	Bundesland		
Region	Bayern	Sachsen	Gesamt
Großstadt	29	21	50
Kleinstadt	25	15	40
Land	26	9	35
Gesamt	80	45	125

Tabelle 2: Bildungsabschluss der jungen Frauen nach Bundesland

	Bundesland		
Bildungsabschlüsse	Bayern	Sachsen	Gesamt
Hauptschulabschluss	38	-	38
Mittlere Reife bzw. 10. Klasse DDR	29	31	60
(Fach)Abitur	13	14	27
Gesamt	80	45	125

Tabelle 3: Paarbeziehungen der jungen Frauen nach Bundesland und Wellen

		1. Welle	2. Welle	3. Welle	4. Welle
Bayern	Paarbeziehung	58	62	67	68
	Keine Paarbeziehung	22	18	13	12
	Gesamt Bayern	80	80	80	80
Sachsen	Paarbeziehung	35	36	37	37
	Keine Paarbeziehung	10	9	8	8
	Gesamt Sachsen	45	45	45	45
Gesamt		125	125	125	125

Tabelle 4: Lebensformen der jungen Frauen nach Bundesland und Wellen

		1. Welle	2. Welle	3. Welle	4. Welle
Bayern	Bei Eltern, ohne Partner	12	2	3	1
	Bei Eltern, mit Partner	16	18	4	-
	Alleinwohnend, ohne Partner	9	16	11	11
	Alleinwohnend, mit Partner	17	15	12	10
	Alleinerziehend	-	-	-	-
	Nichteheliche Lebensgemeinschaft	15	16	23	23
	Ehe	11	13	27	35
	Gesamt Bayern	80	80	80	80
Sachsen	Bei Eltern, ohne Partner	5	-	2	-
	Bei Eltern, mit Partner	13	4	2	-
	Alleinwohnend, ohne Partner	5	8	4	6
	Alleinwohnend, mit Partner	5	7	6	4
	Alleinerziehend	-	1	2	2
	Nichteheliche Lebensgemeinschaft	11	16	18	14
	Ehe	6	9	11	19
	Gesamt Sachsen	45	45	45	45
Gesamt		125	125	125	125

Tabelle 5: Kinder und Schwangerschaften nach Bundesland und Wellen

		1. Welle	2. Welle	3. Welle	4. Welle
Bayern	Kein Kind	80	73	58	51
	Schwanger (1. Kind)	-	4	2	2
	Mit Kind(ern)	-	3	20	27
	davon				
	- 1 Kind	-	2	16	15
	- 1 Kind und schwanger	-	-	1	5
	- 2 Kinder		1	3	7
	Gesamt Bayern	80	80	80	80
Sachsen	Kein Kind	45	37	28	26
	Schwanger (1. Kind)	-	2	5	1
	Mit Kind(ern)	-	6	12	18
	davon				
	- 1 Kind	-	6	11	16
	- 1 Kind und schwanger	-	-	1	1
	- 2 Kinder	-	-	-	1
	Gesamt Sachsen	45	45	45	45
Gesamt		125	125	125	125

Tabelle 6: Verteilung der Lebensthemen der jungen Frauen nach Bundesland

	Bayern	Sachsen	Gesamt
Lebensthema			
Familie	18	6	24
Doppelorientierung Familie und Beruf	24	15	39
Beruf	7	7	14
Eigener Weg	11	4	15
Gemeinsamer Weg	7	4	11
Aufrechterhalten des Status quo	6	4	10
Suche nach Orientierung	8	5	13
Gesamt	80	45	125

Anhang Leitfaden

FRAGELEITFADEN Junge Frauen 1. Welle April 1991

In unserer Untersuchung geht es kurz gesagt um die Zukunftsvorstellung und die Zukunftsplanung von jungen Frauen. In diesem Zusammenhang interessieren uns z.B. Ihre Schul- und Berufsausbildung, Ihre Partner-, Familien- und Nachbarschaftsbeziehungen, Ihre Einstellungen zu Kindern und auch Ihr bisheriges Leben. Darum möchte ich Sie zu Beginn bitten, (kurz) von Ihrer Schullaufbahn zu erzählen, um dann auf die weiteren Fragen im Leitfaden überzugehen.

SCHULE

- Sind Sie im Rückblick mit Ihren schulischen Entscheidungen zufrieden?

BERUFSAUSBILDUNG

- Und wie ging es nach der Schule weiter? (Etappen!)
- War die Entscheidung für den jetzigen Beruf ihre eigene Entscheidung? Wer hat Sie dabei unterstützt? Hätten Sie auch andere Möglichkeiten gehabt?
- Subjektive Einschätzung und Zufriedenheit mit der beruflichen Ausbildung und dem bisherigen beruflichen Werdegang?
- Gab es Konflikte oder Probleme wegen Ihrer beruflichen Entscheidungen (mit wem/in welcher Hinsicht)?

BERUFLICHE SITUATION – GEGENWART

- Und Ihre jetzige berufliche Situation?
- Sind Sie damit zufrieden?
- Wie sieht Ihr heutiger Arbeitsplatz aus? (KollegInnen/Verdienst/ Belastungen)
  ---> bei Arbeitslosigkeit: Treffen Sie sich privat mit KollegInnen?
- Was würden Sie sich anders wünschen?
- Einschätzung der Arbeitsplatzsicherheit
- Welchen Stellenwert hat der Beruf gegenwärtig in Ihrem Leben?

- Hat sich daran seit Ihrem Eintritt ins Berufsleben etwas geändert?
- Welchen Stellenwert nimmt bei Ihnen die Arbeit ein im Vergleich zum Privatleben? Wie werten Ihre Eltern Ihre Berufstätigkeit?

---> FILTERFRAGE: Haben Sie einen Partner?

Partner: JA
- Wie bewertet er Ihre Berufstätigkeit?
- Haben Sie berufliche Pläne für die Zukunft (Weitere/Zusatzqualifikation/berufliche Karriere)?
- Und wenn Sie ein Kind bekämen?

FAMILIALE LEBENSFORMEN/ PARTNERBEZIEHUNGEN

- Wohnen Sie momentan mit Ihrem Partner zusammen oder leben Sie allein (wohnt mit Partner/wohnt nicht mit Partner/in WG/bei Eltern)?
- Sind Sie mit dieser Situation zufrieden?
- Wie beurteilen Sie diese Lebensform für sich gegenwärtig (Positives/Negatives)?
- Was ist Ihnen denn bei einer Partnerbeziehung generell wichtig? Und was wäre unverzichtbar für eine Partnerschaft?
- Einschätzung der derzeitigen Partnerschaft: Dauer/Tragfähigkeit/Nähe/ Verbundenheit/ Zärtlichkeit/Sexualität/Formen der Konfliktaustragung bzw. Umgangsweise mit Meinungsverschiedenheiten/Perspektiven für Zukunft/Freiräume/Enge/Treue
- Sind Sie verheiratet?
  --->wenn ja: Und was gab es für Gründe zu heiraten?
- Was machen Sie in Ihrer Freizeit?
- Und wie viel gemeinsam mit Ihrem Partner?
- Wie sieht Ihr gemeinsamer Alltag üblicherweise aus? (Wochenende/unter der Woche)? Was unternehmen Sie in Ihrer Freizeit? Welche Interessen haben Sie?
- Haben Sie in Bezug auf Ihre Finanzen Probleme untereinander? Und wie machen Sie das dann?
- Haben Sie vor Ihrer jetzigen Partnerschaft schon mal eine andere enge bzw. längerfristige Partnerbeziehung gehabt?
- Haben Sie das Gefühl, dass Sie sich frei entscheiden konnten, so zu leben wie Sie jetzt leben?

ZUSATZFRAGE

- Wie haben Sie den Herbst 1989 erlebt?
- Und was hat sich an Ihrem Leben seither verändert?

GENERELLE EINSCHÄTZUNG ZUKUNFT/GEGENWART

- Was ist im Moment das Wichtigste für Sie?
- Worin stecken Sie die meisten Energien?
- Was macht Ihnen momentan am meisten Spaß?
- Würden Sie gerne etwas Gravierendes verändern wollen?
- Erleben Sie als Frau bestimmte Nachteile in Ihrem Leben?
- Haben Sie das Gefühl, dass in Ihrem Leben noch vieles offen ist? Fühlen Sie sich erwachsen?
- Meinen Sie, dass Sie genügend Zeit haben, um Ihre Lebenspläne zu verwirklichen?
- Wie stellen Sie sich Ihr künftiges Leben vor? Sind Sie eher optimistisch oder pessimistisch in Bezug auf Ihr eigenes Leben (Planbarkeit, Gestaltungsmöglichkeit? Erwarten Sie sich große positive oder negative Veränderungen? Was befürchten Sie?
- Was erwarten Sie sich im beruflichen Bereich für die Zukunft?
- Gibt es für Sie besondere Ziele im Leben?

FAMILIALE LEBENSFORM/PARTNERBEZIEHUNG/ KINDER – ZUKUNFT

- Und wenn Sie an Ihr späteres Leben denken, z. B. an die nächsten 10 bis 20 Jahre, wie würden Sie dann am liebsten leben?
- Was glauben Sie, welchen Stellenwert Partnerschaft und Familie haben werden (generell, im Vergleich zu Beruf, zu anderen Freundschaften, zu anderen Tätigkeiten ohne Partner)?
  --->wenn unverheiratet: Haben Sie später einmal vor zu heiraten?
- Was bedeutet „Verheiratet-Sein" für Sie im Gegensatz zu anderen Formen des Zusammenlebens?
- Was würde es für Sie bedeuten, wenn Sie ungewollt schwanger werden würden?
- Wollen Sie später einmal Kinder haben? (wie viele/Zeitraum)
- Und wie sieht das Ihr Partner?
  ---> wenn nein: Weiter bei HERKUNFTSMILIEU
  --->wenn ja/weiß nicht:

- In welcher Hinsicht würde sich dann Ihr Leben verändern?
- Gibt es für Sie in Ihrer Umgebung die Möglichkeiten einer Kinderbetreuung durch andere Personen als Sie selbst (und Ihren Partner)? Wie beurteilen Sie diese Möglichkeiten und würden Sie sie in Anspruch nahmen? Könnten Sie hier auf sonstige Familienangehörige, Nachbarn, Freunde zurückgreifen?
- Wann, warum und zu welchem Ausmaß würden Sie das tun/wollen?
- Wollen Sie – wenn Sie später einmal Kinder haben – weiterhin berufstätig sein?
- Wie stellen Sie sich die Möglichkeit dafür nach dem Mutterschutz vor (Unterbrechung, Art und Ausmaß der Wiederaufnahme)?
- Und wenn nicht, wie sieht es mit der Berufstätigkeit aus, wenn das Kind einmal größer ist?
- Wie steht Ihr Partner zu Ihrer Berufstätigkeit/Berufsorientierung? Glauben Sie, dass sich daran etwas ändern wird, wenn Sie ein Kind haben?
- Glauben Sie, dass sich Ihr Partner an der Kinderbetreuung und -versorgung beteiligen würde? Könnten Sie sich vorstellen, dass auch Ihr Partner dafür beruflich zurückstecken würde (Und wie könnte das dann aussehen)?
- Erwarten Sie bezüglich einer Vereinbarung von Kinderbetreuung und eigener Berufstätigkeit besondere Schwierigkeiten (persönlich, in Partnerschaft, Arbeitsmarkt, Kinderbetreuung)?
- Und wie würden Sie gegebenenfalls damit umgehen?

SOZIALES HERKUNFTSMILIEU

- Wenn Sie an Ihre Mutter denken, sehen Sie sie als Vorbild bei der eigenen Zukunftsplanung? Könnten Sie sich vorstellen, später so zu leben wie Ihre Mutter?
- Glauben Sie, dass Ihre Mutter mit ihrem Leben zufrieden ist?
- Und wie war das bei Ihrem Vater? Sehen Sie ihn als Vorbild?
- Wie ist die Beziehung Ihrer Eltern zueinander?
- Haben Sie Geschwister?
  --->wenn ja: Waren Ihre Geschwister für Sie wichtig während Ihrer Kindheit und Jugend? Wie ist das heute?
- Gab es früher Konflikte in der Familie? Welcher Art waren diese Konflikte? Welche Konflikte gibt es heute?
- Sind Sie religiös erzogen worden? Und wie ist das heute?

- Hat sich Ihre Beziehung zu den Eltern/Geschwistern geändert durch Ihren Auszug von zuhause.... und wie ? (Entfernung!)
- Gab es in Ihrem Elternhaus etwas, von dem Sie heute sagen würden, dass es für Sie besonders positiv/negativ war?
- Haben Sie andere Vorbilder, wenn Sie an Ihre Zukunft denken? Was fasziniert Sie daran? Was würden sie gerne auch so machen?

FAMILIEN- UND NACHBARSCHAFTSNETZE

- Welche Lebenspläne hat Ihre beste Freundin bzw. Ihre besten Freundinnen? Was machen Sie beruflich? Welche Lebensformen?
- Haben Sie weitere Freunde/Bekannte/Verwandte, die Ihnen wichtig sind?
- Haben Sie schon mal Hilfe gebraucht, und an wen haben Sie sich tatsächlich gewandt?
- Wie ist Ihre momentane Wohnsituation? Wohnen Sie gerne in dieser Umgebung? Und fühlen Sie sich damit verbunden?
- Haben Sie künftig vor, an einen anderen Ort/Stadt/Land zu ziehen? Und welche Gründe gibt es dafür?
- Haben Sie irgendwelche Familienverpflichtungen (Pflege von Verwandten/Eltern, Mithilfe im elterlichen Betrieb/Haushalt)?
Partner NEIN
- Haben Sie berufliche Pläne für die Zukunft (Weiter-/Zusatzqualifikation/berufliche Karriere)?
- Und wenn Sie ein Kind bekämen?

FAMILIALE LEBENSFORMEN/ PARTNERINNENBEZIEHUNGEN

- Wohnen Sie momentan mit jemanden zusammen oder leben Sie allein (Single/in WG/bei Eltern)?
- Sind Sie mit dieser Situation zufrieden?
- Wie beurteilen Sie diese Lebensform für sich gegenwärtig (Positives/Negatives)?
- Was wäre Ihnen denn bei einer Beziehung generell wichtig? Und was wäre unverzichtbar für eine Partnerschaft?
- Haben Sie früher eine enge bzw. längerfristige Beziehung gehabt? (Zusammengelebt? Dauer? Bruch?)
- Was wäre Ihnen denn bei einer Beziehung wichtig?

- (Wohnform, Heiratswunsch, Freiräume, Freizeit, Sexualität, Formen der Konfliktaustragung, Arbeitsteilung/bei Kind, Alltagsgestaltung, Finanzen)
- Und was ist für Sie in einer Beziehung unverzichtbar?
- Wie sieht Ihr Alltag üblicherweise aus?
- Was unternehmen Sie in Ihrer Freizeit? Und mit wem?
- Welche Interessen haben Sie?
- Haben Sie das Gefühl, dass Sie sich frei entscheiden konnten so zu leben wie Sie jetzt leben?

GENERELLE EINSCHÄTZUNG/ZUKUNFT/GEGENWART

Autorin
Barbara Keddi, Dr. phil., Diplom-Soziologin, wiss. Referentin am
Deutschen Jugendinstitut e.V., Arbeitsschwerpunkte: Geschlech-
ter-, Biografie- und Familienforschung, weibliche Lebenszusammenhänge, strategische Öffentlichkeitsarbeit.

Deutsches Jugendinstitut e.V.
Nockherstr. 2
81541 München
Telefon: (089) 62306-0
e-Mail: keddi@dji.de